国家社会科学基金教育学一般课题"县域内推进农村义务教育校际均衡发展的战略研究"（课题批准号：BFA130034）研究成果

县域内农村义务教育校际均衡发展战略研究

娄立志 ◎ 著

中国社会科学出版社

图书在版编目（CIP）数据

县域内农村义务教育校际均衡发展战略研究 / 娄立志著 . —北京：中国社会科学出版社，2019.10
ISBN 978-7-5203-5399-1

Ⅰ.①县… Ⅱ.①娄… Ⅲ.①乡村教育—义务教育—发展战略—研究—中国 Ⅳ.①G522.3

中国版本图书馆 CIP 数据核字（2019）第 244547 号

出 版 人	赵剑英
责任编辑	王 琪
责任校对	鲍凤英
责任印制	王 超

出　　版	中国社会科学出版社
社　　址	北京鼓楼西大街甲 158 号
邮　　编	100720
网　　址	http://www.csspw.cn
发 行 部	010-84083685
门 市 部	010-84029450
经　　销	新华书店及其他书店
印　　刷	北京明恒达印务有限公司
装　　订	廊坊市广阳区广增装订厂
版　　次	2019 年 10 月第 1 版
印　　次	2019 年 10 月第 1 次印刷
开　　本	710×1000　1/16
印　　张	17.5
字　　数	252 千字
定　　价	85.00 元

凡购买中国社会科学出版社图书，如有质量问题请与本社营销中心联系调换
电话：010-84083683
版权所有　侵权必究

目 录

第一章 导论 ……………………………………………… (1)
  一 研究缘起 …………………………………………… (1)
  二 研究价值 …………………………………………… (3)
  三 研究现状 …………………………………………… (5)
  四 研究内容 …………………………………………… (21)
  五 研究思路与方法 …………………………………… (22)
  六 核心概念 …………………………………………… (24)

第二章 相关概念与理论基础 ……………………………… (25)
  一 相关概念的厘清 …………………………………… (25)
  二 县域内农村义务教育校际均衡发展研究的理论基础 …… (31)

第三章 县域内农村义务教育校际均衡发展的指标体系 ……… (44)
  一 县域内义务教育均衡发展的指标体系 ……………… (44)
  二 县域内义务教育校际均衡发展的指标体系 ………… (48)
  三 县域内农村义务教育校际均衡发展的指标体系 …… (52)

第四章 县域内农村义务教育校际均衡发展的现状调查 ……… (61)
  一 调查问卷的编制 …………………………………… (61)
  二 调研对象的确定 …………………………………… (62)
  三 调研工具的选择 …………………………………… (71)

四　山东省东、中、西部农村义务教育校际均衡发展状况……（72）
　　五　山东省样本县域内农村义务教育校际差异状况…………（83）

第五章　山东省县域内农村义务教育校际均衡发展的经验与问题……………………………………………………（96）
　　一　县域内农村义务教育校际均衡发展的经验………（96）
　　二　县域内农村义务教育校际均衡发展存在的问题…………（101）

第六章　县域内农村义务教育校际均衡发展的影响因素………（110）
　　一　教育理念与观念对县域内农村义务教育校际均衡
　　　　发展的影响……………………………………………（110）
　　二　教育政策与法规对县域内农村义务教育校际均衡
　　　　发展的影响……………………………………………（113）
　　三　经济社会发展水平与经费投入对县域内农村义务
　　　　教育校际均衡发展的影响……………………………（116）
　　四　教师队伍建设状况对县域内农村义务教育校际均衡
　　　　发展的影响……………………………………………（119）
　　五　新型城镇化建设对县域内农村义务教育校际均衡
　　　　发展的影响……………………………………………（122）

第七章　县域内农村义务教育均衡发展的战略………………（125）
　　一　县域内农村义务教育校际均衡发展的指导思想…………（125）
　　二　县域内农村义务教育校际均衡发展的战略目标…………（129）
　　三　县域内农村义务教育校际均衡发展的战略原则…………（133）
　　四　县域内农村义务教育校际均衡发展的战略举措…………（135）

**附录1　关于县域内义务教育校际均衡发展调查问卷
　　　　（教师卷）**………………………………………………（151）

附录 2 关于县域内义务教育校际均衡发展调查问卷（学生卷）	(164)
附录 3 关于县域内义务教育校际均衡发展调查问卷（校长卷）	(179)
附录 4 关于县域内义务教育校际均衡发展访谈提纲（教师）	(189)
附录 5 关于县域内义务教育校际均衡发展访谈提纲（生活教师）	(191)
附录 6 关于县域内义务教育校际均衡发展访谈提纲（大学生）	(193)
附录 7 A 市 AA、AB 县农村义务教育均衡发展状况	(195)
附录 8 B 市 BA、BB 县农村义务教育均衡发展状况	(206)
附录 9 C 市 CA、CB 县农村义务教育均衡发展状况	(217)
附录 10 D 市 DA、DB 县农村义务教育均衡发展状况	(229)
附录 11 E 市 EA、EB 县农村义务教育均衡发展状况	(241)
附录 12 F 市 FA、FB 县农村义务教育均衡发展状况	(252)
参考文献	(265)
后记	(273)

第一章 导论

一 研究缘起

本书主要研究推进县域内农村义务教育校际均衡发展的战略问题。随着我国构建和谐社会改革的浪潮，社会公平问题越来越受到人们的关注。社会公平是中国构建和谐社会以及社会发展的政治追求，也是公平价值在教育领域的延伸和体现。教育公平特别是义务教育阶段的公平，是社会公平的基石。追求义务教育，尤其是农村义务教育阶段的均衡发展是中国基础教育改革的基本价值选择。在中国追求教育公平的过程中，要实现农村义务教育的均衡发展，核心关切应该是县域内农村义务教育优质教育资源在校际的均衡配置，并以此来更好地推进全国义务教育的均衡发展。

（一）社会公平需要义务教育的均衡发展

社会公平呼唤教育公平，教育公平是社会公平的基石，教育均衡发展是教育公平的应有之义，教育资源的均衡配置是我国教育均衡发展的具体体现。2012年，《国务院关于深入推进义务教育均衡发展的意见》指出，实现义务教育均衡发展对于"促进教育公平、构建社会主义和谐社会，进一步提升国民素质、建设人力资源强国，具有重大的现实意义和深远的历史意义"。这一方面说明义务教育均衡发展对我国社会发展、社会公平的重要意义，另一方面也反映出中国社会的公平需要义务教育均衡发展这一基石。

社会公平不仅需要一个良好的社会政治环境，也需要提高国民整体素质，更需要对每个公民个体权利的普遍尊重。通过义务教育的均衡发展，使每个人都能够平等地享受教育资源，实现人口资源整体素质的普遍提高；通过义务教育的均衡发展，使每个人应该享有的受教育权利得到尊重，从而体现国家公平的价值追求；通过义务教育的均衡发展，逐步体现社会公平，更好地促进社会进步。

（二）义务教育均衡发展呼唤农村义务教育的快速均衡发展

目前，我国义务教育在均衡发展方面取得了巨大成就，从根本上解决了学龄儿童基本的上学问题，为提高国民的整体素质奠定了坚实基础。但是，由于目前我国优质教育资源的短缺，相对于城市义务教育而言，农村义务教育在办学条件、办学水平和教育质量方面仍存在很大差距，民众不断增长的优质教育需求与供给不足之间的矛盾依然明显，表现出城乡、学校之间义务教育的非均衡发展，在某种意义上来说，这些问题甚至可能会成为阻碍我国义务教育均衡发展的主要瓶颈，因此，关注农村义务教育、关注城乡义务教育的均衡发展应当成为我国基础教育改革的重要内容。

全面实现义务教育的均衡发展，需要稳步推进我国农村义务教育均衡发展。农村义务教育是我国义务教育的核心构成，它能否均衡发展，关系到整个国家义务教育均衡发展能否顺利实现，因此，改革农村义务教育的投入机制，合理配置教育资源，加强教师队伍建设，完善设备设施等一系列措施，提升农村义务教育的办学水平和教育质量，缩小城乡差距，既反映了我国义务教育均衡发展的迫切要求，也体现了我国教育公平的基本理念和价值追求。

（三）农村义务教育均衡发展的关键是推进县域内农村义务教育的校际均衡发展

现阶段，我国实行的是"以县为主"的义务教育的管理体制，表明县级人民政府对农村义务的教育均衡发展负有主体性的政府职责。

2012年，教育部出台《县域义务教育均衡发展督导评估暂行办法》，并启动了我国县域义务教育均衡发展督导评估，其中特别突出了对义务教育校际间均衡发展督导评估的问题，并提出了具体和具有可操作性的督导评估方案。这一方面表明国家层面对县域内农村义务教育校际均衡发展问题的关切，另一方面也说明推进我国县域内农村义务教育的校际均衡发展迫在眉睫。促进县域内农村义务教育的校际均衡发展，就是要从观念、理念和制度等方面为减小或消除农村义务教育学校之间在教育投入、师资配备、设备设施、教育效果等方面存在的差异提供保障，保证县域内农村义务教育的校际均衡发展。

总之，本书通过对教育均衡发展有关研究成果的梳理，在调查研究的基础上，分析我国现阶段县域内农村义务教育校际均衡发展存在的问题及其原因，从战略层面为推进县域内农村义务教育校际均衡发展提出战略性建议，以期为我国县域内农村义务教育的校际均衡发展提供智力支持。

二 研究价值

本研究的价值主要体现在理论和实践两个方面。

（一）理论价值

首先，教育理论的研究需要不断地丰富其研究内容，完善其理论体系。本书论述了推进县域内农村义务教育校际均衡发展的现状、经验和问题，在理论层面厘清了县域内农村义务教育校际均衡发展的有关范畴，探讨了县域内农村义务教育校际均衡发展的理论基础、制约因素，从宏观层面上提出推进县域内农村义务教育校际均衡发展的战略指导思想、战略原则、战略目标、总体任务和战略举措，对于丰富我国现阶段教育理论的研究内容，尤其是关于教育公平、教育平等研究的理论体系，具有重要的参考价值。

其次，本书侧重于县域内农村义务教育校际均衡发展的战略问题研究，借助顶层设计的战略发展理念，对从理念提升、制度设计到实际操作的过程性战略提出构想，对于目前我国构建全面、完整的社会主义和谐社会的理论体系及核心价值观具有重要的理论支持作用。

（二）实践价值

首先，本书的研究有助于国家教育政策法规的贯彻和实施。近年来，国家颁布了一系列有关义务教育均衡发展的政策法规和文件，提出了有关县域义务教育均衡发展的总体设想和阶段性目标，并启动了国家教育体制改革的重大工程，本书的研究契合了国家教育改革的政策要求，为贯彻和落实这些政策法规提供了可资借鉴的实践经验和实际参考依据。

其次，本书的研究成果有助于促进县域内农村义务教育校际均衡发展的逐步实现。《国家中长期教育改革和发展规划纲要（2010—2020年）》提出要切实缩小校际差距，要求到2015年率先在县（市、区）域内实现义务教育均衡发展，经济发达地区实现市域内均衡发展，到2020年各省实现市域内义务教育的均衡发展。可见，县域内农村义务教育校际均衡发展是解决教育均衡问题的重要突破口。本书的研究通过调查现阶段我国县域内农村义务教育校际均衡发展过程中存在的问题，掌握发展过程中的第一手数据，分析问题产生的原因，并提出解决问题的战略举措，能够对推进我国县域内农村义务教育校际均衡发展提供有益借鉴。

再次，本书的研究有助于在更加广泛的范围内提供实际参考。我国地域广阔，经济发展水平出现东、中、西部的不平衡状态，受经济发展水平的影响，义务教育的均衡发展也呈现出东、中、西部发展的不平衡状态。从经济发展水平和义务教育的均衡发展来看，山东省同样呈现出东、中、西部发展的不平衡状态，基于这样的理论假设，本书依据山东省东、中、西部县域内农村义务教育校际均衡发展的现实，通过深入调查，总结山东省在推进县域内农村义务教育校际均衡发展方面的经验，梳理山东省县域内农村义务教育校际均衡发展过程中存在的问题及形成原因，提出相关的战略举措，为其他省域乃至全国范围内的农村义务教育校际均衡发展的改革提供实践经验和参考。

三 研究现状

关于义务教育均衡发展的研究成果颇丰，研究者从各个层面提出了诸多见仁见智的观点。基于本书的地域性需要，在这里仅对目前我国的有关研究成果进行阐述。通过查阅、分析、整理有关资料，笔者将这些研究成果分为关于义务教育均衡发展、区域义务教育均衡发展、义务教育均衡发展指标体系以及促进农村义务教育均衡发展的对策与建议研究等几个方面。

（一）关于义务教育均衡发展的研究

关于义务教育均衡发展的研究，主要集中在其含义、特点、实质和理论基础等方面。

1. 关于义务教育均衡发展含义的研究

20世纪90年代以来，随着我国基础教育改革的进展，义务教育的均衡发展问题开始逐渐成为我国教育研究的热点问题之一，研究者从不同的角度对义务教育均衡发展的概念及其内涵进行了深入研究，并提出了很多有益的见解。

第一，把义务教育的均衡发展理解为教育均衡发展的一部分。研究认为，均衡发展不是搞平均主义，不是一个固定模式，不是限制发展，均衡发展的本质是要缩小差距。[1] 教育均衡发展是指在一定区域内，受教育群体在教育资源获得和教育效果输出上的平衡状态，[2] 是

---

[1] 李连宁：《要从教育发展战略上思考和促进基础教育的均衡发展》，《人民教育》2002年第4期。

[2] 丁金泉：《我国义务教育均衡发展问题研究》，博士学位论文，华东师范大学，2005年。

县域内农村义务教育校际均衡发展战略研究

义务教育的平衡发展,即义务教育的发展在数量特征与质的规定性上都应该体现平衡的特点。① 研究强调义务教育均衡发展的静态结果平衡和动态过程平衡。

第二,从受教育者平等使用优质教育资源的权利层面解释义务教育的均衡发展。研究认为,教育均衡是在平等原则之下,教育机构、受教育者在教育活动中享受平等待遇,平等地获得优质教育资源,达到教育需求与供给的相对均衡,是不是达到教育均衡,最终要看人们在教育资源的支配和使用方面是否实现了权利上的平等,是否获得了均衡支配权;② 有研究者还依据胡森的教育平等理论来论述教育均衡发展,认为教育均衡就是要为受教育者提供均等的受教育机会,为受教育者提供获得学业成功机会均等的受教育条件,促使每个受教育者获得最大程度的发展。③

第三,从区域间的比较角度解释义务教育均衡发展。研究认为,从区域发展的角度来看,义务教育的均衡发展主要指我国不同地区之间、同一地区不同学校之间、同一学校不同群体之间的教育资源的均衡配置。④

2. 关于义务教育均衡发展特点的研究

义务教育均衡发展的特点既反映了义务教育本身的特点,也反映出义务教育均衡自身的独特性。主要包括以下三个方面。

第一,义务教育均衡发展具有强制性、公平性和补偿性。研究认为,应当根据义务教育所满足需要的层次来分析义务教育均衡发展的特点。义务教育均衡发展要满足三个层次的需求:最低层次是保障每个人都有接受教育的权利;中间层次是要提供相对均衡的受教育机会和条件;最高层次是要使每个人达到教育成功机会和教育效果的相对

---

① 柳海民等:《本体论域的义务教育均衡发展》,《东北师大学报》(哲学社会科学版) 2005 年第 5 期。
② 翟博:《教育均衡发展:现代教育发展的新境界》,《教育研究》2002 年第 2 期。
③ 赵敏:《义务教育均衡发展问题研究》,《山西煤炭管理干部学院学报》2008 年第 4 期。
④ 瞿瑛:《论义务教育均衡发展与教育公平》,《教育探索》2006 年第 12 期。

均衡。依据这三个层次，义务教育均衡发展依次表现出强制性、公平性和补偿性的基本特点。①

第二，义务教育均衡发展具有强制性、民主性和福利性。研究认为，与一般意义上的教育均衡发展有着根本区别，义务教育是我国宪法所赋予公民的教育权利，它一般具有强制性、民主性和福利性。义务教育的强制性、民主性和福利性特点决定了它的发展本质上应该是均衡的，只有这样，才能体现出我国义务教育的基本要求，所以说，义务教育均衡发展是其发展的应有之义，不均衡发展的义务教育不是真正意义上的义务教育。

第三，义务教育均衡发展具有平等与效率、均等与优质的特点。研究认为，义务教育均衡发展应当充分考虑义务教育的平等与效率、均等与优质之间相互促进的关系状态及其水平的持续不断的发展，是区域内和区域间义务教育的公平协调和持续发展，是促进每个少年儿童平等、优质的全面发展。②

3. 关于义务教育均衡发展实质的研究

关于义务教育均衡发展的实质，目前的研究主要集中在两个方面。一是强调义务教育均衡发展的平等原则，二是强调义务教育均衡发展与优质发展的统一性。

第一，强调义务教育均衡发展的平等原则。研究认为，义务教育均衡发展的实质是在平等原则支配下，教育机构、受教育者在教育活动中平等待遇的实现，基本要求是正常的教育群体之间平等地分配公共教育资源，达到供需相对均衡，实现人们对教育资源的支配和使用。③

第二，强调义务教育的均衡发展与优质发展的统一性。研究认为，义务教育均衡发展是一个过程，是一个均衡发展与优质发展相统

---

① 柳海民等：《本体论域的义务教育均衡发展》，《东北师大学报》（哲学社会科学版）2005年第5期。
② 郝文武：《义务教育均衡发展的本质特征和量化测评》，《教育与经济》2011年第4期。
③ 翟博：《教育均衡发展：现代教育发展的新境界》，《教育研究》2002年第2期。

一的持续发展过程。因此要实现义务教育的均衡发展，就要办好每一所能生存、可持续发展的义务教育学校，并且持续不断地提升每所学校的办学水平，达到义务教育均衡发展与优质发展的统一。①

4. 关于义务教育均衡发展理论基础的研究

关于义务教育均衡发展理论基础的研究，主要集中在以下几种方面。

从义务教育均衡发展的本体论域出发，把教育平等、社会公平和正义、科学发展观作为义务教育均衡发展的理论基础；② 以公平理论为依据，认为义务教育的根本取向、基本人权的体现、均衡发展的义务教育以及社会的稳定发展都离不开公平，公平是实现这些目标的基础和前提；③ 以教育学、伦理学、经济学的视角为依据，认为教育平等、公正、教育资源的公平分配是义务教育均衡发展的理论基础。④

（二）关于区域义务教育均衡发展的研究

关于义务教育在区域间的均衡发展研究，主要分析不同区域之间的义务教育的发展状况，并比照国家义务教育均衡发展的评估指标体系进行针对性的研究。依据区域的地理区位，分别对城乡、中西部、省域、县域、校际等的义务教育均衡发展进行相关研究。

1. 关于城乡义务教育均衡发展的研究

关于城乡义务教育均衡发展的研究，主要集中在论述我国城乡义务教育均衡发展的问题、原因和对策等方面。

第一，关于城乡义务教育均衡发展的问题的研究。研究主要从城乡义务教育经费支出、办学条件、师资队伍、教育质量等方面考察区域、阶层、学校之间的城乡义务教育发展差距，探讨城乡义务教育均

---

① 关松林：《基础教育均衡发展：理念与策略》，《中国教育学刊》2010年第6期。
② 柳海民等：《本体论域的义务教育均衡发展》，《东北师大学报》（哲学社会科学版）2005年第5期。
③ 于发友：《公平：义务教育均衡发展的价值旨归》，《当代教育科学》2005年第7期。
④ 鲍艳丽：《县域范围内义务教育均衡发展研究——以江阴为例》，硕士学位论文，南京师范大学，2006年。

衡发展中的具体问题。有研究者从教育资源均衡发展的视角出发,对我国东、中、西部8个省17区(市、县)进行实地调查,调查发现城乡高级职称教师、专任教师培训、公用经费等指标得到了进一步的均衡发展,但是依然存在诸多问题,如在教师编制、绩效工资、生均用地面积、生均图书册数等方面存在显著的城乡差异。①

第二,关于城乡义务教育发展不均衡的原因的研究。研究认为,城乡经济发展的不平衡和城乡义务教育管理体制不健全是其根本原因。认为支撑城市教育的是现代工业社会、信息化社会和商业文明,而支撑农村教育的是传统农业社会、乡土社会和农业文明,义务教育城乡差距的根本原因主要在于城乡教育的支撑系统不同。② 另有研究认为,文化资本、社会资本、经济资本这几个方面存在的城乡差异导致了城乡义务教育发展的非均衡状态,而经济资本的城乡差异是导致城乡教育资源配置不均衡的最终原因。③

第三,关于城乡义务教育均衡发展的对策研究。研究者根据自己对于城乡义务教育均衡发展方面存在的问题和原因的理解,从政策到具体操作层面提出了相应的对策和建议。

2. 关于我国中西部地区义务教育均衡发展的研究

第一,关于中部地区城乡义务教育均衡发展的研究。有研究者对我国中部地区的10所城乡学校在办学条件、师资配置和教师专业发展情况等进行调查发现,这三方面城乡义务教育仍然存在显著的差异,表现出城乡义务教育发展的不均衡。为缩小中部地区义务教育的城乡差异,研究者从国家、地方和学校层面提出了较为具体的建议。④

第二,关于我国西部地区义务教育均衡发展的研究。有研究者通

---

① 凡勇昆等:《我国城乡义务教育资源均衡发展研究——基于东、中、西部8省17个区(市、县)的实地调查分析》,《教育研究》2014年第11期。
② 任仕君:《县域义务教育资源配置现状分析与对策研究》,《江西教育科研》2006年第1期。
③ 盛连喜:《提高农村教育质量的几点思考》,《教育研究》2008年第3期。
④ 姬秉新等:《我国中部地区县域义务教育均衡发展的现状、问题及推进策略——基于某县10所义务教育城乡学校的调查分析》,《当代教育与文化》2014年第2期。

过调查发现，我国西部地区的义务教育改革取得了明显成效。通过签署义务教育均衡发展备忘录，初步建立了县域义务教育均衡发展机制，义务教育投入逐步增加，生均基本定额标准逐年增加，小学由原来的400元/年提高到了2012年的800元/年，初中由原来的600元/年提高到了2012年的1000元/年。农村义务教育师资队伍建设成效显著，增加了农村义务教育学校教职工编制指标，实行了教师特殊津贴制度，这些改革措施极大地提升了城乡义务教育的办学水平。但是，研究发现，我国西部地区县域义务教育均衡发展还存在诸多问题，城乡学校之间、平原与山区学校之间、乡镇学校之间在办学水平和教育质量等方面存在显著差异。研究认为，为推动义务教育的均衡发展，应从理念导向机制、经费保障机制、师资队伍建设机制、管理运行机制以及督导评估机制等方面进一步进行深化调整。[1]

有研究者从公众满意评价的角度对西北五县县域义务教育均衡发展进行了调查，发现西部五县义务教育均衡发展存在的主要问题是，县域义务教育均衡发展的公众满意度总体合格率和评价分值较高，但是部分指标群体评价不合格。其中，教育资源均衡、布局规划和就近入学的公众满意度低，家长、贫困学生和留守儿童的满意度低。为解决好这些问题，研究者提出了要加大教育经费投入、规划学校布局以及实施全纳教育等建议。[2] 另外，有研究者通过对新疆地区的数据分析发现，城乡教育资源配置存在一些问题，如专任教师的学历层次和职称、生均公用经费和图书藏书、建立校园网的总数占比等存在显著的城乡差异。[3]

3. 关于省域义务教育均衡发展的研究

以省域为单位研究义务教育均衡发展问题的成果较多，也是近年

---

[1] 杨令平等：《西部县域义务教育均衡现状调研报告》，《教育研究》2012年第4期。
[2] 赵丹：《县域义务教育均衡发展：公众满意度评价及问题透视——基于西北五县的实证调查》，《华中师范大学学报》（人文社会科学版）2014年第4期。
[3] 马萍：《学校布局调整中城乡教育资源配置的变动态势——基于新疆2002—2013年统计数据的实证分析》，《教育评论》2016年第11期。

第一章　导论

来义务教育均衡发展研究的热点区域，成果涉及的省份较多，本书仅选取部分研究成果。

第一，以河南省为研究对象。有研究认为，河南省在农村义务教育投入、教育普及、师资队伍建设、保障弱势群体受教育等方面取得了优异成绩，但在义务教育均衡发展方面仍然存在诸多问题。研究者根据问题进行了分析，并提出解决问题、促进义务教育均衡发展的相关建议。①

第二，以江西省为研究对象。有研究认为，江西省面临的主要问题是义务教育均衡发展区域差异、城乡差异、校际差异明显，这些差异主要表现在教育经费投入、师资队伍建设、教育起点、教育机会等方面。研究者从建立合理的教育资源配置机制，健全管理体制，实现师资合理配置，改造薄弱学校，开发利用信息技术等方面提出促进省域义务教育均衡发展的建议。②

第三，以辽宁省为研究对象。有研究通过调查发现，辽宁省义务教育均衡发展取得了很大成效，但仍然存在明显的差异。造成义务教育不均衡发展的原因主要包括经济发展差异、政府配置资源失衡、经费投入体制问题、人口发展状况和趋势以及社会阶层化的加速等。③研究者从明确政府责任，建立科学的财政转移支付制度，建设标准化学校，统一省域的教师工资标准，建立教师流动制度等方面提出了促进省域义务教育均衡发展的建议。④

第四，以吉林省为研究对象。有研究者从比较的角度对吉林省省域范围内义务教育发展情况进行了分析研究，以生均危房面积、生均微机数量、生均图书册数、生均公用经费、教师学历达标率、学生入

---

① 王菊梅：《河南省义务教育均衡发展的战略思考》，《中国教育学刊》2007年第5期。
② 何春生等：《江西省义务教育均衡发展的问题与对策》，《经济与社会发展》2007年第10期。
③ 刘宝生：《省域义务教育均衡发展的制约因素分析——基于辽宁省的案例研究》，《辽宁教育研究》2008年第2期。
④ 刘宝生：《推进省域义务教育均衡发展的思考与建议》，《教育科学》2008年第1期。

学率为计算指标，并计算综合差异系数，总结出吉林省义务教育发展出现的非均衡问题，[①] 并根据问题提出了相应的解决策略。

第五，以江苏省为研究对象。有研究者从义务教育普及与巩固指数、优质义务教育资源均衡配置指数、城乡间义务教育优质均衡发展指数和学校间优质均衡发展指数四个方面设计了监测省域义务教育优质均衡发展的量化测度指标体系，包括4个一级指标、16个二级指标和32个三级指标。研究认为，确定义务教育优质均衡发展指标体系的方法思路，包括采用文献法确定备选指标，按照这些指标进行初步的分析整理，应用专家咨询法、相关系数法、主成分分析法对剩余的指标进行定性和大量分析，进一步剔除那些高度相关、代表性不强的指标，最终确立义务教育优质均衡发展的量化测度指标体系。[②]

4. 关于县域义务教育均衡发展的研究

就笔者占有的材料来看，集中研究县域层面义务教育的均衡发展问题始于20世纪90年代。研究者选取不同的县域作为研究对象，集中分析了县域内义务教育不均衡发展的现状与问题，并提出具体的建议。

第一，关于县域范围的界定和县域义务教育均衡发展内容的研究。目前关于县域范围的研究包括两个方面，即县域内和县域之间。相关的研究有：从教育资源的来源和配置模式的视角出发，分析县域义务教育资源配置的现状。研究认为，教师队伍和教育经费投入失衡是县域义务教育资源配置不均衡的主要表现；[③] 县域义务教育发展不均衡是指县与县之间或县域内部教育发展的规模、质量和效益等方面存在的差异。[④]

[①] 张旺等：《省域义务教育均衡发展研究——基于吉林省40个县（市）义务教育发展的比较分析》，《东北师大学报》（哲学社会科学版）2011年第6期。

[②] 姚继军：《省域义务教育优质均衡发展量化测度指标体系的构建——以江苏省为例》，《教育发展研究》2012年第22期。

[③] 任仕君：《县域义务教育资源配置现状分析与对策研究》，《当代教育科学》2005年第23期。

[④] 聂劲松等：《县域教育发展不平衡的实证研究》，《当代教育论坛》2003年第11期。

第二，关于推进县域义务教育均衡发展的建议研究。有研究认为，从政策的角度来看，县域义务教育均衡发展的政策要义是基于国家办学标准的义务教育公共服务均等化。同时，选择"存量再分配"战略和"增量补短板"战略有利于推进县域义务教育均衡发展。[1] 有研究从县域义务教育均衡发展的方式着手，认为只有调动县域内部教育发展活力，才能早日实现义务教育的均衡发展。为此，应树立主体发展意识，立足自身发展实际，增强内部发展实力。[2] 有研究从价值取向角度研究促进县域义务教育均衡发展的对策，认为应依据县域义务教育均衡发展呈现出的不同价值取向，在更大区域内实施城市和乡村学校的标准化建设，推进"大学区制"资源共享模式，创建特色学校，完善师资配置，加快信息化建设，以实现县域义务教育均衡发展。[3]

5. 关于义务教育校际均衡发展的研究

目前关于义务教育校际均衡发展的研究成果较少，而且多数集中在同一区域内学校办学条件、教育投入、人力资源等校际差异方面。研究内容包括区域内义务教育校际均衡发展存在的问题、形成的原因以及促进义务教育校际均衡发展的建议等。

第一，区域内义务教育校际均衡发展的研究包括三个层面。一是同一区域内义务教育校际间在学校硬件条件、生源状况和教师待遇等方面存在的差距。研究认为，学校之间办学水平的差距直接导致了学生接受教育质量的差距和学生发展机会的不平等。[4] 二是选取区域内城市和农村义务教育学校的个案进行研究。研究认为，通过分析发

---

[1] 张耒：《县域义务教育均衡发展政策指向及战略选择》，《中国教育学刊》2013年第11期。

[2] 刘信阳等：《基于内发式发展的县域义务教育均衡路径》，《当代教育科学》2014年第23期。

[3] 刘玮：《县域义务教育均衡发展的不同向度与路径选择》，《中国教育学刊》2015年第1期。

[4] 李秉中：《西部地区义务教育阶段校际均衡发展的制度建设——以贵阳市为例》，《教育研究》2005年第5期。

县域内农村义务教育校际均衡发展战略研究

现,不仅个案学校在生源、办学条件、经费投入、教学设施、教育质量和管理等方面存在差异,而且城市义务教育学校明显优于农村义务教育学校。① 三是选取区域内经济发展水平有差异的县的农村义务教育学校进行比较研究。认为经济发展水平落后的县,其义务教育校际均衡发展在经费投入、办学硬件、师资调配、生源分配、教育管理等方面,明显落后于经济发展水平高的县,更落后于城市中的义务教育学校、优质学校。②

第二,关于影响义务教育校际均衡发展原因的研究。研究者从不同的角度对影响义务教育校际均衡发展的原因进行了分析。有研究从环境、话语和制度的角度分析了义务教育的校际失衡,认为教育资源尤其是优质教育资源的稀缺决定了义务教育的利益争夺与校际失衡,政府应当具有主导政策的话语权,对义务教育校际均衡发展进行政策设计;③ 有研究侧重于城市义务教育的校际均衡发展,认为城市义务教育校际发展不均衡是制度安排与演化的结果,它既内生于教育域内各利益主体的博弈,又与政治域、经济域内的制度关联和互补,因而呈现出明显的制度刚性特征。尽管如此,社会结构和关联制度的转型为城市义务教育校际均衡发展提供了契机,但是校际均衡发展的形成仍依赖于适时与合理的制度调整,其中培植民办学校,统一与落实办学标准,改革教师人事与工资制度应作为先行政策。④

第三,关于促进义务教育校际均衡发展建议的研究。有研究认为,义务教育财政均衡配置强调每个学生均衡享有义务教育财政资源,校际间教育财政均衡配置应成为义务教育均衡发展的重点。因此,实现义务教育的校际均衡发展,要做到校际间教育财政均衡配

---

① 杨令平:《城乡义务教育校际均衡发展现状的调查与思考》,《教学与管理》2009年第25期。
② 苏娜等:《区域义务教育校际均衡发展现状与改进——基于广州市的调研分析》,《教育发展研究》2010年第2期。
③ 曲正伟:《校际均衡:环境、话语与制度的分析》,《教育理论与实践》2007年第2期。
④ 陈静漪:《城市中小学校际发展不均衡的制度分析与改进》,《教学与管理》2009年第16期。

置，应该建立财政均衡指数，学校参与政府预算过程，关注财政存量与增量策略等。① 有研究从人性和教育系统进行考察，认为促进义务教育的校际均衡发展，要做到办学标准资源的均等，创建特色学校，并对弱势儿童进行补偿教育。② 有研究从学区内校际优质均衡发展的角度进行分析，认为促进学区内优质学校的均衡发展，应该从办学规模、教育资源、学校文化、人力资源等方面构建学区校际携手并进的学习共同体，通过好书共读、好课共品、好场所共用、好经验共享、好伙伴结对互助、好邻居连片教研的"六好"抓手，充分发挥学区内各校资源的优势，增强其互补性，实现学区内部各校整体的均衡发展。③ 有研究提出以名校效应带动区域义务教育校际均衡发展，并概括出名校推进区域义务教育校际均衡发展的五种样态，即构建"校际管理共同体"，成立"校际教研共同体"，打造"优质流动课堂"，组建"名师流动工作室"和建设"教学资源共享平台"等。④

（三）关于义务教育均衡发展指标体系的研究

关于义务教育均衡发展指标体系，目前的研究成果较多，研究者根据不同的角度和研究视野提出了众多关于义务教育均衡发展的指标体系构成。有研究认为，我国构建义务教育均衡发展指标体系经历了从宏观展现义务教育均衡发展全过程到侧重微观研究义务教育均衡发展各个领域问题，包括教育机会、教育资源和教育质量是否均衡发展，并建构了区域、城乡、校际间的义务教育均衡发展的相关指标体系。⑤

---

① 粟玉香：《关注校际间差异，推进义务教育财政均衡》，《上海教育科研》2009年第10期。
② 张永久等：《论校际均衡的公平与路径》，《教育科学》2011年第6期。
③ 刘畅等：《学区内校际优质均衡发展实践探索》，《中国教育学刊》2012年第7期。
④ 谭劲：《名校推进区域义务教育校际均衡发展的策略——基于重庆市珊瑚实验小学的实践》，《教育探索》2014年第1期。
⑤ 赵静云：《近十年来义务教育均衡发展指标体系研究述评》，《滇西科技师范学院学报》2016年第3期。

县域内农村义务教育校际均衡发展战略研究

1. 宏观层面义务教育均衡发展指标体系的研究

义务教育均衡发展指标体系宏观层面的研究包含教育机会、教育资源和教育质量三个核心指标，在核心指标的基础上建构了内容多样的指标体系。为体现指标体系的科学性和可操作性，有研究者建立了均衡系数测算模型，对指标权重的测算普遍采用标准差、极差、方差、变异系数、加权变异系数、离均差系数、加权离均差系数、洛伦兹曲线和基尼系数等。

第一，从教育机会、教育资源配置、教育质量和教育成就等层面设计教育均衡测评的指标体系，包括26个一级指标和45个二级指标。[①]

第二，从教育公平的视角出发，以受教育权和入学机会公平、公共教育资源配置公平、教育质量公平、群体间教育公平为核心，构建涵盖初等、中等和高等三级正规教育的义务教育均衡发展评价指标体系。[②]

第三，从入学机会、经费投入、办学条件、师资水平和教育结果五个方面建立了一套综合的指标体系。[③]

第四，从受教育机会、教育资源和教育质量三个方面构建了由3个一级指标、19个二级指标、44个三级指标、25个四级指标构成的义务教育均衡发展指标体系。[④]

2. 微观层面义务教育均衡发展指标体系的研究

微观层面义务教育均衡发展指标体系的研究侧重于从区域、城乡、校际间教育资源配置，教育质量等问题入手选择监测指标，划分指标在整个评价体系中所占的权重比例。[⑤]

第一，省域内义务教育均衡发展指标体系研究。有研究基于安徽

[①] 翟博：《教育均衡发展指数构建及其运用——中国基础教育均衡发展实证分析》，《国家教育行政学院学报》2007年第11期。

[②] 王善迈：《教育公平的分析框架和评价指标》，《北京师范大学学报》（社会科学版）2008年第3期。

[③] 李孔珍：《对义务教育均衡发展评价的思考》，《教育发展研究》2010年第9期。

[④] 王建荣等：《我国义务教育均衡发展的内涵及其指标体系构建》，《理论与改革》2010年第4期。

[⑤] 赵静云：《近十年来义务教育均衡发展指标体系研究述评》，《滇西科技师范学院学报》2016年第3期。

省的教育政策与实践,从义务教育机会、教育资源、教育质量与成就均衡等方面构建了包括20个一级指标和40个二级指标的评价体系,用于监测该区域义务教育发展的总体水平和均衡度水平。[1] 有研究以江苏省为例,构建了包括义务教育普及与巩固、优质义务教育资源均衡配置、城乡间义务教育优质均衡发展、学校间优质均衡发展四方面内容的省域义务教育优质均衡发展量化测度指标体系。[2]

第二,县域内义务教育均衡发展指标体系研究。有研究以县域义务教育均衡发展的特殊内涵与外延为基点,划定教育机会、资源配置、教育结果、教育经费和教育管理的均衡程度五方面为一级指标,其下设25个二级指标和30个三级指标,并对这些指标进行权重设定,最终建立县域义务教育均衡发展指标体系。[3] 有研究基于教育学理论设计我国县域义务教育均衡发展监测指标体系,选择学生、教师和教育保障系统三个方面的15个关键因素,结合县域内城乡、乡镇、校际、中小学层级4个维度,构建县域义务教育均衡发展监测指标矩阵的60个观测点。[4] 有研究从环境、城乡和结果均衡度三个维度出发,形成县域义务教育发展均衡度综合指标,建构县域义务教育均衡发展的指标体系,并规定这三个维度在均衡度综合指标中所占的权重分别是40%、50%和10%。[5] 有研究从办学条件、师资力量、经费投入、生源质量和教育质量五个层面出发,结合寄宿制、非寄宿制和教学点学校的要求,构建县域义务教育均衡发展指标体系。[6]

---

[1] 朱家存等:《区域义务教育均衡发展监测指标体系研究——基于安徽省义务教育政策实践》,《教育研究》2010年第11期。

[2] 姚继军:《省域义务教育优质均衡发展量化测度指标体系的构建——以江苏省为例》,《教育发展研究》2012年第22期。

[3] 陈世伟等:《县域义务教育均衡发展指标体系构建研究》,《内蒙古农业大学学报》(社会科学版)2010年第4期。

[4] 董世华等:《我国县域义务教育均衡发展监测指标体系的构建——基于教育学理论的视角》,《教育发展研究》2011年第9期。

[5] 于发友等:《县域义务教育均衡发展的指标体系和标准建构》,《教育研究》2011年第4期。

[6] 肖军虎:《我国县域义务教育均衡发展指标体系的构建》,《教育理论与实践》2011年第25期。

第三，义务教育校际均衡指标体系研究。有研究以成都市为例，从学校经费投入、办学条件、师资配置、学校教育质量四个层面设计了义务教育校际均衡监测体系，包括4个一级指标、13个二级指标。有研究基于义务教育校际均衡监测的目的、功能、指标体系构建的原则等，从学校经费投入、学校资源配置和学校教育质量三个方面设计了3个一级指标和13个二级指标的义务教育校际均衡的测评指标体系。① 有研究者从关系居民义务教育资源分配的校际均衡角度出发，制定义务教育县域内校际均衡发展评价指标体系，包括入学规则、资源配置和学校教育产出3个领域的7个一级指标和18个二级指标。② 有研究从适应未来义务教育校际均衡发展动态监测的要求和需求出发，以专门适用于衡量校际义务教育均衡发展状况为目的，从办学经费、硬件装备、师资水平、生源状况和教育质量五个方面设计了县域内义务教育校际均衡发展监测评估指标体系，包括5个一级指标、12个二级指标和30个三级指标。③

（四）关于促进农村义务教育均衡发展对策与建议的研究

关于农村义务教育均衡发展的对策和建议，研究者根据自己研究的具体内容和区域特点，提出了各种各样的对策和建议。

第一，有研究认为促进农村义务教育的均衡发展，要树立"教育公平"的教育观，加大教育经费的投入，优化农村教师队伍等。④ 强调农村义务教育教师队伍建设的重要性，为此要完善农村中小学教职工编制管理工作，促进师资的合理配置。转换引进教师的思路，着重培养留得住的乡土教师。提高农村地区的教师待遇等。

---

① 张惠:《义务教育校际均衡监测指标的研究》,《宜宾学院学报》2008年第12期。
② 王善迈等:《义务教育县域内校际均衡发展评价指标体系》,《教育研究》2013年第2期。
③ 李宏君等:《县域内义务教育校际均衡发展监测评估指标体系构建》,《教育探索》2015年第6期。
④ 翟洪江等:《黑龙江省农村义务教育均衡发展的问题与对策》,《东北农业大学学报》（社会科学版）2012年第6期。

第一章 导论

第二，有研究借助农村人力资源理论、义务教育均衡发展理论，通过分析我国农村义务教育发展的城乡差异、区域差异现状，从经济、思想、教育资源、教育评估等方面提出了应对措施。① 有研究通过对比城乡义务教育，在实证分析的基础上，提出建立城乡均衡统一的教育投入体制，实施城乡教育捆绑式发展，建设城乡均衡发展的师资队伍等举措。②

第三，有研究者基于城乡十多所中小学教育发展现状的分析，提出促进县域内城乡义务教育均衡发展的措施：推动"以省为主"的财政体制改革，增加农村学校经费投入；进一步明确各级管理主体的责任，共同推进城乡义务教育均衡发展；改革教师人事制度，实现师资均衡配置等。③

第四，有研究借鉴国外做法，并结合我国实际提出促进农村义务教育均衡发展的对策与建议。有研究根据美国、英国、俄罗斯、日本等国义务教育均衡发展的经验，提出促进我国城乡教育均衡发展的建议。包括强化政府责任，稳步推进教育均衡化；保证教育资金来源，夯实教育财政基础；创新管理体制，激发教育活力；统筹城乡教育，优质师资共享等。④ 有研究在借鉴世界部分国家促进义务教育均衡发展经验的基础上，结合我国城乡义务教育发展不均衡现状提出了加强教师培训，充分利用教育信息技术以及实施义务教育积极差别政策等建议。⑤

（五）现有研究的不足与展望

关于义务教育均衡发展的研究成果颇多，但仍存在着一些局限和

---

① 田丽慧：《我国农村义务教育均衡发展研究》，硕士学位论文，湘潭大学，2012年。
② 邬凌：《均衡发展城乡义务教育的思考——基于湖南省的实证分析》，《文史博览》（理论）2010年第1期。
③ 杨晓霞：《城乡差异：县域内义务教育均衡发展的现实困境》，《教育与经济》2012年第4期；关松林：《基础教育均衡发展：理念与策略》，《中国教育学刊》2010年第6期；王海峰等：《黑龙江省城乡义务教育发展问题及对策研究》，《技术与市场》2014年第7期。
④ 赵宏波：《促进县域城乡教育均衡发展的政策选择》，硕士学位论文，延安大学，2012年。
⑤ 赵庆华：《义务教育均衡发展问题研究》，硕士学位论文，东北师范大学，2005年。

· 19 ·

不足，主要表现如下。

第一，县域内农村义务教育校际均衡发展研究不足，文献资料少。我们发现，1990—2016年关于县域内农村义务教育校际均衡发展的研究资料较少，说明学界对这方面的研究不够重视，关注度不高。自2012年国家提出义务教育校际均衡发展监测的八项指标以来，这方面的研究增多，但是，"城市""城乡""县域内"等地区的义务教育均衡发展成为研究的范围，关注"农村"的几乎没有。现有关于校际均衡的研究成果主要是针对现状的描述和指标的设计方面探讨，缺乏对农村义务教育校际均衡发展理论和实证的更深入研究。

第二，关于区域义务教育均衡发展的研究，中部和西部地区义务教育均衡发展的研究成果较多，东部地区义务教育均衡发展的研究成果较少。受地区经济发展水平的影响，中部和西部义务教育发展整体上较为落后，因此，研究者更多地关注中、西部地区义务教育均衡发展的情况，而有关东部发达地区义务教育均衡发展的研究成果则较少。

第三，义务教育均衡发展区域间的比较性研究成果较多，区域内的义务教育均衡发展研究成果较少。从已有研究文献看，关于义务教育均衡发展的比较研究大多集中在区域比较，如东、中、西部的比较，省域间的比较等，但省域内的比较研究成果较少，"县域内"的城乡义务教育均衡发展研究成果较为集中，县域内农村地区，尤其是农村地区的校际间义务教育均衡发展的研究成果则更少。

鉴于此，我们认为，义务教育均衡发展的研究应当注意以下问题。

第一，加强县域内农村义务教育校际均衡发展的研究。校际均衡发展是义务教育均衡发展的重要组成部分，直接影响着学生接受义务教育的机会和微观层面的教育公平的实现。而农村义务教育发展较为落后，在国家加大对农村义务教育的经费投入，关注农村学校、薄弱学校的发展，以及国家重视对义务教育督导检查的情况下，农村义务教育校际均衡发展研究必将成为未来研究的重点课题之一。

第一章 导论

第二，加强东部地区农村义务教育校际均衡发展的研究，这也是本书的主要研究内容之一。本书以山东省为例，在山东省省域范围内，对其东、中、西部农村地区义务教育校际均衡发展情况进行研究，并与全国范围内的东、中、西部地区农村义务教育进行比较分析；以山东省县域内农村义务教育校际均衡发展的经验为比照，辐射全国东、中、西部农村地区的义务教育均衡发展改革，为我国县域内农村义务教育校际均衡发展提供实践经验的借鉴。

第三，加强县域内农村义务教育校际均衡发展的战略研究。县域内农村义务教育校际均衡发展是义务教育均衡发展的基础，推进县域内农村义务教育的校际均衡发展是一项宏大的战略工程，需要对其进行宏观设计和战略引领，因此未来应当强化县域内农村义务教育校际均衡发展的战略研究。战略研究强调校际均衡发展的宏观设计、顶层设计，应该在国家有关义务教育均衡发展的战略思想、战略目标任务的基础上，确定校际均衡发展的战略原则，提出推进县域内农村义务教育校际均衡发展的战略措施。

四　研究内容

本书共包括七个方面的内容：

第一，导论部分主要包括研究缘起、研究目的和意义、研究现状、主要研究内容、研究思路与方法和核心概念界定等。

第二，县域内农村义务教育校际均衡发展的相关概念和理论基础研究。本书主要研究了教育均衡发展、义务教育均衡发展、县域内义务教育均衡发展和县域内农村义务教育校际均衡发展等概念，并以教育平等、教育民主化、教育公平、资源分配理论以及新型城镇化理论为分析县域内农村义务教育校际均衡发展的理论基础。

第三，县域内农村义务教育校际均衡发展的指标体系研究。本书在国家义务教育均衡发展校际差异评估体系的基础上，积极吸收他人的相关研究成果，理清县域内农村义务教育校际均衡发展各项指标的差异性，构建关于县域内农村义务教育校际均衡发展的理论模型。本书所涉及的指标体系包括县域内义务教育均衡发展的指标体系、县域内义务教育校际均衡发展的指标体系、县域内农村义务教育校际均衡发展的指标体系等。

第四，县域内农村义务教育校际均衡发展的现状调查。本书在国家有关义务教育的校际评估标准的基础上，借鉴并整理了有关调查问卷，选择山东省中、东、西部地区6市12个县作为样本县，进行了教育调查。

第五，经验与问题。结合调查结果，本书整理了山东省在推进县域内农村义务教育校际均衡发展过程中所取得的先进经验，以及改革过程中所存在的主要问题，这些经验和问题是促进我国县域内农村义务教育校际均衡发展的宝贵财富。

第六，制约县域内农村义务教育校际均衡发展的因素。本书从宏观层面论述了目前制约我国县域内农村义务教育校际均衡发展的因素，这些因素包括教育理念与观念、教育政策与法规、经济社会发展水平与经费投入、农村新城镇化发展水平、教师队伍、信息技术教育水平等方面。

第七，县域内农村义务教育校际均衡发展的战略研究。本书依据国家有关的政策法规，结合调查样本县的实际，借鉴国内外义务教育均衡发展的先进经验，提出相应的战略对策和建议举措。主要包括确立战略指导思想，制定战略目标和主要任务、战略原则和提出战略举措。

五 研究思路与方法

(一) 研究思路

本研究在理清目前有关农村义务教育均衡发展的理论成果和实践经验的基础上，借助文献法，论述县域内农村义务教育校际均衡发展的相关概念，确立本书研究县域内农村义务教育均衡发展的理论基础。依据国家有关义务教育均衡发展督导方案，借鉴有关研究成果构建适合我国县域内农村义务教育校际均衡发展的指标体系。通过调查、访谈等方法，探讨我国县域内农村义务教育校际均衡发展的现状、问题及原因，在充分占有数据的基础上，提出促进县域内农村义务教育校际均衡发展的基本战略，包括战略指导思想、战略目标和主要任务、战略原则和战略举措，从而在理论和实践两个层面为推进农村义务教育校际均衡发展提供支持。

（二）研究方法

1. 文献法

县域内农村义务教育校际均衡发展问题研究涉及哲学、教育学、管理学、经济学等领域。该领域的国内外研究成果颇丰，本书借助文献法可以充分占有相关的研究资料，了解他人的研究动态，为本书的研究做好理论铺垫。

2. 调查法

本书在借鉴东北师范大学中国农村教育发展研究院有关调查问卷的基础上，进行了有针对性的调整与修改，形成县域内农村义务教育校际均衡发展的调查问卷和访谈提纲，对山东省的东部、中部和西部地区采用分层抽样的方式选取样本，将县域内的初中和小学分为城区、镇区和村庄三个层级，样本数量与总体数量按照3∶7的比例从三个层级中选取研究对象，并进行了教育调查和访谈，获取了大量的第一手资料。在山东省义务教育均衡发展的相关数据方面，本书主要依据的是山东省人民政府教育督导网站和各地市有关政府网站公布的数据，并进行统计、整理，以补充调查所获得的数据的局限，尽力保证调查数据的可靠性。

3. 比较法

本书的理论假设是：从经济社会发展水平来看，山东省东、中、西部地区的发展呈递减状态，即东部地区最好，其次是中部地区，再次是西部地区，这与全国经济社会发展水平的状况相似。因此，本书试图从山东省东、中、西部地区县域内农村义务教育校际均衡发展的现状调查入手，通过比较法，找出其中存在的共性问题，从而为全国范围县域内农村义务教育校际均衡发展提供借鉴和参考。

六 核心概念

（一）县域内农村义务教育校际均衡发展

县域内农村义务教育校际均衡发展，是指义务教育阶段，在一定行政区域内（本书主要集中在县域内的农村），政府和学校为保障学龄儿童的受教育权，使教育政策、办学设备设施、教育经费投入、教师资源配置、教育质量等在学校与学校之间实现相对均衡。其内涵包括以下内容：一是均衡发展的区域限定，指在县域内的农村义务教育学校与学校之间；二是均衡发展的内容限定，包括义务教育的政策法规、教育经费投入、学校办学设施与设备、教师资源、教育质量等；三是县域内农村义务教育均衡发展的实质，是一个动态、渐进、相对平衡的过程，是渐进中的相对均衡发展，均衡发展不是削峰填谷，更不是平均发展，而是借助国家政策补偿的有针对性的发展。

（二）战略研究

本书所指的战略研究，既是一种研究理念，也是一种研究范式或方法。作为研究理念，战略研究是指研究宏观、重大问题的基本思想指导。因此，研究县域内农村义务教育的校际均衡发展，不能局限于局部，而是要着眼于全局，是包括县域内农村义务教育校际均衡发展在内的国家整体义务教育发展大业。

作为一种研究范式或研究方法，战略研究是指县域内农村义务教育校际均衡发展问题的研究，要在调查研究、充分把握现实的基础上，运用顶层设计的理念，在国家整体义务教育均衡发展战略的前提下，确定目标、制定方案、展示措施，为国家决策提供智力支持。

第二章　相关概念与理论基础

县域内农村义务教育校际均衡发展的研究涉及诸多概念，包括教育均衡发展、义务教育均衡发展、县域内义务教育均衡发展和县域内农村义务教育校际均衡发展等，理清这些相关概念，有助于更好地理解本书中所确立的县域内农村义务教育校际均衡发展的基本范畴，为本书研究的展开奠定基础。同样，县域内农村义务教育校际均衡发展的研究要有相关的理论做基础，这些理论包括教育平等、教育民主化、教育公平、资源分配理论以及新型城镇化理论等，本书在阐述这些理论的基础上，论述了县域内农村义务教育校际均衡发展与它们之间的关系。

一　相关概念的厘清

（一）教育均衡发展的概念

教育均衡发展是一个渐进的动态过程，它有着非常丰富的内涵，确定教育均衡发展的概念是研究农村义务教育均衡发展的首要概念准备。由于教育系统自身的复杂性，以及研究者研究角度的不同，现有关于教育均衡发展概念的理解亦有所差别。

1. 从教育投入与教育产出的角度界定教育均衡发展

教育投入与教育产出，即教育资源的获得和教育的效果输出，从教育投入与教育产出两个层面来看，教育均衡发展是指一定区域和受教育群体在教育资源获得和教育效果输出上的平衡状态。教育投入方面包括教育经费、教师资源、教学设备设施等。教育产出方面包括学业成绩、入学率、辍学率等。在这里,教育均衡发展的主体是一定的教育区域和受教育群体。一定区域的教育效果的承担者总是受教育群体,而受教育群体又总是一定区域的受教育者。[1]

2. 从科学发展观的视野研究教育均衡发展

在科学发展观的视域下,教育均衡发展是一种政府行为,是政府运用政策、法律、经济等手段,使每一个受教育者获得相对均衡的教育权利和机会,享受相对均衡的教育资源以及相对均衡的成功机会,使一定区域间、校际间的优质教育资源做到相对均衡,同时也使区域内的教育得到协调、高效的发展。其外延也包括县域内的教育与经济之间、不同群体之间的协调和谐发展。[2]

3. 从发展的空间和时间维度来理解教育均衡发展

有研究从发展的空间和时间维度解释教育均衡发展。从发展的空间维度上看,教育均衡是指在不同地区之间、同一地区的不同学校之间、同一学校的不同群体之间教育资源配置的相对均衡。这里,侧重点是发展,认为整体内的各个部分都得到发展了,然后才能求得均衡,而均衡只是用来描述发展的状态,所以这是一种唯效率至上的观点。从时间维度上看,教育均衡发展是指教育的起点、过程和结果方面,受教育者享受相对公平的入学机会,获得相对均衡的教育资源,并拥有相对公平的成功机会。它的核心要义是均衡,所以这是一种唯公平至上的观点。研究认为,教育的均衡发展更多指向的是空间维度上的发展。

4. 从区域教育资源均衡配置角度界定教育均衡发展

有研究认为,教育均衡发展是指在一定的资源条件下,教育的发展与社会经济发展相协调,在各级教育之间、地区之间、城乡之间、学校之间、人群之间相对均等地配置教育资源,尽可能为每一位受教育者提供相对均等的教育机会和教育条件,使其平等的受教育权利得

---

[1] 丁金泉:《我国义务教育均衡发展问题研究》,博士学位论文,华东师范大学,2004年。

[2] 于发友:《县域义务教育均衡发展研究》,博士学位论文,山东师范大学,2005年。

到充分的保障。①

总之,教育均衡发展是指不同区域间、区域内各层级间以及区域内学校间教育资源配置的相对均衡,包括教育经费投入、教学设备与设施、教师资源和教育效果之间保持相对的均衡状态。教育均衡发展应当充分体现教育公平的基本理念,所以其核心内涵就是让所有地区的所有孩子平等地享受所有的教育资源。

(二)义务教育均衡发展

1. 义务教育均衡发展的内涵

义务教育均衡发展是教育均衡发展的一部分,是指在义务教育阶段的均衡发展。具体而言,在义务教育阶段,不同区域、不同学校的学生都必须平等地接受义务教育,平等地享受相对均衡的教育资源。义务教育均衡发展既具有义务教育的强制性、公益性等特点,也具有均衡发展的相对性、动态性等特点。它是一种政府行为,需要政府的政策与法律法规的强制,也反映了每一个公民均衡地接受义务教育的权利和义务。义务教育均衡发展既包括区域间的均衡发展,也包括区域内的校际均衡发展。

2. 义务教育均衡发展的实质

义务教育的均衡发展,首先是义务教育资源的相对均衡配置。义务教育资源的相对均衡配置,是指在教育过程中政府对教育资源的合理分配,达到相对公平、相对合理的状态。这种资源的相对公平配置,体现了在社会主义条件下,我国政府始终坚持代表最广大人民的根本利益,将有限的资源进行合理的、科学的配置,使所有的受教育群体都相对平等地享有教育资源,使每一个适龄的受教育者都享受平等的优质教育,从而可以获得更好的教育效果。②

---

① 姚继军等:《新中国教育均衡发展的测度》,《华东师范大学学报》(教育科学版)2010年第2期。

② 柳海民等:《义务教育均衡发展的理论与对策研究》,东北师范大学出版社2007年版,第9页。

县域内农村义务教育校际均衡发展战略研究

其次,义务教育的均衡发展是一个动态、渐进的发展过程。在这个发展过程中,政府秉持教育公平的理念和原则,通过政策、经济调控,使教育资源的配置逐步合理、均衡,使受教育者逐步获得均衡的教育资源,使每一个个体得到充分、全面的发展。教育均衡发展是一个相对的、漫长的过程,教育均衡是一种手段而不是目的,只是为了追求一种更优质、高效、公平的义务教育,绝对不能为了均衡发展而均衡发展,而忽视公平教育的价值追求。

3. 义务教育均衡发展的意义

第一,义务教育均衡发展是实现教育公平的基石。义务教育均衡发展不仅能够给学生提供一个公平的教育环境,而且能给予教师教学的稳定性和教学待遇的公平性。[①] 长期以来我国教育处于一个非均衡状态,这种非均衡状态最终导致的结果就是学校的教育质量产生巨大的差异,学校之间的差距越来越大。因为义务教育资源配置失衡就会使大部分资源分配在优质学校,这样优质学校的教育质量就会提升更快,而那些配置资源相对少的薄弱学校的教育质量就会令人担忧。加上很多发达地区的人群对教育的质量要求更高,可能导致同一地区出现不同级别的学校,大多数人都会选择优质学校,而薄弱学校生源不足,进而形成一种恶性循环。

第二,实现义务教育的均衡发展有助于提升国民的整体素质。我国是一个人口众多的国家,人口多对于教育而言是很大的挑战。如今,我国已经实现了九年义务教育的目标,如果我们加快义务教育的均衡发展,人口众多就会变成人口优势,人口多素质又高,将会为我国的社会主义现代化事业做出非常大的贡献,为建设中国特色的社会主义贡献更大的力量。所以,通过义务教育的均衡发展提高全民族的综合素质,是一项具有巨大社会效益和经济效益的事情。

第三,实现义务教育的均衡发展有助于改善社会管理职能和公共

---

① 中央教育科学研究所教育政策分析中心:《义务教育均衡发展是实现教育公平的基石》,《教育研究》2007年第2期。

服务职能,有助于构建普遍的社会服务体系。创造良好的社会环境和经济条件,使每一个适龄青少年都能相对平等地接受义务教育,确保整个国家国民素质的普遍提高,是政府责无旁贷的责任。[①] 义务教育均衡发展能够有效地解决在义务教育过程中出现的教育资源配置不均、择校等问题,有利于实现政府的职能。

第四,义务教育均衡发展有助于实现每一个个体的价值,使其个人权利得到尊重。义务教育均衡发展的最终目标是通过教育资源相对均衡配置,让每一个受教育者都能够享受到更加公平与优质的教育,让他们都可以取得相对公平的教育效果,身心都得到全面自由的发展。因此,义务教育的均衡发展体现了对每一个个体权利与价值的尊重。

(三) 县域内义务教育均衡发展

县域内义务教育均衡发展是指在一定的教育资源限度内,同一县域内的所有义务教育学校均可以享受到相对均衡的教育资源,这些资源包括教育经费投入、教师资源、教学设施与设备、校舍环境等。同时,通过县域内教育资源的相对均衡配置,使县域内的各义务教育学校的教育质量得到相对均衡的发展和提升,而不是仅仅关注优质学校。

从县域行政区域的划分来看,县域内义务教育均衡发展包括县域内城乡义务教育学校、县域内城镇义务教育学校、县域内农村地区义务教育学校的均衡发展。

从县域内义务教育均衡发展的责任主体来看,其责任主体是县级人民政府。我国现阶段实行的是"以县为主"的义务教育管理体制。这表明县级政府是目前我国县域内义务教育的管理主体,县级政府对其管辖的义务教育学校负有政策制定、资源调配、人员配备和质量监控等职责,对本县义务教育均衡发展的效果负有直接责任。除此以

---

① 王丽慧:《政府在义务教育均衡发展的职能定位》,《才智》2008年第11期。

外，县级政府也要接受上一级政府的监控与监管，也就是说，县级政府既要对本县公民享有的义务教育权利负责，同时也要对整个国家义务教育的均衡发展负责。

（四）县域内农村义务教育校际均衡发展

从义务教育均衡发展的区域隶属关系上看，县域内农村义务教育校际均衡发展主要侧重于县域内农村地区的义务教育学校，且特指义务教育学校之间的均衡发展，其落脚点是县域内农村义务教育的每一所学校。关于县域内农村义务教育校际均衡发展的内涵，如前所述，本书借鉴已有研究成果，同时依据教育部《县域义务教育均衡发展督导评估暂行办法》中的相关规定，认为县域内农村义务教育校际均衡发展，是指义务教育阶段，在县域内的农村地区，政府和学校为保障学龄儿童的受教育权，使教育政策、办学设备设施、教育经费投入、教师资源配置、教育质量等在学校与学校之间实现相对均衡。其内涵包括：

第一，从均衡发展的区域限定来看。相对于全国、省域等范围，县域内农村义务教育校际均衡发展的主要落脚点是"县域""农村"和"校际"。其关键点是县域内农村义务教育学校之间的教育资源均衡配置。

第二，从均衡发展的内容来看。县域内农村义务教育校际均衡发展的内容应当符合国家义务教育均衡发展的指标要求，在国家指标体系的限定范围和要求中均衡配置教育资源，不能减少内容，也不能降低要求。只有这样，才能真正反映农村义务教育校际均衡发展的实际。

第三，从均衡发展的责任主体来看。县域内农村义务教育均衡发展的直接责任主体是县级人民政府。相对于全国、省等更大的行政区域，县级政府具有较为独立的行政决策权，县级人民政府在制定本县的义务教育政策法规时要充分考虑农村义务教育学校的特殊性，并使政策向农村地区学校，尤其是薄弱学校倾斜，以保证县域内农村义务教育的校际均衡发展。

第四,从均衡发展的结果来看。县域内农村义务教育校际均衡发展,是指县域内农村地区义务教育学校之间的均衡发展,使县域内农村的每一所学校、每一个学生获得合理的教育资源配置,从而提升县域内农村义务教育学校的教育质量。

二 县域内农村义务教育校际均衡发展研究的理论基础

县域内农村义务教育校际均衡发展既是时代赋予我们的历史责任,更是我国社会变革和教育改革的政治理想和价值追求。研究县域内义务教育的校际均衡发展离不开相应的理论基础,这些理论基础包括教育平等、教育民主化、教育公平、资源配置理论以及新型城镇化建设的理论。

(一) 教育平等理论

教育平等是我国基础教育改革的价值追求,更是县域内农村义务教育校际均衡发展的价值选择。为保障学龄儿童、少年接受义务教育的权利,保证义务教育的实施,提高全民族素质,我国2015年新修订的《义务教育法》明确规定,凡具有中华人民共和国国籍的学龄儿童、少年,不分性别、民族、种族、家庭财产状况、宗教信仰等,依法享有平等接受义务教育的权利,并履行接受义务教育的义务。由此可见,教育平等不仅现了我国义务教育改革对于平等理念的价值追求,而且也是《义务教育法》所规定的每个公民应该享有的权利和应该履行的义务,因此,教育平等是我国县域内农村义务教育校际均衡发展的理论基点。

1. 教育平等的概念

教育平等是一个与教育不平等相对而言的概念。它表示的是人们在教育过程中所体认到的自己在社会中的政治和经济地位。教育平等是一个与社会发展及需要密切相关的概念,它的实现受一定社会历史时期的政治、经济和文化发展的制约。教育平等从其思想萌芽到形成理论体系具有一定的历史渊源。

第一，教育平等是近代社会生产力发展的要求。由于社会生产力的发展、分工的出现，人们在生产中的地位发生了变化，同时分工的出现也导致了人的异化现象。因此，追求人的平等、追求人在生产中的平等，成为当时理性主义教育所追求的目标。就教育来说，伴随着社会生产力的发展，尤其是工业化的来临，追求教育平等，普及教育和强迫教育必然成为人们所追求的目标。

第二，教育法律法规为实现教育平等提供了法制保障。为了使教育适应社会生产发展的需要，从而为社会生产发展提供广泛的劳动力，世界各国皆通过法规、法令的形式明确其公民受教育的权利和义务，为教育平等提供法律支持和保障。

第三，人的自我意识的觉醒为教育平等提供了思想启蒙。社会的发展，尤其是资产阶级对于提高自己在社会中的地位的要求日趋高涨，以及近代以来欧美各国对于人的主体性的追求，唤醒了人们追求教育平等的自我意识，为教育平等起到了思想启蒙作用。

鉴于此，人们通常认为，教育平等是指公民不分种族、民族、性别、职业、社会地位、财产状况、宗教信仰等，都应该享有平等的受教育权利，享有平等的入学机会，平等地享受教育资源，以及平等地享受成功的机会。其含义包含四个方面内容：一是教育平等是相对于政治、经济上的平等权利而言的教育上的平等。二是强调每个人享有均等的入学机会，在教育过程中得到平等的对待和成功的机会。三是由于受教育者个人的天赋、机会与机遇的不同，实现教育平等必然对每一个个体实行不同教育待遇的差别性原则。四是实现个体自由和谐的发展是追求教育平等的最终目的。

2. 教育平等的实践追求

社会生活中对于平等的追求，始于原始社会后期。由于生产力水平的提高，产品有了剩余，产品的分配成为人们关注的问题之一。由此而决定的人与人之间的关系以及人们在这种关系中所处的地位也发生了微妙变化：一部分人成为不劳而获的管理者或统治者，而另一部分人则沦为社会分化的牺牲品。这种社会现象的出现，促使人们萌发出对于自己在社会中平等地位的追求。

柏拉图的《理想国》描绘了人们对于教育平等的憧憬，但是，他依据人先天所具有的不同特质把人分为哲学王、武士和手工劳动者，并依此来论证教育上的不平等以及社会等级存在的天然合理性。亚里士多德的"博雅教育"思想开启了教育平等的理论先河。文艺复兴时期、早期的乌托邦教育也追求人性的自由、平等。但是，真正把教育平等不仅作为一种理念，而且也作为一种实践来追求则始于欧洲的资产阶级革命。法国大革命提出的"自由、平等、博爱"的口号，把平等作为社会的基础。随之而来的便是初等教育的兴起与普及、中等教育的普及以及高等教育的大众化。

在中国，教育平等的思想更是自古有之，孔子"有教无类"，墨子"强说人"，都可看作追求教育平等的先声。但是，教育平等在等级森严的社会体制下，对于被统治阶级来说，只是可望而不可即的事情。近代以来，帝国主义的坚船利炮给封建的旧中国以致命一击，激发起当时仁人志士的爱国热情，他们扛起救亡图存的大旗，希望通过教育的改良来拯救中国于水深火热之中。其中，提倡教育机会均等、男女受教育权利平等成为他们共同的呼声。康有为的《大同书》设想了一个乌托邦式的大同世界，在那里，人人平等，人人自由，人人独立，人人都可受到从育婴院到大学的教育。梁启超创办了中国第一所女学——经正女学，提出凡男子可学的，女子也可以学。孙中山更是提出"平人类之不平等"，主张效法西欧模式，建立普及性的、平等的学校教育。另外，平民教育家陶行知、梁漱溟、晏阳初等对于教育平等均做过不懈的努力。

3. 教育平等思想与县域内农村义务教育校际均衡发展的关系

教育平等是实现县域内农村义务教育校际均衡发展的理论基点。为推动县域内农村义务教育的校际均衡发展，实现教育公平，必须以平等思想为理论基点，切实保证县域内每个儿童享有同等的受教育机会和受教育权利，体现教育机会、教育权利的平等。这既体现出教育平等是我国农村义务教育校际均衡发展研究的理论基础，同时也体现了我国追求社会主义和谐社会的现实要求。

县域内农村义务教育校际均衡发展是我国实现教育平等的具体实践途径。教育平等的实现，需要有坚实的教育实践积累，只有在具体的教育实践中，才能更好地反映出教育平等的现实价值。我国县域内农村义务教育的校际均衡发展要求适龄儿童享有教育经费、教师资源、教学设施与设备，以及教育质量在校际间的相对均衡，而且被赋予了法律的保障，这本身就体现出县域内农村义务教育校际均衡发展的平等意蕴。所以，通过改革推动县域内农村义务教育的校际均衡发展必然会有助于教育平等理念的逐步实现。

（二）教育民主化思想

1. 教育民主化的概念

教育民主化是民主这一范畴在教育领域中的体现，它包含着"教育的民主"和"民主的教育"两个方面的内容。前者是把民主扩展到教育领域，使受教育成为每个公民的权利和义务，后者则是把专制的、不民主的、不充分的教育改造为适合公平和民主原则的教育。所以理解教育民主化，首先要了解民主、民主化等范畴。民主首先是一个政治问题，是一个国家政治体制的体现，它涉及国家的制度和人民的权利。民主化是反映一个国家民主进程和程度的范畴，是一个国家追求政治民主的政治理想和具体政治实践。民主化程度的高低反映了一个国家政治文明程度的高低。所以，教育民主化从属于并体现着政治民主化的过程，没有政治民主化，教育民主化问题就很难得到解决。

教育民主化是一个历史范畴。由于不同的社会体制下民主具有不同的政治内涵，所以在不同的社会、不同的历史时期教育民主化表现出不同的历史特点。但是在人类历史的发展长河中，公平、正义、自由一直是人们追求的民主要求和社会理想。具体到教育领域，就是为公民提供均等的教育机会和自由选择的机会，并提供相应的政治保障。从公民受教育的过程来看，它包括公民在教育机会、教育过程和教育结果等方面得到的公平待遇和尊重。

鉴于此，教育民主化的概念，可以理解为民主原则在教育领域中的深化和扩展，是政治民主化在教育领域的具体体现和要求，它一方面包含了一个国家政治民主化对教育的民主要求和指向，如个体具有越来越多的受教育机会；另一方面也包含了实现教育民主化是一个国家政治民主化的具体指标，如个体受到越来越多的民主教育。[1]

2. 教育民主化与县域内农村义务教育校际均衡发展的关系

教育民主化思想是县域内义务教育校际均衡发展的基本价值取向。这种价值取向要求目前我国县域内农村义务教育的校际均衡发展不仅要保证适龄儿童均等地享有教育机会，体现入学机会的教育民主化，而且在受教育过程中，要享有均等的教育资源和民主平等的师生关系，更应该享有均等的获得成功的机会，只有这样，才能体现出我们社会主义民主政治的优越性，体现我国社会主义核心价值追求。

县域内农村义务教育校际均衡发展有助于教育民主化的实现。由于社会生产力发展水平还不高，区域间经济和文化发展不平衡，我国现阶段县域内农村义务教育校际间还存在诸多不均等的现象，如在入学机会、学校教育资源配置、受教育过程中的机会和学业成功的机会等方面存在的不均等现象。所以，我国义务教育改革要体现教育民主化的基本价值取向，通过推进县域内农村义务教育的校际均衡发展，为逐步实现教育民主化提供理论和实践支持。在法律法规方面提供县域内农村义务教育学校发展的政策和财政保障，加大对县域内农村义务教育学校的经费投入，保证农村学校教师资源的合理配置，为农村义务教育的学生享受均等的教育机会和获得均等的成功机会提供保障。

(三) 教育公平理论

公平是一个社会学术语，是指诸如各种利益在所有社会成员之间

---

[1] 袁振国：《当代教育学》，教育科学出版社2004年版，第336页。

的平等、合理分配关系，包括政治利益、经济利益及其他利益。在这些利益的分配关系中，体现出平等的机会、过程和结果，使所有社会成员感受到平等的权利和义务，说到底，公平是各种权利资源的配置问题。但是，由于人自身的需要存在的差异性和社会资源的有限性，所以公平是相对的，不存在绝对的公平。

1. 教育公平的含义

教育公平是社会公平的具体体现，作为社会公平的下位概念，教育公平是指国家配置教育资源所依据的合理性的规范或原则。教育公平是一个相对的概念，也就是说，教育公平只是相对的，绝对的教育公平是不存在的，因此配置教育资源要坚持在追求保障每个人受教育权利平等和教育机会均等的同时，尊重人与人之间的差别，承认不同地区、学校、群体合理差距的存在，适当地对社会处境不利的地区、学校、群体给予补偿，即教育资源配置的平等原则、差别原则、补偿原则的统一。[①] 教育公平是一个历史范畴，不同的国家和不同的历史时期其含义不同。不论是西方从古希腊柏拉图的教育公平思想到近现代各种各样的教育公平观，还是中国从古代孔子的教育公平思想到现当代的教育公平理念，无不体现出教育公平概念是一个历史的范畴。

教育公平的含义复杂，从教育活动的过程来看，可分为教育起点公平、教育过程公平和教育结果公平。第一，教育起点公平是指每个人不受性别、种族、出身、经济地位、居住环境等条件的影响，均有享受教育机会的权利和义务，即确保人人都享有平等的受教育的权利和义务。第二，教育过程公平是指教育在主客观两个方面以平等为基础的方式对待每一个人，即为每一个人提供相对平等的受教育的条件。第三，教育结果公平也就是教育质量平等，是指使每一个人在接受同等水平的教育后获得均等的教育成功机会和教育效果。其中，起点公平是前提和基础，过程公平是进一步的要求，也是结果公平的前提。

---

① 张琳：《教育公平概念的界定》，《当代继续教育》2015年第3期。

2. 教育公平与县域内农村义务教育校际均衡发展的关系

义务教育资源的均衡配置是我国社会公平的要求，是我国社会公平在教育领域中的具体体现。在我国，由于教育资源的有限性，加上东、中、西部地区经济发展水平的不平衡性，教育资源在城乡、地区和阶层方面配置的不均衡性，表现为农村地区、落后地区和弱势群体的儿童、少年不能公平地享受教育资源，尤其是优质教育资源。具体到县域内农村义务教育校际均衡发展方面，同样呈现出落后边远的农村、薄弱学校和弱势群体家庭的儿童、少年不能公平地享受教育资源的现象。这些现象应该成为国家和社会关注的重点，在制定政策法规、教育经费投入等方面应坚持教育公平的合理性原则，处理好教育公平与县域内农村义务教育校际发展之间的关系，把教育公平作为县域内农村义务教育校际均衡发展的指导性理念。

第一，充分理解均衡发展的相对性。县域内农村义务教育校际均衡发展是相对均衡的发展过程，不是绝对的，在教育资源，尤其是优质教育资源分配过程中，由于教育资源的有限性，可以依据教育资源配置的差别性和补偿性原则，表现出合理的倾斜，尤其是向相对落后的农村地区、向薄弱学校的倾斜。

第二，推进县域内农村义务教育的校际均衡发展，应当坚持社会主义的公平原则。教育资源配置应该坚持效率优先、兼顾公平的原则，但是对于具有特殊意义的义务教育资源来说，追求效率不能以牺牲公平为代价，这就要求政府应当充分发挥其主体作用，在决策、资源配置和分配过程中，既要照顾到落后边远的农村义务教育学校，又要顾及包括弱势群体在内的全体学生的全面发展和个性化成长的需要。

第三，县域内农村义务教育的校际均衡发展，要保护所有学生的利益和权利不受侵害，并保证公平合理地对待每一个学生，使他们不论是在教育机会、教育过程、还是在获得成功的结果方面，都能感受到平等。只有这样，才能体现社会主义的优越性，才能更好地促进义务教育的均衡发展。

（四）资源配置理论

资源是指社会经济活动中人力、物力和财力的总和，是社会经济发展的基本物质条件。由于人的需求具有无限性，而用来满足人们需求的资源具有有限性，所以，资源具有稀缺性特征。资源配置是指对相对稀缺的资源在各种不同用途上通过比较而做出的选择，从而实现资源的最佳利用。即用最少的资源耗费，生产出最适用的商品和劳务，获取最佳的效益。

1. 教育资源的含义

教育资源是指教育过程所占用、使用和消耗的人力、物力和财力资源的总和。教育资源是一种公共资源，是公共社会资源和市场经济资源的混合体。除具有社会资源的一般特点外，教育资源还具有公益性、产业性、理想性、继承性、差异性和流动性等特点。义务教育的教育资源，是指在义务教育阶段所占用、使用和消耗的人力、物力和财力资源的总和。其中，人力资源提供智力、组织管理、服务的支持；财力资源提供教育运行的经费支持；物力资源提供整个教育的物质性前提和基础。具体而言，义务教育资源包括了教育经费投入、办学条件和师资队伍等方面的资源。义务教育具有公益性、强制性和差异性的特征，由此决定了义务教育资源具有以下含义。

第一，义务教育资源的公益性（亦可称为普世性），是指公众受益的特性，公众受益是教育资源最为集中的体现，体现出我国宪法和各种教育法赋予公民的合法权益，要求每一个受教育者，不分性别、地域、健康状况等差异，都有权利享有应得的教育资源。

第二，义务教育资源的强制性（又叫义务性），指适龄儿童、少年接受义务教育是学校、家长和社会的义务，谁违反这个义务谁就要受到法律的制裁。所以义务教育阶段的所有适龄儿童、少年必须接受法律所赋予的人、财、物等义务教育资源，并按照法律规定接受义务教育。

第三，义务教育资源的差异性，是指由于义务教育资源的有限性和区域经济发展水平的不平衡性所导致的教育资源分布的不平衡性。教育资源的差异性是影响我国农村义务教育均衡发展的关键因素。

2. 义务教育资源的均衡配置

教育资源的均衡配置，是分配理论在教育资源配置中的应用，反映了教育资源配置中价值判断的合理性取向。具体到我国，它是指按照公平的原则，将教育资源在不同的区域、群体、学校间均衡合理地配置，以期投入的教育资源能够得到充分有效的使用。义务教育阶段的校际教育资源配置，就是各种教育资源在义务教育学校之间的配置，具体到县域内的农村地区，就是教育资源在县域内的农村地区学校之间的配置。目前我国优质教育资源还是一种稀缺资源，如何合理分配是义务教育均衡发展的关键。

第一，确保义务教育资源配置公平、效率和稳定的目标。公平即要通过对教育资源的有效配置，确保起点和过程的公平从而实现结果的公平。效率即通过教育获得较大的预期收益，促进国民经济的增长和社会发展水平的提高。稳定是指通过教育资源的优化配置，能够使各地区的各级各类教育得到比较充裕的办学经费，使教育得到稳定的发展，教育的地区差异得以缩小，从而提高全社会人员的素质和技能水平，保证社会各项事业平稳持续发展。

第二，义务教育阶段教育资源配置应同时遵守公益的原则和市场的规则，兼顾公平与效率。公平体现我们国家制度的优越性，显示社会的正义与平等，做到均衡配置。教育资源的有限性又决定了在资源配置时必须按照一定的规则，靠制度来制约和规范。

第三，保证合理配置义务教育资源。义务教育资源均衡的合理配置，主要表现为以下三个方面：一是教育资源的均衡配置是相对均衡，有时候表现出倾斜性。它不是限制优势群体和地区的发展，而是在共同发展的基础上，使教育资源的配置向弱势群体、薄弱学校倾斜，实现义务教育的整体发展。二是在义务教育均衡发展的基础上，鼓励办学个性化、教育特色化，即每一所学校都有自己特色化的发展。三是义务教育资源均衡配置要兼顾公平与效率、平等与效益，不能因为追求公平而放弃效率,也不能因为追求平等而放弃效益,而是二者兼顾,使有限的优质教育资源发挥应有的价值。

第四,优化义务教育资源配置方式。义务教育资源配置包括政府配置和市场配置两种方式。对于教育资源配置,既要充分发挥政府的主导性作用,同时又要积极引入市场竞争机制增加教育供给,只有两者有机地结合,才能达到优化教育资源配置的最终目的。无论是政府的控制干预,还是市场的竞争调节,其出发点必须要明确教育是一种培养人的社会活动,学校教育从根本上说不是为了谋求经济利益,获得丰厚利润,而是为了造福他人、造福社会,为人类生存和社会发展提供各种基本的条件。任何一种偏离了这个原则的过激做法都是不可取的。

3. 教育资源配置与县域内农村义务教育校际均衡发展的关系

教育资源配置是县域内农村义务教育校际均衡发展的前提,县域内农村义务教育校际均衡发展必然要求教育资源的均衡配置。

首先,教育资源的合理配置,是县域内农村义务教育校际均衡发展的前提和首要条件。义务教育资源是一种公共资源,其配置是否合理对促进义务教育的校际均衡发展、促进社会公平、构建和谐社会、实现国家可持续发展具有战略意义。在义务教育资源稀缺的情况下,优化和合理配置教育资源可以在不增加教育资源投入的情况下,缓解教育资源稀缺程度,减少资源浪费,进而缓解资源稀缺矛盾,在一定程度上弥补社会资源稀缺问题。

其次,县域内农村义务教育校际均衡发展必然要求教育资源的均衡配置。县域内义务教育校际均衡发展的实质就是义务教育资源在农村义务教育学校之间的均衡配置。促进县域农村义务教育校际均衡发展,其关键就是解决好教育资源在县域内农村义务教育学校之间的配置问题,把有限的教育资源最大程度地在校际均衡配置,体现义务教育的公益性特点,也体现了义务教育的差异性和补偿性特点。

(五) 新型城镇化建设理论

2014年3月我国颁布《国家新型城镇化战略(2014—2020

年)》，标志着城镇化发展进入一个新的历史时期——新型城镇化阶段。① 新型城镇化是我国城镇化改革进程发展的战略转移阶段，新型城镇化的推进，给义务教育，尤其是农村义务教育校际均衡发展带来了新的机遇和挑战。

1. 新型城镇化的含义

新型城镇化有着非常丰富的内涵，研究者对其做出了见仁见智的解读，如人口学、经济学和社会学分别从人口流动与迁移、经济结构与发展模式、生活方式的转变等角度进行了阐释。归纳起来，新型城镇化的内涵如下。

第一，新型城镇化突出以人的发展为本的理念。新型城镇化归根结底是人的城镇化和现代化，新型城镇化的根本是为人的发展提供公平的社会基础和条件。在新型城镇化的进程中，不论是体制的改革、经济的调整、环境的协调，还是文化的发展，都必须以提高人的幸福指数和人的全面发展为前提，尤其是以农村人口和城镇人口的共同、和谐、有序发展为前提。

第二，新型城镇化建设是我国现代化建设发展之必然。新型城镇化强调在我国已有发展的基础上，统筹协调各种因素，突出可持续的发展。它把工业化、信息化、城镇化和农业现代化互动协调，以相应的体制改革为配套，全面提升城镇发展的质量和水平，促进和谐社会

---

① 我国的城镇化大致分为以下几个阶段：第一阶段是起步阶段（1949—1957年），社会稳定、经济欣欣向荣，大量农民进入城市工厂工作，城市数量从最初的120个上升到1957年的176个，城市化率从10.64%上升到15.6%；第二阶段是波动阶段（1958—1965年），国家采用行政手段压缩城市人口，城市化率由1960年的20.7%降至1964年的16.6%；第三阶段是阻滞阶段（1966—1978年），社会动乱影响了经济发展，使城镇化基本陷入暂停状态，甚至出现逆城镇化；第四阶段是平稳发展阶段（1979—1999年），我国进行基本经济制度改革，实行对外开放，加上"无工不富"思想的盛行，大量乡镇、民营、中外合资企业兴起，城镇劳动力需求量急剧增加，城市化率由1978年的17.9%上升至1999年的34.78%；第五阶段是快速发展阶段（2000—2012年），该阶段城镇化率由1999年的34.78%上升至2012年的52.57%，达到世界平均水平；第六阶段是新型城镇化阶段（2013年至今），在经济全球化、第三次工业革命、交通体系的高速化、城市管理的智能化、城市发展低碳化等出现与兴起的背景下，以资源消耗、土地为主的传统城镇化已经不能满足社会前进的脚步，中国进入新型城镇化阶段。

的健康发展。它为实现人的全面发展建立了一个包容、和谐的城镇环境，有序地使农民转化为市民，旨在把我国的城镇建设成为一个和谐、幸福的人居之所。①

第三，新型城镇化建设强调以城乡协调为现代城镇发展的目标。新型城镇化强调，现代化的城镇建设更注重现代农业和农村经济的发展，注重现代生态环境的和谐发展，更着眼于农民、农村的发展，以提高农民、农村的公共服务为基础，实现城乡基础建设的一体化，实现共同富裕，促进社会发展。

2. 新型城镇化建设与县域内农村义务教育校际均衡发展的关系

新型城镇化建设和县域内农村义务教育的校际均衡发展都是国家战略，二者存在着相辅相成的关系。新型城镇化强调资源聚集和人口城镇化，初衷在于均衡资源配置，促进城乡均衡发展和农村教育城镇化，但是，新型城镇化建设为县域内农村义务教育校际均衡发展带来新的发展机遇的同时，也对县域内农村义务教育校际均衡发展提出了新的挑战。

第一，新型城镇化倡导的以人为本发展理念需要县域内农村义务教育的校际均衡发展来实现。新型城镇化建设以人为本的理念要求城乡之间的协调发展，这就需要均衡优质教育资源和均衡公共教育服务。县域内农村义务教育承担着提高农村人口整体素质的任务，它是否能均衡发展、教育资源是否能合理配置，关系到国家新型城镇化建设能否顺利进行。

第二，新型城镇化要求重新审视县域内农村义务教育校际发展的观念。新型城镇化建设是国家战略，它打破的不仅仅是城乡布局的格局，更是人们观念、意识的变革。它会进一步更新人们关于义务教育均衡发展的观念，完善义务教育的政策设计，制定更适合县域内农村义务教育均衡发展的规章制度，使县域内农村义务教育校际均衡发展在新型城镇化建设的进程中实现新的飞跃。

---

① 张占斌：《新型城镇化的战略意义和改革难题》，《国家行政学院学报》2013年第1期。

第二章 相关概念与理论基础

第三，新型城镇化建设带来的新的人口流动是县域内农村义务教育校际均衡发展研究的新的课题。新型城镇化建设提倡的农民市民化，会打破现有农村地区的人口格局，直接影响到农村义务教育学校的生源结构，而生源数量和质量的变化不仅影响到农村义务教育的规模，更影响到农村义务教育资源的重新配置，包括教育经费投入、教师资源的重新分配、教学设施与设备等因素。因此，面对新型城镇化建设，县域内农村义务教育的校际均衡发展应当做出相应的调整。

第三章　县域内农村义务教育校际均衡发展的指标体系

县域内农村义务教育校际均衡发展是我国义务教育均衡发展的有机组成部分，其指标体系首先应该反映国家义务教育均衡发展的整体要求。但是，相对于整体的义务教育均衡发展以及县域内义务教育均衡发展的指标体系而言，目前我国还缺乏准确衡量县域内农村义务教育校际均衡发展的指标体系。因此，本书借鉴已有研究成果，在对其整理分析的基础上，重点研究县域内义务教育均衡发展的指标体系、县域内义务教育校际均衡发展的指标体系，尤其是县域内农村义务教育校际均衡发展的指标体系，并将其作为我们评价我国县域内农村义务教育校际均衡发展的主要指标。

一　县域内义务教育均衡发展的指标体系

义务教育均衡发展指标体系就是在一定的理论基础上，通过一系列指标数据，提供当前义务教育发展状况，通过指标提供的相关信息，可以了解当前义务教育发展的健康程度以及教育非均衡发展状况，从而为政策制定者提供相关的信息，以保证义务教育良性、健康的发展。[1] 义务教育均衡发展的指标体系是衡量义务教育均衡发展的可操作性依据，对科学衡量我国义务教育均衡发展水平具有重要的理论意义和实践价值。研究县域内义务教育均衡发展的指标体系，首先

---

[1] 蒋冠宇：《义务教育均衡发展指标体系研究》，硕士学位论文，杭州师范大学，2012年。

第三章　县域内农村义务教育校际均衡发展的指标体系

要明确其指标定位，并在此基础上确定构成要素。

(一) 县域内义务教育均衡发展指标体系的指标定位

本书把县域内义务教育均衡发展的指标体系定位于县域范围内，是对县域内义务教育均衡发展状况的监控督导，以及对县级人民政府关于义务教育均衡发展事业的检查与督导。

根据《国家中长期教育改革与发展规划纲要（2010—2020年）》，我国义务教育的均衡发展实行分阶段、分步骤的战略思路。先在县域内实现义务教育的均衡发展，然后在省域乃至全国实现义务教育的均衡发展。由于我国现阶段实行的是"以县为主"的教育管理体制，所以解决县域内的义务教育均衡发展，监督县级政府的教育职能履行状况，是我国义务教育均衡发展首先要考虑的问题。为此，2012年1月，教育部出台《县域义务教育均衡发展督导评估暂行办法》，开展对县域内义务教育均衡发展工作的督导评估，以推进义务教育在县域内率先实现均衡发展。2012年6月发布的《国家教育事业发展十二五规划》更是提出建立县域义务教育均衡发展评价机制，制订义务教育均衡发展和学校标准化建设的监测和评价体系。所以，确定县域内义务教育均衡发展的指标定位有其政策和现实依据。

(二) 县域内义务教育均衡发展的指标体系

关于县域内义务教育均衡发展的指标体系，目前有较多的研究成果。[1] 本书借鉴蒋冠宇的研究成果，并以此解释和说明县域内义务教

---

[1] 国内学者的研究内容有涉及整个基础教育的，也有仅涉及义务教育的。如袁振国的关于义务教育均衡发展评价指标体系，王善迈的教育公平评价体系，翟博的教育均衡度测度指标体系，沈有禄的基础教育资源配置均衡指标体系，崔慧广等的县域义务教育发展监测指标体系等（参见李宏君等《县域内义务教育校际均衡发展监测评估指标体系构建》，《教育探索》2015年第6期）；赵静云更是把截至2016年的十年来有关义务教育均衡发展指标体系的研究进行了总结，认为近十年来我国研究者从宏观到微观层面对义务教育均衡发展的指标体系进行了设计和研究，并提出了一系列的指标体系（参见赵静云《近十年来义务教育均衡发展指标体系研究述评》，《滇西科技师范学院学报》2016年第3期）。

育均衡发展的指标体系。本体系包括教育背景、教育输入和教育输出3个领域指标,社会背景、经济背景、财力投入、人力投入、物力投入、学业完成、学业成就和家长的主观满意度8个一级指标以及21个二级指标。①

1. 教育背景领域指标

(1) 社会背景指标。该一级指标包括成年人口平均受教育程度年限和成人文盲率2个二级指标。其中,成年人口平均受教育程度年限,是指人口受教育程度代表了人口的文化素质,代表着这个地区对文化教育的重视程度,对国家发展和社会进步有着重大的影响。这个地区成年人口平均受教育程度年限的数值越高,说明这个地区越重视教育,而该地区的文化、社会背景越好,则更容易实现该地区的义务教育均衡发展;成人文盲率代表着一个地区文化水平的高低,该指标越高,表明该地区的文化程度越低,二者成反比,而该地区也越难以实现义务教育均衡发展。

(2) 经济背景指标。该一级指标包括该地区人均GDP等3个二级指标。其中,人均GDP总值是指一个国家或地区在一定时期内运用生产要素所生产的全部最终产品(物品和劳务)的市场价值。该地区人均GDP反映了当地居民的人均收入情况,以及该地区教育投资的可能性,该数值越高说明该地区的经济水平越高;城乡居民平均年收入差值是指城乡居民人均收入的差值,该数值越大表明该地区内经济差异越大,越不利于实现教育均衡发展;教育经费支出占财政性支出的比例反映了一个国家或地区对于教育发展的努力程度,而财政性支出中的教育支出则是教育投资的重要部分,该数值越高,表明当年该国家或地区对教育均衡发展的决心越大。

2. 教育输入领域指标

(1) 财力投入指标。该一级指标包括生均教育经费等3个二级指

---

① 蒋冠宇:《义务教育均衡发展指标体系研究》,硕士学位论文,杭州师范大学,2012年。

标。其中，生均教育经费包括开办费用和日常费用，而生均公用经费则往往只包括日常费用，该数值越高，代表该地区对教育的财政投入越充分；生均教育事业费，在学生数量一定的情况下，该数值越高越有利于提高教育教学质量；生均教育公用经费，是学校内教学活动所需仪器以及学校正常的教学、管理活动所必需的公务开支的满足程度，该指标越高学校教育经费越充足。

（2）人力投入指标。该一级指标包括生师比等4个二级指标。其中，生师比是指该地区学生总人数与专任教师总人数的比例，该指标考察教师资源的利用率，利用率越高越有利于该地区教育事业的发展，合理的生师比有利于教师资源的合理利用，有利于义务教育的平衡发展；专任教师学历合格率；专任教师年平均工资直接影响着教师队伍的稳定，从一个侧面制约了地区义务教育质量；中级职称教师所占比例，拥有中级职称的教师比重越大，教师队伍的整体素质就越好。

（3）物力投入指标。该一级指标包括生机比等6个二级指标。学校物力资源主要包括图书、校舍、仪器设备和体育运动场馆等。物力的投入是学校正常运行、教师得以正常教学的物质基础，没有这些物质基础，学校更谈不上发展。通过这些指标可以考察地区之间办学条件的差距，指标的平均水平越高，表明该学校的办学条件越好，而学校的教学才能更好地进行，相反，指标的平均水平越低，表明该校的办学条件越差。

3. 教育输出领域指标

（1）学业完成指标。即学校教育的产出效果。它一般包括学生毕业率即升学进入高一层次年级的学生人数占前一层级毕业生人数的百分比。该指标越高，表明该校的教育产出效益越高。

（2）学业成就指标。现阶段主要以同年级学生的学业成绩来衡量。

（3）家长的主观满意度。该指标不仅可以看出家长对学校教育的满意程度，而且反映了地区之间在哪些方面存在差距，并提出改进措施。

表 3-1　　　　　　县域内义务教育均衡发展指标体系

指标领域	一级指标	二级指标	指标方向
教育背景	社会背景	成年人口平均受教育程度年限	
		成人文盲率	
	经济背景	该地区人均GDP	
		城乡居民平均年收入差值	
		教育经费支出占财政性支出的比例	
教育输入	财力投入	生均教育经费	
		生均教育事业费	
		生均教育公用经费	
	人力投入	生师比	
		专任教师学历合格率	
		专任教师年平均工资	
		中级职称教师所占比例	
	物力投入	生机比	
		生均拥有图书量	
		学生与仪器设备值的比值	
		生均校舍面积	
		生均体育运动场馆面积	
		每班学生数量	
教育输出	学业完成	学生毕业率	
	学业成就	同年级学生的学业成绩	
	家长的主观满意度	家长对于学校教育的满意度	

二　县域内义务教育校际均衡发展的指标体系

本书借鉴王善迈等的研究成果,设计县域内义务教育校际均衡发展的检测指标体系。① 设计思路是:提出初步体系框架→丰富指标体系框架→筛选指标形成体系→修正完善指标体系。由此而形成县域内

---

① 王善迈等:《义务教育县域内校际均衡发展评价指标体系》,《教育研究》2013年第2期。

第三章　县域内农村义务教育校际均衡发展的指标体系

义务教育校际均衡发展的指标体系的基本框架，其评价指标体系共分为义务教育入学机会均衡指标（或入学规则均衡指标）、教育资源配置均衡指标和义务教育产出均衡指标（或义务教育质量指标、教育结果指标）3个子领域。

（一）县域内义务教育校际均衡发展的评价指标体系

1. 义务教育入学机会均衡指标

根据《义务教育法》的规定，免试就近入学为入学规则，符合这个规则被视为入学机会均等，否则则被视为入学机会不均等。其中，择校生占一个学校全体学生的比例是一个重要的观测点，由于那些家庭社会经济地位以及自身能力好的学生进入了重点学校，使得教育资源的配置更加不平等，所以以择校生占全部在校生的比例为指标，不仅可以衡量入学机会是否均等，更是校际综合指标是否均衡的体现。

2. 教育资源配置均衡指标

该领域包括教育经费投入、人力资源投入和物力资源投入3个一级指标。其中，教育经费投入包括生均预算内教育经费、生均教育事业费和生均教育公用经费3个二级指标。义务教育的经费主要来源于预算内财政经费，通过事业费和公用经费可以更好地比较校际差异指数。人力资源投入包括生师比、专职教师的学历结构、专职教师的职称结构、专职教师的年龄结构、专职教师的教龄结构、学校平均班额、师生比、师均培训经费、校长的学历结构、教师的月平均工资和教师的其他福利津贴占每月收入的比例11个二级指标。人力资源投入中，包括教师本身的教学质量和学校教师结构的指标、衡量学校规模的指标、度量学校对教师管理和教师本身质量提高的重视程度。物力资源投入包括寄宿生生均宿舍面积、生均设备值、生均图书册数和危房所占比例4个二级指标，是使用《教育统计年鉴》以及办学标准中的相关指标，衡量各校间的硬件差异。

3. 义务教育产出均衡指标

义务教育产出均衡指标，即义务教育质量或教育结果指标领域。

县域内农村义务教育校际均衡发展战略研究

该领域包括小学六年巩固率、初中三年巩固率和中考中位数学生的平均成绩3个一级指标。在义务教育阶段，尤其是小学阶段，如果没有衡量学生质量的统一测量标准，只能用相关的替代指标，即最能代表义务教育水平的巩固率来替代。如果有，可以用义务教育的学业成绩指标来衡量，诸如各个学校中位数学生的平均分数，以此来度量一个学校的教育质量，好处在于可避免某些过高值或过低值使得总平均分数比实际偏高或偏低的情况出现，更好地度量一个学校的教育质量。

表3-2 县域内义务教育校际均衡发展的评价指标体系

子领域	一级指标	二级指标
义务教育入学机会均衡指标	择校生占一个学校全体学生的比例	
教育资源配置均衡指标	教育经费投入	生均预算内教育经费
		生均教育事业费
		生均教育公用经费
	人力资源投入	生师比
		专职教师的学历结构
		专职教师的职称结构
		专职教师的年龄结构
		专职教师的教龄结构
		学校平均班额
		师生比
		师均培训经费
		校长的学历结构
		教师的月平均工资
		教师的其他福利津贴占每月收入的比例
	物力资源投入	寄宿生生均宿舍面积
		生均设备值
		生均图书册数
		危房所占比例
义务教育产出均衡指标		小学六年巩固率
		初中三年巩固率
		中考中位数学生的平均成绩

第三章 县域内农村义务教育校际均衡发展的指标体系

（二）指标解释

（1）择校生占一个学校全体学生的比例。择校生占一个学校全体学生的比例越大，越体现了该地区教育发展不均衡，反之，择校生越少，均衡程度越高。

（2）生均预算内教育经费。即在一定地区范围内，按照当地的经济发展水平和教育发展实际，由政府制定财政年度预算，并按照当地计划内在读学生数额，向相关教育部门拨款。教育经费越充足，越容易实现教育均衡。

（3）生均教育事业费。生均教育事业费是保证一所学校教育活动稳定的最基本条件之一。一般来说，在学生数量一定的情况下，教育事业费水平越高，越有利于提升教育教学质量。

（4）生均教育公用经费。生均教育公用经费是由县级以上地方政府根据本地经济发展水平制定的，在该区域内统一实行的，对中小学校按照计划内学生人数的财政拨款。该指标越高，表明学校教育经费越充足。

（5）生师比。生师比指该地区学生总人数与专任教师总人数的比例。该指标用于考察教师资源的利用率，利用率越高越有利于该地区教育事业的发展，合理的生师比有利于教师资源的合理利用，有利于义务教育的平衡发展。

（6）专职教师的学历结构、职称结构、年龄结构和教龄结构。专职教师的学历结构包括学士及以下、硕士、博士，且高学历者所占的比例越高，表明该校教育投入越大。专职教师的职称结构包括初级、中级、副高、正高，教师职称的级别越高，教师的教学水平相对越高。专职教师的教龄结构应该既有年轻型教师又有年长型教师，年长型教师可以将自己多年的经验传授给学生，而年轻型的教师可以将自己的新思想、新方法带入学校，为学校注入新的活力。年龄结构一般包括30岁及以下、31—40岁、41—50岁、51—60岁。

（7）学校平均班额。学校平均班额指的是一个班的平均人数，按照教育的原则来说，班级授课的数量是有限的，班级人数既不可以过多，也不可以过少，而应该有一个合理的数量，才能使教育质量得到最大程度的提升。

（8）师生比。师生比是指一个义务教育学校中教师人数与学生总人数之比。该数值反映一个学校教师和学生人数的相对多少。一般来说，师生比越低越有利于提升教育质量，越有利于教育均衡发展。

（9）师均培训经费。师均培训经费指的是学校对教师培训的经费投入，可以用来提升教师的专业知识、专业素养、教学技术和教学方法等。这个指标体现了学校对教师教育的投入力度，这个指标越高，越容易提升该校的教育质量。

（10）校长的学历结构。校长的学历越高、知识面越广，越容易接受先进的教育理念，要求教育均衡发展的愿望越强烈。

（11）教师的月平均工资。只有保障好教师自身的物质待遇，教师才能全身心地投入教学，教师的工资水平不仅可以体现出该地区的经济发展水平，而且可以体现出该地区对教育的经费投入力度。

（12）教师的其他福利津贴占每月收入的比例。相对而言，教师的待遇越好，这一地区的教师对教育的身心投入度越高，越能更好地发展该地区的教育，越能够更好地提高该地区的教育水平。

（13）巩固率。该数值是指中小学毕业年级在校学生中，能够从一年级连续学习六年（小学）、三年（初中）、九年（整个义务教育阶段）的学生数占入学时本年级学生数的比重。

（14）中考中位数学生的平均成绩。该数值是指各个学校中考中位数学生的平均分数。

三 县域内农村义务教育校际均衡发展的指标体系

本书在借鉴已有研究成果的基础上，依据《县域义务教育均衡发

第三章 县域内农村义务教育校际均衡发展的指标体系

展督导评估暂行办法》，设计和构建了县域内农村义务教育校际均衡发展指标体系的理论框架。

（一）县域内农村义务教育校际均衡发展指标体系的指标定位和设计思路

1. 指标定位

本书把县域内义务教育校际均衡发展的指标体系定位于县域范围内农村地区义务教育学校之间的均衡发展。其观测点有四个：县域范围内、农村地区、义务教育学校和学校之间。

2. 设计思路

本书以《县域义务教育均衡发展督导评估暂行办法》为基本依据，借鉴目前国内相关研究成果，提炼出共识性的指标体系并形成初步的指标体系框架，征求相关人员的建议，充实丰富指标内容并试测，再一次完善指标内容，最终形成县域内农村义务教育校际均衡发展的评价指标体系。

（二）县域内农村义务教育校际均衡发展指标的建构原则

1. 政府主导原则

政府主导原则，是指充分发挥人民政府在县域内农村义务教育校际均衡发展评价中的主导作用并确立政府的主导地位。义务教育的属性决定了国家在其发展过程中的地位和作用，县域内农村义务教育的校际均衡发展不论是教育经费的投入，还是人力和物力资源的配置，都需要政府的支持和监管，所以说政府既要肩负起保证县域内农村义务教育校际均衡发展的应有责任，而且也要发挥其主导作用，保证农村义务教育资源的合理配置。因此，各级政府应各司其职，协同统筹，体现出县域内农村义务教育校际均衡发展指标体系的政府主导原则。

2. 方向性原则

方向性原则，是指县域内农村义务教育校际均衡发展的指标体系应当反映国家义务教育均衡发展的要求，体现国家和社会发展的需要。县域内农村义务教育校际均衡发展不仅关系到义务教育本身的均衡发展问题,更关系到一个国家、社会的公平正义问题,关系到整体国民素质,因此把握县域内农村义务教育校际均衡发展指标体系的方向性原则显得尤为重要。首先,要保证评价指标体系符合国家整体发展的要求,符合国家的大政方针,符合国家的教育政策与法规;其次,要使评价指标体系有利于人的发展,要坚持以人为本,全面提高学生的整体素质;再次,评价指标体系的设计应当具有前瞻性,在人力、物力、财力的合理配置,以及教育经费的投入与使用方面做出科学的预判;最后,设计评价指标体系时,要立足农村义务教育校际均衡发展,同时还要观照整个县域义务教育的均衡发展。

3. 相对均衡和差异均衡原则

相对均衡原则,是指县域内农村义务教育校际均衡发展是相对均衡的,不存在绝对的均衡。因此,设计县域内农村义务教育校际均衡发展的指标体系应当坚持相对均衡的原则。首先,要充分考虑县际、县内校际间存在着经济发展水平、义务教育发展水平等诸多方面的差异。其次,以此为基础,在教育投入、教育资源配置和教育质量评价等方面保证相对均衡,而不是平均化。

差异均衡原则,是指设计县域内农村义务教育校际均衡发展的指标体系应当充分考虑区域间存在的实际差异,区别对待。差异均衡包括县际差异均衡和县域内校际差异均衡。县际差异均衡是指县区均衡水平与全市均衡水平的差异应控制在一定比例以内,并逐年缩小;县域内校际差异均衡是指县域内学校之间均衡水平的差异应控制在一定比例以内,并逐年缩小。

4. 可行性原则

可行性原则,是指县域内农村义务教育校际均衡发展的指标体系应当具有可操作性,并且能够反映校际均衡发展的差异性、保证评价指标体系的科学性。首先,评价指标的设定要在保证正确方向和科学性的前提下,抓住被评价对象的本质特征,尽量简化评价指标体系,使评价指标清楚、明晰;其次,县域农村义务教育校际均衡发展的评价指标和标准的设定不能脱离县域和学校发展实际，把评价指标体系设计在被评价对象的"最近发展区"内；最后，县域内农村义务教育评价指标体系要具有可操作性。

5. 弱势倾斜原则

弱势倾斜原则，是指设计县域内农村义务教育校际均衡发展的指标体系时，应当充分考虑弱势群体、弱势区域和学校的具体情况，不能"一刀切"。弱势倾斜原则既反映出我国政策的优惠性和普世性，也为进一步促进校际均衡发展提供了参考依据。《义务教育法》第六条规定"国家组织和鼓励经济发达地区支援经济欠发达地区实施义务教育"。由于我国经济和教育发展的差异性，历史地形成了优势地区、优势学校，形成了薄弱地区和薄弱学校之分。因此，在设计指标体系和进行评价时要考虑到这些因素，尤其是县际和校际的差异，使评价指标和实施评价表现出对薄弱地区和薄弱学校政策的倾斜。

（三）县域内农村义务教育校际均衡发展的指标体系

县域内农村义务教育校际均衡发展是一个动态平衡的过程。因此，设计县域内农村义务教育校际均衡发展的指标体系应当充分体现县域内、农村义务教育、校际均衡发展的特点。本书在分析、借鉴有关成果的基础上，提出县域内农村义务教育校际均衡发展指标体系的理论框架。

1. 基本框架

根据《县域义务教育均衡发展督导评估暂行办法》，评估主要包括对县级人民政府推进农村义务教育校际均衡发展工作和对县域内农村义务教育校际间均衡发展状况的评估两个方面。

县级人民政府推进农村义务教育校际均衡发展工作的评估指标包括4个一级指标、17个二级指标。

（1）入学机会。包括将进城务工人员随迁子女就学纳入当地教育发展规划，纳入财政保障体系；建立以政府为主导、社会各方面广泛参与的留守儿童关爱体系；三类残疾少年儿童入学率不低于80%；

优质普通高中招生名额分配到县域内初中的比例逐步提高。

（2）保障机制。包括建立义务教育均衡发展责任、监督和问责机制；义务教育经费在财政预算中单列，近三年教育经费做到"三个增长"；推进学校标准化建设，制订并有效实施薄弱学校改造计划，财政性教育经费向薄弱学校倾斜；农村税费改革转移支付资金用于义务教育的比例达到省级规定要求。

（3）教师队伍。包括全面实施义务教育绩效工资制度；义务教育学校学科教师配备合理，生师比达到省定编制标准；建立并有效实施县域内义务教育学校校长和教师定期交流制度；落实教师培训经费，加强教师培训。

（4）质量与管理。包括按照国家规定的义务教育课程方案开齐、开足课程；小学、初中巩固率达到省级规定标准；小学、初中学生体质健康合格率达到省级规定标准；义务教育阶段不存在重点学校和重点班，公办义务教育择校现象得到基本遏制；中小学生过重的课业负担得到有效减轻。

县域内农村义务教育校际间均衡发展状况的评估，重点是评估县级政府均衡配置教育资源的情况。以生均教学及辅助用房面积、生均体育运动场馆面积、生均教学仪器设备值、每百名学生拥有计算机台数、生均图书册数、师生比、生均高于规定学历教师数、生均中级及以上职称教师数8项指标，分别计算小学、初中差异系数，评估县域内小学、初中校际间均衡发展的状况。

另据《县域义务教育均衡发展督导评估暂行办法》的有关说明，差异系数是小学（初中）的综合差异系数，是8项评估指标差异系数的平均值。

差异系数 = 小学评估指标的标准差/各评估指标的平均数

其中，标准差是统计学通用的计量方法，反映各义务教育学校某项指标的数值与县域内所有学校该指标平均值的离散程度。差异系数值越大，均衡水平越低；差异系数值越小，均衡水平越高。

但是有研究认为，这8项指标仅仅涉及影响义务教育校际均衡发

第三章 县域内农村义务教育校际均衡发展的指标体系

展的师资和硬件装备两个方面,对诸如办学经费、生源质量及教育教学过程与质量等重要方面的内容没有体现,所以使用该评估指标难以考察义务教育校际间发展差异的深层次原因。因此认为有必要对此进行专门研究。①

经过梳理已有的研究成果,听取一线工作人员的意见、建议,借鉴和吸收教育部评估县域义务教育校际均衡的 8 项指标,融合当前义务教育均衡发展的最新态势,本书筛选出办学经费、硬件设备、师资水平、生源状况和教育质量 5 个一级指标、12 个二级指标、30 个三级指标作为县域内农村义务教育校际均衡评价指标体系框架。

（1）办学经费。包括公用经费 1 个二级指标和公用经费总量、公用经费生均 2 个三级指标。

（2）硬件设备。包括场地场所面积、图书配备、教育教学设施仪器值、现代信息技术装备 4 个二级指标和生均学校占地面积、生均校舍建筑面积、生均普通教学用房面积、生均辅助教学用房面积、生均体育运动场馆面积、生均图书册数、生均固定资产值、生均普通教学仪器设备值、生均音体美设备值、百名学生拥有计算机数和配备电子白板的班级比例 11 个三级指标。

（3）师资水平。包括专任教师数量和专任教师质量 2 个二级指标和专任教师班师比、专任教师生师比、音体美专业教师生师比、学历合格率、高于规定学历专任教师比例、45 岁有以下专任教师比例和市级及以上级别骨干教师比例 7 个三级指标。

（4）生源状况。包括生源数量、生源质量和学生巩固率 3 个二级指标和学生人数、随迁子女学生比例、留守儿童学生比例、单亲家庭学生比例和毕业年级学生巩固率 5 个三级指标。

（5）教育质量。包括学生综合素质和学生课业负担 2 个二级指标和主要学科毕业考试成绩合格率、学生体质健康合格率、学校特色校

---

① 李宏君:《县域内义务教育校际均衡发展监测评估指标体系构建》,《教育探索》2015 年第 6 期。

县域内农村义务教育校际均衡发展战略研究

本课程学生参与比例、学生参加志愿服务及公益劳动时间和学生作业时间5个三级指标。

表3-3　县域内农村义务教育校际均衡评价指标体系

一级指标	二级指标	三级指标
办学经费	公用经费	公用经费总量 公用经费生均
硬件设备	场地场所面积 图书配备 教育教学设施仪器值 现代信息技术装备	生均学校占地面积 生均校舍建筑面积 生均普通教学用房面积 生均辅助教学用房面积 生均体育运动场馆面积 生均图书册数 生均固定资产值 生均普通教学仪器设备值 生均音体美设备值 百名学生拥有计算机数 配备电子白板的班级比例
师资水平	专任教师数量 专任教师质量	专任教师班师比 专任教师生师比 音体美专业教师生师比 学历合格率 高于规定学历专任教师比例 45岁及以下专任教师比例 市级及以上级别骨干教师比例
生源状况	生源数量 生源质量 学生巩固率	学生人数 随迁子女学生比例 留守儿童学生比例 单亲家庭学生比例 毕业年级学生巩固率
教育质量	学生综合素质 学生课业负担	主要学科毕业考试成绩合格率 学生体质健康合格率 学校特色校本课程学生参与比例 学生参加志愿服务及公益劳动时间 学生作业时间

2. 指标体系解释

（1）全部指标都可以进行更精确的分析和评估，可以更准确地监测县域内农村义务教育校际均衡发展差异状况的变化，增强评估监测

第三章 县域内农村义务教育校际均衡发展的指标体系

结果的可信度。

（2）选择能够更好地反映义务教育校际发展差异的指标。比如，"办学经费"中的"公用经费""公用经费总量"，结合"公用经费生均"作为评估监测指标，可以更全面地考察校际办学经费的差异状况。"硬件设备"中"现代信息技术装备"，选择"配备电子白板的班级比例"，能更真实地反映校际在最新技术装备配备上的差异。"师资水平"中"专任教师数量"，选取"专任教师班师比"可以更真实地反映义务教育学校教师数量的情况；"音体美专业教师生师比"指标，观照了义务教育学校特别是农村义务教育学校一直以来严重缺乏音体美教师的现状。"生源状况"中"生源数量"选择"学生人数"指标能灵敏地反映校际办学经费、管理水平、师资力量和教学质量等多方面的差异情况，是最能灵敏地综合反映县域内农村义务教育学校之间是否均衡发展的重要指标。这里需要指出的是，"学生人数"只能在评估县（区）域内校际义务教育均衡发展程度时适用，超出这一范围不适用。

（3）将国家对中小学教育质量评估的最新要求融入指标体系中"教育质量"的"学生综合素质"和"学生课业负担"这两项，其三级指标主要对应的是2013年教育部《关于推进中小学教育质量综合评价改革的意见》中第五项评价内容的要求："主要学科毕业考试成绩合格率"对应的是学生"学业发展水平"；"学生体质健康合格率"对应的是学生"身心发展水平"；"学校特色校本课程学生参与比例"对应的是学生"兴趣特长养成"；"学生参加志愿服务及公益劳动时间"对应的是学生"品德发展水平"；"学生作业时间"对应的是学生"学业负担状况"。

3. 测度思路

本指标体系以教育部对县域义务教育发展基本均衡督导评估认定所采用的差异系数法为监测评估方法，主要监测评估各项指标的差异系数和总体差异系数；以教育部规定的基本均衡评估认定标准为标准，即达到基本均衡评估认定标准的差异系数值：小学等于或小于

0.65，初中小于或等于 0.55；对每项指标的差异系数做简单平均，得出上一级指标的差异系数，最后得出总体差异系数。

具体评估时，可以用单项指标差异系数进行校际比较，也可以用总体差异系数进行校际比较，得出校际差异程度的结论。此外，指标体系不进行权重分配。

第四章　县域内农村义务教育校际均衡发展的现状调查

本章依据相关调查和访谈问卷，选取山东省东、中、西部地区6市12县的义务教育学校为调查对象，并进行数据的收集和处理，然后以调查结果为依据，分析山东省东、中、西部地区农村义务教育校际均衡发展的现状，并详细分析了样本县的农村义务教育校际均衡发展的现实。通过数据展示和结果分析，进一步发现县域内农村义务教育校际均衡发展的问题，以期为推进我国县域内农村义务教育校际均衡发展提供实践经验支持。现状的展示分为两个方面：一是山东省东、中、西部农村义务教育的校际均衡发展的总体现状；二是山东省东、中、西部地区所调查样本县的县域内农村义务教育校际均衡发展的具体现状。其目的在于既可以总体了解山东省东、中、西部地区的区域性农村义务教育校际均衡发展的现实，也能更好地了解不同区域内的县域农村义务教育校际均衡发展的实际。

一　调查问卷的编制

本书的调研工具主要来自东北师范大学中国农村教育发展研究院的有关材料，主要使用调查表、问卷、访谈以及搜集原始档案资料四种方式。其中，调查表包括学校调查表，问卷包括学生问卷、教师问卷、校长问卷等，访谈包括校长访谈、学生访谈、教师访谈和家长访谈，在对相关数据进行分析时采用的统计软件主要是 SPSS 和 EX-

CEL。

在整理上述工具的基础上，借鉴有关研究成果，选择农村义务教育校际均衡发展方面的指标，进行问卷编制。

在山东省义务教育均衡发展的相关数据方面，主要根据山东省人民政府教育督导网和各地市有关政府网站公布的数据，并对其进行统计、整理，以补充调查所获得的数据，保证调查数据的可靠性。

二 调研对象的确定

农村义务教育校际均衡发展是我国现阶段教育改革和发展中的关键问题。本书的理论假设是，从区域划分来看，我国东、中、西部地区的经济发展水平呈依次降低趋势，受此影响，全国的义务教育均衡发展水平也呈现出东、中、西部依次降低的趋势。而就山东省来说，其经济发展水平从东往西也呈现出依次降低的趋势，所以我们选取山东省作为调查对象，从中获取县域内农村义务教育校际均衡发展的相关数据，并以此为依据辐射全国，为国家推进县域内农村义务教育校际均衡发展的改革提供实践经验的支持。

山东省位于我国东部沿海，受经济发展水平以及地理位置差异的影响，山东省各地区教育发展情况不同。依据经济发展水平、地理位置的差异可以将山东省的17个地级市分为东部、中部和西部三个区域。与此相关联，相应地区的教育可以划分为东部地区教育、中部地区教育和西部地区教育。

本研究采用分层抽样的方式在山东省的东部、中部和西部地区选取研究样本。具体而言，在三个地区分别选取了两个经济发展水平相当的地级市作为研究范围。在此基础上，分别选取两个经济发展水平相当的县（市、区）作为该地区的调研对象。在县域内，依据分层抽样的原则将县域内的初中和小学分为城区、镇区和村庄（村屯）三个层级，然后按照对象样本数量与总体样本数量3∶7的比例从三个层级中随机抽取若干对象进行研究。

第四章　县域内农村义务教育校际均衡发展的现状调查

（一）样本概况与选取

2014年，山东省共有17个地级市、51个市辖区、28个县级市、58个县。按照经济发展水平和地理位置的划分，东部地区包括烟台市、威海市、青岛市、日照市（4个）；中部地区包括东营市、滨州市、淄博市、潍坊市、济南市、泰安市、莱芜市、济宁市和临沂市（9个）；西部地区包括德州市、聊城市、菏泽市和枣庄市（4个）。[①]

1. 东部地区市和县的样本选取

《山东省统计年鉴2015》公布的山东省各市的相关数据显示，东部地区4个城市的总GDP为19094.36亿元，总人口为2172.82万人，计算得出山东省东部地区在2014年的人均GDP为87878.24元。依据这个数据，我们选择了A市和B市作为东部地区的样本市，这两个市的人均GDP分别是96085.65元和85715.84元，与东部地区4个城市的人均GDP较为相近。样本范围确定之后，进一步确定了县样本。在选取县样本时我们依据城市选取原则考虑到了所选县的特色，具体如下。

《2015年A市统计年鉴》公布的各县相关数据显示，A市的AA县和AB县可作为样本县。这两个县的人均GDP分别是65670元和112044元，A市AA县和AB县与东部地区人均GDP接近，AA县虽然人均GDP与东部地区整体的人均GDP相差较大，但是其地理位置具有独特的特点。AA县位于山东半岛中部，A市北端，自北向南形成了丘陵、平原、洼地为一体的综合性地形，交通发达。该县2014年人均GDP为65670元，总体处于中游水平。AA县已经形成工业、农业、经济投资、对外开放发展的经济发展模式。AA县现有初中学校30所，教师和学生数分别是2505人和14364人；有小学96所，教师和学生人数分别是2685人和37186人。

---

① 为了方便开展研究，本书所涉及的样本地区和县均以字母代表。为了表述的一致，书中地级市均以"市"表示，如A市；县、县级市或区均以"县"表示，如AA县表示A市的一个样本县（市、区），AB县表示A市的另一个样本县（市、区）。

县域内农村义务教育校际均衡发展战略研究

　　AB 县位于 A 市东部，是 A 市高新技术产业基地、旅游度假胜地和海产品及水果基地。地势呈东高西低状。A 市高科技工业园是国家级高新技术产业开发区，工业以家电、通信设备、医疗器械、生物化工、啤酒、电力电缆为重点。境内依山傍海、风光优美，是国务院审定并批准的首批国家重点风景名胜区之一，其中多处景点被列为市级重点文物保护单位。2014 年该县人均 GDP 为 112044 元。2014 年义务教育预算内投入 128493 万元。该县现有初中学校 9 所，教师和学生人数分别为 710 人和 6473 人；有小学学校 28 所，其中小学教学点 2 所，教师和学生人数分别是 1180 人和 16952 人。

　　B 市 BA 县与 BB 县的人均 GDP 分别是 126758 元和 160411 元，两个县市的人均 GDP 与东部地区总的人均 GDP 较为接近，故作为 B 市的研究样本。BA 县位于山东省东部、山东半岛东南部，是全国粮食基地及全国食品卫生示范市、省级卫生城市。境内丘陵起伏，地势北高南低。海产资源丰富，盐业发达。近年来，BA 县抓住重要战略机遇期，加快推进"三步走"发展战略，目前，"核电装备制造工业园区"和"亚沙文化旅游产业聚集区"两大板块已然形成，六大新兴产业蓬勃发展，全市的民营经济、蓝色经济和现代服务业风生水起，BA 县已经成为"转型·2010 中国经济十大领军县级城市"。《2015 年 B 市统计年鉴》数据显示，BA 县人均 GDP 为 32268 元。2014 年义务教育预算内经费拨款 52555 万元，比上年增加 5.8%。2014 年 BA 县共有普通中小学 47 所，其中初级中学 15 所，九年一贯制学校 3 所，小学 29 所；初中教师和学生分别有 1742 人和 13705 人，小学教师和学生分别有 1550 人和 18761 人。

　　BB 县位于山东半岛腹地，B 市东北方向。BB 县地处丘陵山区，境内群山起伏，丘陵连绵，有大小山峰 2500 余座。BB 县经济发展极具特色，第三产业快速发展，服务业发展提速增效，旅游产业富有活力，BB 县的苹果是该县的一大重要品牌。目前，该县已经形成从苹果生产基地，到果品流通，到相关技术培训，再到果品深加工的专业合作产业链，拓宽了农民致富的路径，成为该县经济发展的重要支

第四章 县域内农村义务教育校际均衡发展的现状调查

柱。《2015年B市统计年鉴》的数据显示，BB县人均GDP为41874元。2014年义务教育预算内经费投入39435万元，比上年增加2.1%。2014年BB县共有41所中小学，其中初级中学13所，九年一贯制学校1所，普通小学27所；初中教师和学生分别有2255人和14284人，小学教师和学生分别有1845人和17505人。

2. 中部地区市和县的样本选取

中部地区共9个城市的总GDP为31351.96亿元，总人口为5225.64万人，计算得出山东省中部地区2014年的人均GDP为59996元。据此，我们选取了人均GDP与中部地区总体平均水平相近的C市与D市作为中部地区的样本市，这两个市的人均GDP分别为87319元和51111元。我们选取CA县和CB县（人均GDP分别是42923元和101859元）作为C市的样本县。DA县和DB县的人均GDP分别是38191元和36699元，作为D市的样本县。

CA县位于C市中部，地势平缓，东高西低，南高北低。该县境内矿产资源种类多，储量丰富。其中，煤、铁、铝土、石灰石储量大，开发价值高，在该县矿产开发中占有重要地位。该县2014年人均GDP为101859元，义务教育预算经费投入123350.8万元，比上年增长8.9个百分点。目前，该县共有初中26所，其中6所九年一贯制学校、20所完全中学，初中学生30858人，初中教师1834人；共有小学41所，教师与学生分别有2140人和43448人。

CB县位于C市最南端，处于山东省中心地带。该县属纯山区，是山东省平均海拔最高的县。该县的地貌类型多样，有中山、低山、丘陵、山前倾斜平地等，是北方溶洞之乡。该县主要以农业作为支柱产业，有机品牌农业快速发展，还建成了中国首个有机苹果标准化生产示范区。该县还大力发展生态建设，是全省唯一同时拥有"全国文明县城""全国绿化模范县""国家园林县""山东省适宜人居住环境奖"四项荣誉的县。2014年全县人均GDP为42923元，义务教育预算经费投入46487.8万元，比上年增长11.2个百分点。该县共有初中18所，其中九年一贯制学校7所，初中11所，学生与教师分别是

22624人和2006人；共有小学50所，小学教学点25所，学生与教师分别是25067人和2239人。

D市DA县地形南高北低，东、南、西三面山岭环绕，是山东省钢铁工业基地。该县矿产资源丰富，以钢铁加工、煤炭、机械、化工、建筑建材为主产业。据《2015年D市统计年鉴》，该县人均GDP为55360元。义务教育预算经费投入24877万元，比上年增长5.4个百分点。义务教育阶段初中学校共有12所，其中九年一贯制学校6所、初中6所，学生与教师分别是11144人和931人；共有小学30所，学生与教师分别是13229人和995人。

DB县地形为南缓北陡、向北突出的半圆形盆地，北、东、南三面山岭环绕，中、西部是历史上齐鲁必争的膏腴之地。该县2014年人均GDP为43692元。该县盛产生姜、大蒜、鸡腿葱、大红袍花椒、蔬菜、瓜果、粮油等农产品。该县矿产资源丰富，工业初具规模，投资发展工业经济有得天独厚的优势和广阔的前景，境内现已探明的金属和非金属矿种有铁、煤、铜、金、石灰石、花岗石、大理石、石英石等50余种。2014年义务教育预算经费投入80463万元，比上年增长25.2个百分点。义务教育阶段普通中学共有17所，其中九年一贯制学校10所、初中7所，学生与教师分别是20162人和1760人；共有小学29所，学生和教师分别是45079人和2627人。

3. 西部地区市和县的样本选取

西部地区4个城市的总GDP为9314.80亿元，总人口为2390.96万人，计算得出山东省西部地区在2014年的人均GDP为38958.41元。我们选取人均GDP与西部地区市的平均水平较近的E市和F市作为西部地区的样本市，这两个市的人均GDP分别为45504.55元和26335.82元。

E市EA县位于山东省西北部，地处黄河三角洲冲积平原，地貌多样，主要分为高地类、坡地类、洼地类。该县是中国农业最发达的地区之一，主要盛产小麦、玉米、棉花和各种蔬菜、水果，是国家和山东省重要的粮、棉、菜、水果生产基地。据《2015年EA国民经济和社会发展统计公报》，2014年该地区人均GDP为62345元，其中义务教育总投入3.66亿元，同比增长2.4个百分点。目前，该县共有初中17所，学生与教师分别是26917人和1631人；共有小学64所，教学点3所，学生与教师分别是55055人和2591人。

EB县位于山东省西北部，地处黄河冲积平原，交通发达。该县经济主要以农业为主，拥有耕地78万亩，盛产小麦、玉米、棉花、蔬菜、水果等，是国家商品粮基地县、进京蔬菜准入生产基地、全国粮食生产先进县、全国生猪调出大县。该县石油资源丰富，境内已探明石油储量3亿吨、天然气40亿立方米，拥有油气井1800口，年开采量230万吨，是胜利油田的主采区之一。目前，该县共有九年一贯制学校9所，初中12所，学生与教师分别是17725人和1182人；共有小学60所，小学教学点57个，学生与教师分别是34405人和1780人。

F市FA县位于F市中部偏西、山东省西南部，地势西南高东北低。地处鲁、苏、豫、皖四省交界处，是鲁西南政治、经济、文化中心，交通发达。《2015年F市统计年鉴》显示，FA县人均GDP为32403元。该县还是全国著名的"戏曲之乡""书画之乡""武术之乡""民俗之乡""中国牡丹城"，鲁西黄牛、小尾寒羊、青山羊三大国宝的原产地，全国重要的粮油、棉、林业、畜牧生产基地，是世界上最大的牡丹生产、科研、出口基地和观赏游览区。该县共有初中33所，九年一贯制学校3所，教师和学生分别是2737人和44178人；共有小学164所，小学教学点49个，教师和学生分别是5900人和112597人。

FB县地处黄河下游，属黄河冲积平原，地势西南高、东北低。地貌类型主要有缓平坡、浅平洼、河槽、河滩高地四种。《2015年F市统计年鉴》显示，FB县人均GDP为25147元。该县共有初中33所，教师和学生分别是2961人和50925人；共有小学177所，小学教学点49所，教师和学生分别是4992人和97294人。

（二）县域内样本学校的选取方式

本研究调查的主要对象是义务教育阶段的公办学校，包括普通初中、普通小学，而教学点、九年一贯制学校、完全中学及其以外的幼儿园、职业技术学校和其他私立学校均不在本书研究范围之内。

第一，采用分层抽样方法把县域内的学校分为城区、镇区和村庄三个层级。农村义务教育学校校际差异虽然只包括农村地区的学校，但为了便于同时了解城乡之间的差异情况，我们在选取对象的时候也选取了部分城区、镇区的学校。将县域内的初中、小学分为这三个层级，有利于了解县域内城乡学校之间的差距，更有利于了解农村学校的弱势地位，为后期的问题解决提供现实数据。一般而言，城区、镇区、村屯所在地的学校在获取资源和学校的教学水平上大致呈现从高到低排列的趋势。

第二，三层级样本数量的确定原则。在具体的学校选取上，本研究主要是按照样本数量与总体数量的3∶7的比例对样本学校进行随机抽样。对于学校数量较少的县，其样本抽取比例要大于3∶7，对于学校数量较多的县，其样本抽取比例则要低于3∶7。此外，本书的主要研究对象是农村学校即村屯学校之间存在的差距，因此对于村屯级别的学校在具体的抽取中要明显多于其他层级的学校。这样的变通策略真正做到了贴近教育实际，为研究结论的全面性和系统性提供了充分的信息保障。详细地区介绍如下。

东部地区 A 市 AA 县共 12 个乡镇。初中共 30 所，抽取 9 所，其中城区 2 所、镇区 3 所、村屯 4 所；小学 96 所，抽取 21 所，其中城区 2 所、镇区 12 所、村屯 7 所。初中教师 2505 人，抽取 483 人；小学教师 2685 人，抽取 839 人。初中生 14364 人，抽取 6156 人；小学生 37196 人，抽取 12934 人。

AB 县共有 4 个乡镇。初中 9 所，抽取 2 所，其中镇区 1 所、村屯 1 所；小学共有 28 所，包括 2 个教学点，抽取 12 所学校，其中城

第四章 县域内农村义务教育校际均衡发展的现状调查

区3所、镇区3所、村屯6所。初中生6473人，抽取1973人；小学生16952人，抽取6889人；初中教师共710人，抽取208人；小学教师共1180人，抽取529人。

B市BA县辖11个乡镇。初中学校18所，包括九年一贯制学校3所，抽取7所，其中城区、镇区、村屯分别为3所、3所、1所；普通小学29所，抽取17所，其中城区、镇区、村屯分别为4所、5所、8所。小学教师1550人，抽取538人；初中教师1742人，抽取409人。小学生共有18761人，抽取7808人；初中生13705人，抽取3587人。

BB县辖13个乡镇。初中学校14所，包括九年一贯制学校1所，抽取6所，其中城区、镇区、村屯分别抽取1所、3所、2所；小学27所，抽取10所，其中城区、镇区、村屯分别抽取1所、4所、5所。初中教师2255人，抽取259人；小学教师1845人，抽取1200人。小学生共有17505人，抽取12417人；初中学生共有14284人，抽取2583人。

中部地区C市CA县共有8个乡镇。初中学校共有26所，包括九年一贯制学校6所，抽取4所，其中城区、镇区、村屯分别抽取2所、1所、1所；小学有41所，抽取12所，其中城区、镇区、村屯分别抽取4所、3所、5所。该县初中教师共有1834人，抽取515人；小学教师2140人，抽取653人。小学生共有43448人，抽取9217人；初中生共有30858人，抽取5724人。

CB县共有13个乡镇。初中学校共有18所，其中九年一贯制学校7所，抽取4所，其中城区、镇区、村屯分别抽取0所、2所、2所；小学共有50所，抽取11所，其中城区、镇区、村屯分别有0所、7所、4所。初中教师2006人，抽取619人；初中生22624人，抽取6447人。小学教师2239人，抽取368人；小学生25067人，抽取3436人。

D市DA县共有5个乡镇。初中学校共有12所，包括九年一贯制学校6所，抽取2所，其中城区1所、镇区1所；小学共30所，抽取 9 所，其中城区 2 所、镇区 3 所、村屯 4 所。初中生共 11144 人，抽取 2457 人；小学生共 13229 人，抽取 3441 人。初中教师共 931 人，抽取 229 人；小学教师共 995 人，抽取 289 人。

DB 县共有 15 个乡镇。初中学校共 17 所，包括九年一贯制学校 10 所，抽取 6 所，其中城区 2 所、镇区 2 所、村屯 2 所；小学共 29 所，抽取 24 所，其中城区 7 所、镇区 11 所、村屯 6 所。初中生共 20162 人，抽取 9234 人；小学生共 45079 人，抽取 15782 人。初中教师共 1760 人，抽取 700 人；小学教师共 2627 人，抽取 1136 人。

西部地区 E 市 EA 县共 12 个乡镇。初中学校共 17 所，抽取 4 所，其中城区 1 所、镇区 1 所、村屯 2 所；小学共 67 所，包括 3 个教学点，抽取 17 所，其中城区 6 所、镇区 4 所、村屯 7 所。初中生共 26917 人，抽取 7335 人；小学生共 55055 人，抽取 15559 人。初中教师共 1631 人，抽取 420 人；小学教师共 2591 人，抽取 665 人。

EB 县共 12 个乡镇。初中学校共 21 所，包括九年一贯制学校 9 所，抽取 4 所，其中镇区 3 所、村屯 1 所；小学 60 所，小学教学点 57 个，共抽取 17 所，其中镇区 6 所、村屯 11 所。初中生共 17725 人，抽取 3951 人；小学生共 34405 人，抽取 10758 人。初中教师共 1182 人，抽取 376 人；小学教师共 1780 人，抽取 640 人。

F 市 FA 县共 22 个乡镇。初中学校共 33 所、九年一贯制学校 3 所，共抽取 10 所，其中镇区 5 所、村屯 5 所；小学共 164 所、小学教学点 49 个，共抽取 33 所，其中镇区 19 所、村屯 14 所。初中生共 44178 人，抽取 10974 人；小学生共 112597 人，抽取 22142 人。初中教师共 2737 人，抽取 844 人；小学教师共 5900 人，抽取 1238 人。

FB 县共 21 个乡镇。初中学校共 33 所，抽取 15 所，其中城区 3 所、镇区 8 所、村屯 4 所；小学共 177 所，共抽取 46 所，其中城区 10 所、镇区 19 所、村屯 17 所。初中生共 50925 人，抽取 23258 人；小学生共 97294 人，抽取 30549 人。初中教师共 2961 人，抽取 1523 人；小学教师共 4992 人，抽取 1497 人。

第四章 县域内农村义务教育校际均衡发展的现状调查

表 4-1 调研样本区域和学校情况分布情况

地区	市	县	学校 初中	学校 小学	城区、镇区和村屯学校数 初中	城区、镇区和村屯学校数 小学	学生数 初中	学生数 小学	教师数 初中	教师数 小学
东部	A市	AA县	9	21	2-3-4	2-12-7	6156	12934	483	839
东部	A市	AB县	2	12	0-1-1	3-3-6	1973	6889	208	529
东部	B市	BA县	7	17	3-3-1	4-5-8	3587	7808	409	538
东部	B市	BB县	6	10	1-3-2	1-4-5	2583	12417	259	1200
中部	C市	CA县	4	12	2-1-1	4-3-5	5724	9217	515	653
中部	C市	CB县	4	11	0-2-2	0-7-4	6447	3436	619	368
中部	D市	DA县	2	9	1-1-0	2-3-4	2457	3441	229	289
中部	D市	DB县	6	24	2-2-2	7-11-6	9234	15782	700	1136
西部	E市	EA县	4	17	1-1-2	6-4-7	7335	15559	420	665
西部	E市	EB县	4	17	0-3-1	0-6-11	3951	10758	376	640
西部	F市	FA县	10	33	0-5-5	0-19-14	10974	22142	844	1238
西部	F市	FB县	15	46	3-8-4	10-19-17	23258	30549	1523	1497
总计			73	229			83679	150932	6585	9592

三 调研工具的选择

按照前期课题组成员的理论和方案设计,本研究在调研工具上主要使用调查表、问卷、访谈以及搜集原始档案材料或数据四种类型。在对数据进行图表呈现和分析时我们参考了东北师范大学邬志辉教授出版的《中国农村教育发展报告(2011)》一书中对数据进行整理的方式,对收集到的数据主要通过 SPSS19 进行整理与分析。其中,样本均值是反映数据集中趋势的一项指标。变异系数为一组数据的标准差与其均值之比,是测度离散程度的相对指标,变异系数越大,说明数据的离散程度越大;变异系数越小,说明数据的离散程度也越小。对于校际均衡来说,变异系数越小,说明校际均衡程度越高,其计算公式为:

$$CV = \frac{S}{X} \times 100\%$$

式中：S 为样本标准差；$\bar{X}$ 为样本平均数。本研究中主要采用国家标准，即中学校际差异系数以 0.55 为最低值，小学校际差异系数以 0.65 为最低值，校际差异系数大于中学和小学的最低值则被认为是校际差异不均衡。由于各县学校数量较少，本研究主要采用样本学校数据降序排列后的前 20% 和后 20%，求其均值，并求其倍率，以分析前后 20% 样本学校数据的差异程度。

四　山东省东、中、西部农村义务教育校际均衡发展状况

（一）县域内农村义务教育学生入学机会校际均衡发展状况

通过查阅有关文献，2010 年山东省小学、初中适龄人口的入学率分别保持在 99%、98% 以上，辍学率分别控制在 1% 和 2% 以内。2014 年山东省残疾儿童入学率达到 95% 以上。因此，设计本指标体系时不再将农村义务教育学校的入学机会作为研究校际均衡发展的指标，具体调查过程中也不再对此类数据进行收集。

（二）县域内农村义务教育教师资源配置校际均衡发展状况

1. 男女教师比例

山东省东、中、西部农村小学女教师数量明显多于男教师，但男女教师整体分布较为合理。三个地区中除中部地区农村小学教师男女比例失衡之外，东部、西部农村小学男女教师分布均较为合理，东部地区农村女教师比男教师多 4.60 个百分点，西部地区女教师比男教师少 5.24 个百分点。中部地区男女教师比例严重失衡，女教师数量占 73.04%，而男教师仅占 26.96%，女教师数量超过一半以上，比男教师高 46.08 个百分点，女教师数量比男教师数量多近一半。三个地区男女教师平均比例显示，农村地区小学教师的男女教师比例较为均衡，东、西部农村小学男教师是中部的 1.77 倍和 1.95 倍；中部地区农村小学女教师是东、西部的 1.40 倍和 1.54 倍。见表 4-2、表 4-3。

第四章 县域内农村义务教育校际均衡发展的现状调查

表4-2　　　山东省东、中、西部农村小学教师的男女比例　　（单位:%）

男女教师比例	均值	东部	中部	西部
男教师	47.66	47.70	26.96	52.62
女教师	52.34	52.30	73.04	47.38

表4-3　　　山东省农村小学男女教师比例的区域差距

（东、中、西部农村小学教师与山东省三地区农村小学教师平均水平比较）

	东部/均值	中部/均值	西部/均值
男教师	1.00	0.57	1.10
女教师	1.00	1.40	0.91

对山东省东、中、西部农村初中教师的该项调查显示：男教师数量多于女教师数量。东、中、西部农村初中男教师所占比例均高于女教师，出现这种情况可能是由于男教师更倾向于选择进入比小学高一级的初中学校教学，初中学校学科也更易于吸引男教师的加入。男教师数量最多的是东部地区，占56.12%，是中、西部男教师的1.11倍和1.01倍，西部地区是中部地区的1.11倍。男女教师比例最为均衡的是中部地区，男女教师分别占50.40%、49.60%，东、西部农村初中男女教师比例较为均衡。见表4-4、表4-5。

表4-4　　　山东省东、中、西部农村初中教师男女比例　　（单位:%）

	均值	东部	中部	西部
男教师	54.44	56.12	50.40	55.77
女教师	45.56	43.88	49.60	44.23

表4-5　　　山东省农村初中男女教师比例的区域差距

（东、中、西部农村初中教师与山东省三地区农村初中教师平均水平比较）

	东部/均值	中部/均值	西部/均值
男教师	1.03	0.93	1.02
女教师	0.96	1.09	0.97

2. 教师年龄

山东省农村小学教师以30—39岁和50岁及以上教师为主体,分别占到30.75%和32.73%,50岁及以上的农村小学教师平均占到总数的1/3多,29岁及以下的年轻教师比较少。从山东省东、中、西部农村小学教师的年龄分布来看,东部地区29岁及以下的农村小学教师是中、西部地区农村小学教师的1.39倍和1.17倍,西部地区是中部地区的1.19倍;东、中、西部39岁及以下的农村小学教师分别占41.47%、42.88%、45.54%,西部地区该年龄段的教师最多;30—49岁的教师是教学的主体,东、中、西部农村小学该年龄段的教师分别占到47.44%、50.87%、59.53%,都占到了总数的一半左右,中、西部更是占到一半以上;50岁及以上的农村小学教师在东、中、西部地区都超过了总数1/3,最少的地区是西部地区。见表4-6、表4-7。

表4-6　　山东省东、中、西部农村小学教师年龄情况　　（单位:%）

年龄	均值	东部	中部	西部
29岁及以下	13.21	14.95	10.72	12.77
30—39岁	30.75	26.52	32.16	32.77
40—49岁	23.31	20.92	18.71	26.76
50岁及以上	32.73	37.61	38.41	27.70

表4-7　　山东省东、中、西部农村小学教师年龄与
山东省农村小学教师平均年龄比较

年龄	东部/均值	中部/均值	西部/均值
29岁及以下	1.13	0.81	0.97
30—39岁	0.86	1.05	1.07
40—49岁	0.90	0.80	1.15
50岁及以上	1.15	1.17	0.85

山东省农村初中教师主要以30—39岁和40—49岁的教师为主体,29岁及以下和50岁及以上的教师都比较少。从山东省东、中、西部农村初中教师的年龄分布来看,29岁及以下的中部地区农村初

第四章 县域内农村义务教育校际均衡发展的现状调查

中教师是东、西部地区农村初中教师的2.04倍和1.74倍,西部地区是东部地区的1.17倍;39岁及以下的东、中、西部农村初中教师分别占到41.05%、49.39%、57.11%,西部地区该年龄段的教师最多;30—49岁的教师依然是教学的主体,东、中、西部农村初中该年龄段的教师分别占到79.18%、72.75%、78.13%,均超过了各地区农村初中教师总数的一半以上;而50岁及以上的农村初中教师在东、中、西部的占比均较低,最少的是中部地区,为9.83%。见表4-8、表4-9。

表4-8　　　山东省东、中、西部农村初中教师年龄情况　　　（单位:%）

年龄	均值	东部	中部	西部
29岁及以下	11.60	8.56	17.42	10.01
30—39岁	38.87	32.49	31.97	47.10
40—49岁	38.10	46.69	40.78	31.03
50岁及以上	11.43	12.26	9.83	11.86

表4-9　　　山东省东、中、西部农村初中教师年龄与
山东省农村初中教师平均年龄比较

年龄	东部/均值	中部/均值	西部/均值
29岁及以下	0.74	1.50	0.86
30—39岁	0.84	0.82	1.21
40—49岁	1.23	1.07	0.81
50岁及以上	1.07	0.86	1.04

3. 教师学历

总体来看,山东省80.24%的农村小学教师具有专科及以上学历,其中有专科学历者占34.32%,有本科学历者占44.65%。农村小学教师学历的区域差异主要表现在东、中、西部教师的研究生、本科、专科、高中及其以下阶段毕业学历的差距较大。中部地区具有专科以上学历的农村小学教师比例为67.14%,高于山东省农村小学教师学历的平均水平。中部地区具有专科、高中及其以下阶段学历的农

村小学教师的比例低于山东省农村小学教师学历的平均水平；东部地区具有专科以上学历的农村小学教师的比例高于山东省农村小学教师学历的平均水平，具有高中及其以下阶段学历的农村小学教师比例低于山东省农村小学教师学历的平均水平；西部地区具有专科、高中及其以下阶段学历的农村小学教师比例高于山东省农村小学教师平均水平，具有研究生、本科学历的农村小学教师比例则低于山东省农村小学教师学历的平均水平，具有高中及其以下阶段学历的农村小学教师比例是东部地区的2.01倍，是中部地区的2.68倍。见表4-10、表4-11。

表4-10　　山东省东、中、西部农村小学教师学历情况　　（单位:%）

学历	均值	东部	中部	西部
研究生	1.27	1.39	1.91	0.77
本科	44.65	49.63	65.23	27.09
专科	34.32	34.07	21.69	42.17
高中及其以下阶段	19.76	14.91	11.17	29.97

表4-11　　　　山东省东、中、西部农村小学
教师学历与三地区均值比较

学历	东部/均值	中部/均值	西部/均值
研究生	1.09	1.50	0.61
本科	1.11	1.46	0.61
专科	0.99	0.63	1.23
高中及其以下阶段	0.77	0.57	1.52

山东省农村初中具有本科、专科学历的教师是主体，其中有本科学历者占70.56%。东、中、西部农村初中教师本科学历的比例均高于专科学历的比例，分别高达71.96、45.93和27.04个百分点。山东省东、中、西部本科、研究生学历的农村初中教师比例呈依次降低趋势。其中，东、中部有研究生学历的农村初中教师比例分别是西部的5.84倍和4.52倍、东部地区农村初中教师有研究生学历的比例是中部地区的1.29倍；山东省东、中、西部地区农村初中教师具有本

科学历的比例也呈降低趋势,分别为 84.14%、71.54% 和 62.51%,其中东、中部农村初中教师具有本科学历的比例分别是西部地区的 1.35 倍和 1.14 倍,东部地区的比例是中部地区的 1.18 倍;西部地区具有专科学历的农村初中教师比例明显高于东、中部地区,分别是其 2.91 倍和 1.39 倍,中部地区的比例是东部地区的 2.1 倍;东、中部地区没有具有高中及其以下阶段学历的农村初中教师,西部地区则占到 1.39%。另外,山东省农村初中教师学历的区域性差异还表现为两个端点,即研究生和高中及其以下阶段学历的教师比例差距。其中西部地区具有研究生学历教师的比例偏低,而具有高中及其以下阶段学历教师的比例又偏高。东部地区具有研究生学历的农村教师比例高于三地区的平均水平,西部地区则相反,具有高中及其以下阶段学历的农村教师比例高于三地区的平均水平。见表 4-12、表 4-13。

表 4-12 山东省东、中、西部农村初中教师学历情况 （单位:%）

学历	均值	东部	中部	西部
研究生	2.03	3.68	2.85	0.63
本科	70.56	84.14	71.54	62.51
专科	26.77	12.18	25.61	35.47
高中及其以下阶段	0.64	0	0	1.39

表 4-13 山东省东、中、西部农村初中教师学历与三地区均值比较

学历	东部/均值	中部/均值	西部/均值
研究生	1.81	1.40	0.31
本科	1.19	1.01	0.89
专科	0.45	0.96	1.32
高中及其以下阶段	0	0	2.17

4. 教师职称

就山东省东、中、西部地区农村小学教师职称的均值来看,具有高级职称（中学高级 + 小学高级）、小学一级职称的分别为 47.18% 和 42.85%,总数达到 90.03%。具体而言,山东省东、西、中部地

区具有高级和小学一级职称的农村小学教师比例依次呈递减趋势。其中高级职称教师比例东部地区分别是中、西部地区的1.20倍和1.12倍，西部地区是中部地区的1.08倍；东部地区具有小学一级职称的教师比例分别是中、西部地区的1.09倍和1.01倍，西部地区是中部地区的1.08倍；中、西、东部地区具有小学二级职称和未评职称的农村小学教师比例依次呈递减趋势，其中具有小学二级职称的农村教师的比例，中部地区是西、东部地区的1.25倍和5.93倍，西部地区是东部地区的4.74倍；未评职称的农村小学教师的比例，中部地区是西、东部地区的1.76倍和20.90倍，西部地区是中部地区的1.65倍。见表4-14、表4-15。

表4-14　　山东省东、中、西部农村小学教师职称情况　　（单位：%）

职称	三地区均值	东部	中部	西部
高级	47.18	51.09	42.54	45.82
小学一级	42.85	43.75	40.29	43.42
小学二级	2.57	0.73	4.33	3.46
小学三级	0	0	0	0
未评职称	7.40	4.43	12.84	7.30

表4-15　　山东省东、中、西部农村小学教师职称与三地区均值比较

项目	东部/均值	中部/均值	西部/均值
高级	1.08	0.90	0.97
小学一级	1.02	0.94	1.01
小学二级	0.28	1.68	1.35
小学三级	0	0	0
未评职称	0.60	1.74	0.99

山东省东、中、西部地区农村初中教师中，具有中学高级、一级、二级职称的占绝大多数，分别为97.74%、95.33%、95.98%，且中部地区具有中学高级和中学一级职称的农村初中教师比例偏小，其占比均低于三个地区的均值，其中东、西部地区具有中学高级职称

的农村初中教师所占比例分别是中部地区的 1.16 倍和 1.35 倍；东、西部地区具有中学一级职称的农村初中教师所占比例分别是中部地区的 1.25 倍和 1.18 倍；中部地区具有中学二级职称的农村初中教师占比最大，分别是东、西部农村初中教师比例的 1.20 倍和 1.22 倍；西部地区具有中学三级职称的农村初中教师的比例是中部的 1.2 倍；在未评职称的农村初中教师中，中部地区比东、西部地区要高，分别是它们的 1.98 倍和 1.18 倍。见表 4-16、表 4-17。

表 4-16　　山东省东、中、西部农村初中教师职称情况　　（单位:%）

职称	地区均值	东部	中部	西部
中学高级	10.53	10.17	8.74	11.83
中学一级	42.11	45.76	36.59	43.05
中学二级	43.68	41.81	50	41.10
中学三级	0.15	0	0.20	0.24
未评职称	3.53	2.26	4.47	3.78

表 4-17　山东省东、中、西部农村初中教师职称与三地区均值比较

职称	东部/均值	中部/均值	西部/均值
中学高级	0.97	0.83	1.12
中学一级	1.09	0.88	1.02
中学二级	0.96	1.15	0.94
中学三级	0	1.33	1.60
未评职称	0.64	1.27	1.07

综上可以看出，山东省东、中、西部地区的农村小学和初中教师中，具有中小学高级、一级职称的占到绝大多数。农村中小学教师队伍的区域性差异主要表现为：农村小学、农村初中教师中，东部地区拥有一级及以上职称的教师比例高于中、西部地区的，西部地区的教师职称基本接近或略超出三个地区的均值，而中部地区的明显低于三个地区的均值，更是低于东、西部地区。

教师队伍区域性差异的原因主要缘于山东省东、中、西部地区经

济发展水平、文化以及地理位置的影响。其中也有例外，比如虽然中部地区经济发展水平比西部地区高，但西部地区农村教师在某项职称方面的比例却超过中部地区，其原因在于西部地区的农村中小学中，中青年教师占比高于中部地区。

（三）县域内农村义务教育保障机制的校际均衡发展状况

县域内农村义务教育保障机制的区域性差异主要测评以下几个维度。经费保障：包括生均固定资产总值、生均教学仪器设备总值、生均预算内教育事业费、生均预算内公用经费、教职工人均年工资；学校面积：包括生均占地面积、生均校舍建筑面积、生均绿化面积、生均宿舍面积（寄宿学校）、阅览室面积；生机比、师机比、生均图书册数、报刊种数和工具书总数。

山东省农村小学保障机制状况。总体来说，山东省农村小学在生均固定资产总值、生均教学仪器设备总值、生均占地面积、生均校舍建筑面积、生均计算机拥有量、生均图书册数方面，东、中部地区除生均占地面积和生均校舍建筑面积外，其他各项指标均高于全国农村小学的均值；西部地区的生均教学仪器设备总值、生均计算机拥有量和生均图书册数均高于全国农村小学的均值，其余各项则没有达到全国农村小学的平均水平。

具体来看，山东省农村小学生均计算机拥有量的区域性差异最小，生均教学仪器设备总值的区域性差异最大。其中，农村小学生均计算机拥有量整体偏低，东、西部地区农村小学比中部地区农村小学少 0.09 台和 0.10 台，东、西部地区之间的差距较小；生均固定资产总值方面，中、西部农村小学比东部农村小学分别少 0.46 万元和 0.71 万元，西部地区比中部地区少 0.25 万元；生均教学仪器设备总值方面，中、西部地区的农村小学比东部地区的农村小学分别少 0.08 万元和 0.16 万元；生均占地面积方面，中、西部农村小学比东部农村小学分别少 2.83 平方米和 9.59 平方米，西部农村小学比中部农村小学少 6.76 平方米；生均校舍建筑面积方面，中、西部农村小学比东部农村小学分别少 0.33 平方米和 3.29 平方米，西部地区农村小学比中部农村小学少 2.96 平方米；生均图书册数方面，中、西部地区农村小学比东部地区农村小学分别少 1.10 册和 17.57 册，西部地区农村小学比中部地区农村小学少 16.47 册。见 4-18、表 4-19。

表 4-18　　山东省东、中、西部农村小学保障机制情况

项目	全国	东部	中部	西部
生均固定资产总值（万元）	0.73	1.35	0.89	0.64
生均教学仪器设备总值（万元）	0.02	0.22	0.14	0.06
生均占地面积（平方米）	40.20	37.02	34.19	27.43
生均校舍建筑面积（平方米）	8.71	8.02	7.69	4.73
生均计算机拥有量（台）	0.08	0.12	0.21	0.11
生均图书册数（册）	20.43	38.78	37.68	21.21

表 4-19　　山东省东、中、西部农村小学保障机制与全国保障机制比较

项目	东部/全国	中部/全国	西部/全国
生均固定资产总值（万元）	1.47	1.22	0.87
生均教学仪器设备总值（万元）	11	7	3
生均占地面积（平方米）	0.92	0.85	0.68
生均校舍建筑面积（平方米）	0.92	0.88	0.54
生均计算机拥有量（台）	1.50	2.63	1.38
生均图书册数	1.90	1.84	1.04

山东省农村初中保障机制状况。总体来看，东部地区农村初中的保障机制明显优于中、西部地区。东部地区的各项指标均高于全国平均水平，中部地区农村初中除生均教学仪器设备总值未达到全国平均水平外，其余各项指标均超过全国平均水平；西部地区农村初中的各项指标均未达到全国平均水平。

具体来看，山东省生均固定资产总值的区域性差异最小，生均教学仪器设备总值、生均计算机拥有量的区域性差异最大。其中，中、西部地区农村初中生均固定资产总值比东部地区农村初中少 0.03 万元和 0.54 万元，西部地区农村初中比中部地区农村初中少 0.51 万

元；中、西部地区农村初中生均教学仪器设备总值比东部地区农村初中少0.11万元和0.18万元，西部地区农村初中比中部地区少0.07万元，东部地区是中、西部地区的1.79倍和3.57倍，中部地区是西部地区的2倍；中、西部地区农村初中生均占地面积比东部地区农村初中少4.37平方米和29.38平方米，西部地区农村初中比中部地区农村初中少25.01平方米，东部地区是中、西部地区的1.07倍和1.83倍，中部地区是西部地区的1.71倍；中、西部地区农村初中生均校舍建筑面积比东部地区农村初中少4.37平方米和11.08平方米，西部地区农村初中比中部地区农村初中少6.71平方米，东部地区是中、西部地区的1.28倍和2.24倍；中、西部地区农村初中生均计算机拥有量比中部地区农村初中少0.11台和0.18台，西部地区农村初中比中部地区农村初中少0.07台，东部地区是中、西部地区的1.61倍和2.64倍，中部地区是西部地区的1.64倍；中、西部地区农村初中生均图书册数比东部地区农村初中少9.01册和24.93册，西部地区农村初中比中部地区农村初中少15.92册，东部地区是中、西部地区的1.22倍和2.01倍。见表4-20、表4-21。

表4-20　　　　山东省东、中、西部农村初中保障机制情况

项目	全国	东部	中部	西部
生均固定资产总值（万元）	1.35	1.56	1.53	1.02
生均教学仪器设备总值（万元）	0.15	0.25	0.14	0.07
生均占地面积（平方米）	54.78	64.85	60.48	35.47
生均校舍建筑面积（平方米）	15.23	20	15.63	8.92
生均计算机拥有量（台）	0.15	0.29	0.18	0.11
生均图书册数（册）	38.14	49.61	40.60	24.68

表4-21　山东省东、中、西部农村初中保障机制与全国保障机制比较

项目	东部/全国	中部/全国	西部/全国
生均固定资产总值（万元）	1.16	1.13	0.76

续表

项目	东部/全国	中部/全国	西部/全国
生均教学仪器设备总值（万元）	1.67	0.93	0.47
生均占地面积（平方米）	1.18	1.10	0.65
生均校舍建筑面积（平方米）	1.31	1.03	0.59
生均计算机拥有量（台）	1.93	1.20	0.73
生均图书册数（册）	1.30	1.06	0.65

五 山东省样本县域内农村义务教育校际差异状况

《县域内义务教育均衡发展督导评估暂行办法》规定，对义务教育校际间均衡状况的评估标准为小学、初中综合差异系数分别小于或等于0.65、0.55（不要求每个单项指标均达标，主要是考虑各地的实际情况不同）。计算差异系数的8项指标数据来源于国家教育事业统计数据。差异系数是一组数据的标准差与其均值之比，是测算数据离散程度的相对指标。差异系数的值越小，说明县域内校际差异也越小，即学校间的均衡程度越高。

（一）县域内农村义务教育入学机会校际均衡状况

本研究设计了完整的农村义务教育校际均衡的指标，但在具体调研中发现，农村义务教育阶段学校学生本省迁入人数和进城务工人数数量几乎为0，因此，本书不再对其进行数据分析。县域内农村义务教育入学机会校际均衡状况的主要指标包括在校生总数、本省外县迁入数、进城务工人员随迁子女数、农村留守儿童数、寄宿生数、残疾儿童少年数。在选择样本学校时，课题组针对各地区学校数量进行筛选，其中，西部地区的学校数量最多，依次为东部地区和中部地区。农村地区的留守儿童数量最多，但区域间农村地区留守儿童存在差异。见表4-22。

表 4-22　山东省农村义务教育阶段样本县域学生总体情况分布

地区	市	县市区	学校类别	项目指标	在校生总数	本省外县迁入数	进城务工人员随迁子女数	农村留守儿童数	寄宿生数	残疾儿童少年数
东部	A市	AA县	小学	县总数	2887	0	0	7	29	0
			初中	县总数	1973	275	434	2	125	0
		AB县	小学	县总数	1928	0	0	26	0	3
			初中	县总数	2038	0	0	46	50	0
	B市	BA县	小学	县总数	3147	0	0	777	0	0
			初中	县总数	633	0	0	276	628	0
		BB县	小学	县总数	2310	0	0	1003	559	0
		合计	小学		10272	0	0	1813	588	3
			初中		4644	275	434	324	803	0
中部	C市	CA县	小学	县总数	4794	0	0	14	0	2
			初中	县总数	1228	0	0	0	0	0
		CB县	小学	县总数	773	0	0	24	0	0
			初中	县总数	2315	0	0	15	2119	0
	D市	DA县	小学	县总数	935	0	0	4	0	0
		DB县	小学	县总数	1284	0	0	0	52	0
			初中	县总数	677	0	0	0	32	0
		合计	小学		7786	0	0	42	52	2
			初中		4220	0	0	15	2151	0
西部	E市	EA县	小学	县总数	6723	0	0	274	18	0
			初中	县总数	1583	0	0	26	266	0
		EB县	小学	县总数	1841	0	0	399	525	3
			初中	县总数	712	0	0	351	712	0
	F市	FA县	小学	县总数	5238	0	0	2384	0	0
			初中	县总数	3681	0	0	1909	3110	0
		FB县	小学	县总数	5474	0	0	1372	0	0
			初中	县总数	4557	0	0	2026	3975	0
		合计	小学		19276	0	0	4429	543	3
			初中		10533	0	0	4312	8063	0

(二) 县域内农村义务教育教师队伍校际均衡状况

本研究对县域内农村义务教育校际间师资均衡状况的评估，以师生比、女教师比、29岁及以下教师比、30—49岁教师比、50岁及以上教师比、高中及其以下阶段毕业教师比、专科毕业教师比、本科毕业教师比、研究生毕业教师比、高级教师比10项指标，分别计算小学、初中综合差异系数。评估标准为：小学、初中教师队伍综合差异系数分别小于或等于0.65、0.55（不要求每个单项指标均达标）。差异系数是一组数据的标准差与其均值之比，是测算数据离散程度的相对指标。差异系数的值越小，说明县域内校际差异也越小，即学校间的均衡程度越高。数据统计结果显示，12个县的农村小学有2/3的学校达标，1/3的学校未达标。农村初中有3/4的学校达标，1/4的学校未达标。其中，小学综合差异系数在0.42—0.94之间，初中综合差异系数在0.27—0.66之间。见表4－23。

表4－23　　山东省12个县义务教育学校校际差异系数

地区	市	县	学校类别	指标项目	师生比	女教师比	29岁及以下教师比	30—49岁教师比	50岁及以上教师比	高中及其以下阶段毕业教师比	专科毕业教师比	本科毕业教师比	研究生毕业教师比	高级教师比	综合评估
东部	A市	AA县	小学	县平均值	0.08	0.33	0.06	0.37	0.57	0.22	0.47	0.30	—	0.31	—
				差异系数	0.35	0.66	1.17	0.57	2.90	0.54	0.37	0.73	—	0.49	0.86
			初中	县平均值	0.05	0.36	0.12	0.70	0.18	0.01	0.15	0.83	0.01	0.08	—
				差异系数	0.28	0.15	0.91	0.14	0.26	2.22	0.53	0.06	1.45	0.56	0.66
		AB县	小学	县平均值	0.10	0.53	0.18	0.62	0.30	0.05	0.26	0.67	0.02	0.57	—
				差异系数	0.34	0.17	0.52	0.12	0.21	0.82	0.44	0.18	1.27	0.08	0.42

续表

地区	市	县	学校类别	指标项目	师生比	女教师比	29岁及以下教师比	30—49岁教师比	50岁及以上教师比	高中及其以下阶段毕业教师比	专科毕业教师比	本科毕业教师比	研究生毕业教师比	高级教师比	综合评估
东部	B市	BA县	小学	县平均值	0.15	0.38	0.21	0.23	0.56	0.23	0.39	0.36	0.02	0.53	—
				差异系数	0.48	0.51	0.73	0.55	0.43	0.79	0.57	0.66	1.14	0.29	0.62
			初中	县平均值	0.22	0.40	0.05	0.86	0.09	—	0.14	0.85	0.01	0.11	—
				差异系数	0.49	0.01	1.42	0.04	0.39	—	1.06	0.16	1.41	0.12	0.57
		BB县	小学	县平均值	0.15	0.51	0.11	0.54	0.35	0.09	0.35	0.55	0.01	0.57	—
				差异系数	0.44	0.28	0.88	0.27	0.28	0.72	0.40	0.30	2.22	0.14	0.59
中部	C市	CA县	小学	县平均值	0.07	0.68	0.42	0.45	0.13	0.06	0.11	0.83	0.06	0.37	—
				差异系数	0.33	0.14	0.25	0.42	0.48	2.22	0.86	0.13	0.61	0.21	0.57
		CB县	小学	县平均值	0.15	0.29	0.18	0.35	0.47	0.11	0.39	0.50	—	0.59	—
				差异系数	0.40	0.63	1.89	0.74	0.45	0.62	0.31	0.26	—	0.32	0.62
			初中	县平均值	0.09	0.49	0.13	0.81	0.06	—	0.36	0.64	—	0.09	—
				差异系数	0.61	0.02	0.97	0.24	1.29	—	0.24	0.14	1.41	0.71	0.63
	D市	DA县	小学	县平均值	0.12	0.18	0.09	0.33	0.58	0.26	0.33	0.41	—	0.60	—
				差异系数	2.30	0.30	0.83	0.37	0.17	1.16	0.44	0.82	—	0.30	0.74
		DB县	小学	县平均值	0.11	0.33	0.15	0.39	0.46	0.28	0.38	0.34	—	0.35	—
				差异系数	0.23	0.48	1.01	0.73	0.51	0.75	0.55	0.58	—	0.66	0.61
			初中	县平均值	0.12	0.34	0.24	0.54	0.22	—	0.28	0.68	0.04	0.07	—
				差异系数	0.22	0.07	0.19	0.34	0.61	—	0.10	0.07	0.51	0.32	0.27

第四章 县域内农村义务教育校际均衡发展的现状调查

续表

地区	市	县	学校类别	指标项目	师生比	女教师比	29岁及以下教师比	30—49岁教师比	50岁及以上教师比	高中及其以下阶段毕业教师比	专科毕业教师比	本科毕业教师比	研究生毕业教师比	高级教师比	综合评估
西部	E市	EA县	小学	县平均值	0.05	0.61	0.11	0.56	0.33	0.31	0.25	0.42	0.02	0.67	—
				差异系数	0.35	0.41	0.96	0.42	0.59	0.61	0.60	0.49	1.71	0.23	0.64
			初中	县平均值	0.08	0.59	0.09	0.74	0.17	—	0.29	0.40	0.03	0.17	—
				差异系数	0.18	0.19	0.80	0.00	0.45		0.36	1.27	0.24	0.25	0.42
		EB县	小学	县平均值	0.18	0.35	0.09	0.65	0.26	0.61	0.34	0.05	—	0.39	—
				差异系数	0.48	0.48	1.73	0.34	0.74	0.43	0.58	2.05	—	0.68	0.83
	F市	FA县	小学	县平均值	0.05	0.49	0.09	0.61	0.30	0.17	0.55	0.28	—	0.39	—
				差异系数	0.30	0.35	0.87	0.33	0.63	1.06	0.37	0.65	—	0.45	0.56
			初中	县平均值	0.08	0.45	0.09	0.79	0.12	—	0.29	0.71	—	0.10	—
				差异系数	0.12	0.12	0.74	0.07	0.32	—	0.61	0.25	—	0.26	0.31
		FB县	小学	县平均值	0.06	0.47	0.16	0.52	0.32	0.29	0.48	0.21	0.02	0.42	—
				差异系数	0.57	0.37	0.63	0.39	0.52	0.98	0.63	0.88	4.09	0.34	0.94
			初中	县平均值	0.07	0.39	0.10	0.82	0.08	0.007	0.38	0.61	0.003	0.13	—
				差异系数	0.15	0.20	0.17	0.26	0.57	1.99	0.21	0.14	2.03	0.15	0.59

依据《县域内义务教育均衡发展督导评估暂行办法》，小学和初中的差异系数分别小于或等于0.65、0.55的县，方可通过义务教育

· 87 ·

县域内农村义务教育校际均衡发展战略研究

发展基本均衡县的评估认定。山东省东、中、西部六个地区12个县的农村中小学师资队伍校际差异较大，而农村小学师资校际差异系数极大；农村初中师资校际差异系数存在地域性差异，表现为农村小学师资校际差异系数从低到高依次为东、中、西部，农村初中师资校际差异系数从低到高依次为西、中、东部。具体而言，D、E、F市3个市6个县的农村小学校际师资差异系数均已超过国家标准，最小的为0.68，最大的达到0.75，校际差异较大，表明三个地区的农村教师队伍分布不均衡，剩余的B、A、C市校际差异系数则非常接近国家标准。农村初中师资队伍的校际差异同样非常大。农村初中师资校际差异的最大值为0.66，最小值为0.27。其中，农村初中师资校际差异系数低于国家标准的D、E、F市的6县，师资校际分布较为合理，而B、A、C市的六县农村初中师资校际差异较其他地区小，但均超过国家标准，差异系数非常大。见图4-1、图4-2。

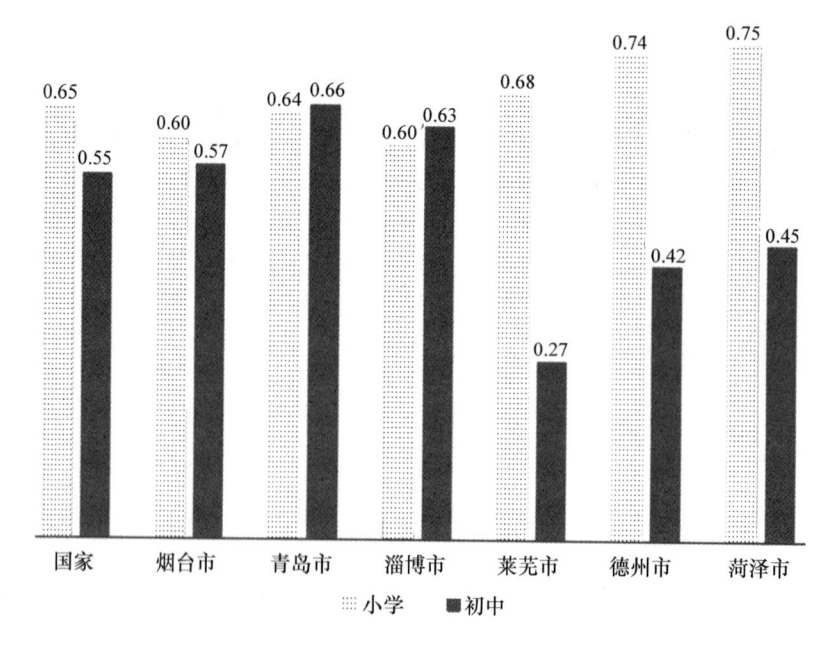

图4-1 山东省六市县小学和初中教师队伍校际差异系数情况

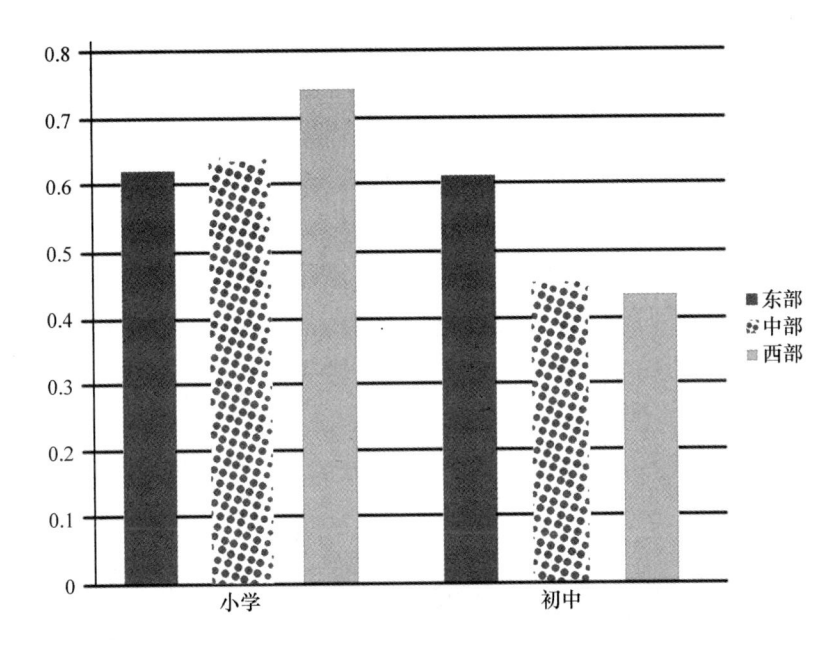

图4-2 山东省东、中、西部农村小学、初中校际师资差异情况

(三) 县域内农村义务教育保障机制校际均衡状况

关于县域内农村义务教育保障机制校际均衡状况的调查，本研究以生均固定资产值、生均教学仪器设备值、生均校舍建筑面积、生均占地面积、生均绿地面积、阅览室面积、生机比、师机比、生均图书册数9项指标，分别计算小学、初中综合差异系数。校际均衡的标准为：小学、初中综合差异系数分别小于或等于0.65、0.55。差异系数是一组数据的标准差与其均值之比，是测算数据离散程度的相对指标。差异系数的值越小，说明县域内校际间的差异也越小，即学校间的均衡程度越高。调查结果显示，12个样本县的农村小学有7个县达标、5个县没有达标，农村初中有11个县达标、1个县没有达标。其中农村小学综合差异系数在0.42—1.07之间，初中学校综合差异系数在0.18—1.13之间。见表4-24。

县域内农村义务教育校际均衡发展战略研究

表4-24　山东省12个县域内义务教育学校办学条件校际差异系数

地区	市	县	学校类别	指标项目	生均固定资产值	生均教学仪器设备值	生均校舍建筑面积	生均占地面积	生均绿地面积	阅览室面积	生机比	师机比	生均图书册数	综合
东部	A市	AA县	小学	县平均值	5539.87	1635.24	9.14	63.12	17.70	110.57	6.09	1.07	56.13	—
				差异系数	5.33	0.59	0.35	0.55	0.86	0.33	0.32	0.52	0.82	1.07
			初中	县平均值	10445.63	2646.17	12.81	76.68	32.07	156.00	7.92	0.97	36.52	—
				差异系数	0.32	0.65	0.22	0.41	1.21	0.39	0.32	0.05	0.82	0.49
		AB县	小学	县平均值	33584.39	6746.82	15.40	57.44	12.46	187.00	8.25	0.96	40.10	—
				差异系数	0.42	0.36	0.44	0.39	0.78	0.46	0.36	0.28	0.40	0.43
	B市	BA县	小学	县平均值	9860.41	1489.37	11.87	100.79	17.34	110.10	8.11	1.59	32.10	—
				差异系数	0.72	0.56	0.99	1.28	1.21	0.41	0.80	0.79	0.18	0.77
			初中	县平均值	116163.91	8809.15	91.20	450.89	32.92	205.50	1.38	0.95	44.00	—
				差异系数	0.20	0.68	0.13	0.25	0.10	0.03	0.07	0.07	0.13	0.18
		BB县	小学	县平均值	4389.18	615.05	17.02	86.07	6.92	155.6	9.97	1.00	33.00	—
				差异系数	0.57	0.74	0.79	0.85	0.44	0.15	0.52	0.00	0.10	0.46
中部	C市	CA县	小学	县平均值	6295.67	0.14	7.73	34.06	6.20	94.32	12.12	0.94	33.40	—
				差异系数	0.73	0.22	0.41	0.70	0.76	0.49	0.38	0.08	0.11	0.43
		CB县	小学	县平均值	8726.18	2082.00	9.15	68.67	18.28	96.50	5.30	1.24	34.00	—
				差异系数	0.22	0.36	0.47	0.55	1.32	0.01	0.51	0.16	0.18	0.42
			初中	县平均值	15213.32	659.00	13.63	46.90	8.75	202.00	16.64	16.64	40.00	—
				差异系数	0.14	0.30	0.22	0.48	0.12	0.60	0.41	0.41	0.00	0.30

第四章 县域内农村义务教育校际均衡发展的现状调查

续表

地区	市	县	学校类别	指标项目	生均固定资产值	生均教学仪器设备值	生均校舍建筑面积	生均占地面积	生均绿地面积	阅览室面积	生机比	师机比	生均图书册数	综合
中部	D市	DA县	小学	县平均值	20325.00	2148.00	9.36	59.21	12.40	90.25	6.11	0.26	44.50	—
				差异系数	0.51	0.67	0.15	0.42	1.03	0.50	0.32	2.63	0.18	0.71
		DB县	小学	县平均值	13440.00	1621.00	11.39	76.49	9.03	104.00	6.12	0.39	39.50	—
				差异系数	1.02	1.04	0.40	0.71	1.08	0.25	0.43	0.32	0.21	0.61
			初中	县平均值	7242.00	1645.00	10.17	58.77	11.40	260.00	6.62	0.40	40.50	—
				差异系数	0.18	0.51	0.14	0.28	0.66	0.00	0.16	0.16	0.11	0.24
西部	E市	EA县	小学	县平均值	18274.98	1099.19	9.73	25.53	5.24	186.86	9.16	1.00	56.13	—
				差异系数	1.20	0.39	1.07	0.62	0.97	0.97	0.57	0.02	0.82	0.74
			初中	县平均值	29811.56	939.17	1.05	44.06	11.90	164	13.08	1.00	36.52	—
				差异系数	1.18	0.76	5.76	0.20	1.01	0.35	0.071	0.00	0.82	1.13
		EB县	小学	县平均值	9821.23	2246.70	19.10	117.84	14.99	24.22	12.07	11.23	40.10	—
				差异系数	0.83	0.92	1.42	1.00	0.88	1.02	0.19	0.43	0.40	0.79
	F市	FA县	小学	县平均值	3040.02	217.70	4.28	21.42	1.70	43.86	24.67	1.64	15.04	
				差异系数	0.44	0.76	0.52	0.50	0.92	0.59	0.64	0.95	0.45	0.64
			初中	县平均值	6496.24	486.20	7.49	24.40	3.20	101.80	25.38	1.61	15.04	—
				差异系数	0.39	0.36	0.30	0.58	0.78	0.34	0.23	0.13	0.48	0.40

续表

地区	市	县	学校类别	指标项目	生均固定资产值	生均教学仪器设备值	生均校舍建筑面积	生均占地面积	生均绿地面积	阅览室面积	生机比	师机比	生均图书册数	综合
西部	F市	FB县	小学	县平均值	4832.56	341.55	5.24	38.47	8.99	65.59	14.63	0.73	15.65	—
				差异系数	0.71	0.62	0.60	0.71	0.84	0.42	0.54	0.55	0.69	0.63
			初中	县平均值	6424.03	740.11	8.92	46.05	6.35	86.25	18.44	0.76	36.52	—
				差异系数	0.11	0.18	0.22	0.36	0.62	0.81	0.27	0.47	0.82	0.43

总体来看，山东省三个地区12个县农村义务教育保障机制的校际均衡表现为，中部地区校际差异最小，其次是东部地区，西部地区校际差异最大。具体来看，东、中、西部农村小学的保障机制除C市两县低于国家标准外，其余地区如B市、F市农村小学保障机制校际差异则接近国家标准，A、D、E市农村小学保障机制校际差异超过国家标准，校际差异较大。见表4-25、图4-3、图4-4。

表4-25　山东省12个县域内农村义务教育办学基本标准达标情况

地区	市	县	学校类别	指标项目	生均校舍建筑面积	生均占地面积	生均绿化面积	学生用计算机台数	师机比	师生比	专任教师学历	生均图书册数	阅览室面积	综合评估
东部	A市	AA县	小学	达标学校数	5	6	6	7	5	6	7	7	5	6
				学校总数	7	7	7	7	7	7	7	7	7	7
			初中	达标学校数	4	5	5	5	5	4	5	1	4	
				学校总数	5	5	5	5	5	5	5	5	5	
		AB县	小学	达标学校数	6	6	5	6	3	5	0	6	5	4
				学校总数	6	6	6	6	6	6	8	6	6	6
			初中	达标学校数	仅有一所初级中学									
				学校总数										

第四章 县域内农村义务教育校际均衡发展的现状调查

续表

地区	市	县	学校类别	指标项目	生均校舍建筑面积	生均占地面积	生均绿化面积	学生用计算机台数	师机比	师生比	专任教师学历	生均图书册数	阅览室面积	综合评估
东部	B市	BA县	小学	达标学校数	5	9	7	7	5	10	10	10	5	7
				学校总数	10	10	10	10	10	10	10	10	10	10
			初中	达标学校数	2	2	2	2	2	2	2	2	0	1
				学校总数	2	2	2	2	2	2	2	2	2	2
		BB县	小学	达标学校数	3	4	4	3	5	5	5	5	4	4
				学校总数	5	5	5	5	5	5	5	5	5	5
			初中	达标学校数	仅有一所初级中学									
				学校总数											
中部	C市	CA县	小学	达标学校数	4	4	4	4	5	4	4	5	3	4
				学校总数	5	5	5	5	5	5	5	5	5	5
			初中	达标学校数	仅有一所初级中学									
				学校总数											
		CB县	小学	达标学校数	2	3	3	4	1	4	0	4	0	2
				学校总数	4	4	4	4	4	4	4	4	4	4
			初中	达标学校数	2	2	2	1	0	2	2	2	1	1
				学校总数	2	2	2	2	2	2	2	2	2	2
	D市	DA县	小学	达标学校数	4	4	4	4	3	4	3	4	3	3
				学校总数	4	4	4	4	4	4	4	4	4	4
			初中	达标学校数	仅有一所初级中学									
				学校总数											
		DB县	小学	达标学校数	5	6	4	6	6	6	1	6	4	4
				学校总数	6	6	6	6	6	6	6	6	6	6
			初中	达标学校数	2	2	2	2	2	2	2	2	2	2
				学校总数	2	2	2	2	2	2	2	2	2	2
西部	E市	EA县	小学	达标学校数	3	5	3	5	5	7	6	5	6	5
				学校总数	7	7	7	7	7	7	7	7	7	7
			初中	达标学校数	0	2	1	2	2	2	2	2	1	2
				学校总数	2	2	2	2	2	2	2	2	2	2
		EB县	小学	达标学校数	8	9	8	1	0	10	10	10	2	6
				学校总数	10	10	10	10	10	10	10	10	10	10
			初中	达标学校数	仅有一所初级中学									
				学校总数											

· 93 ·

县域内农村义务教育校际均衡发展战略研究

续表

地区	市	县	学校类别	指标项目	生均校舍建筑面积	生均占地面积	生均绿化面积	学生用计算机台数	师机比	师生比	专任教师学历	生均图书册数	阅览室面积	综合评估
西部	F市	FA县	小学	达标学校数	2	6	5	2	11	14	14	3	2	6
				学校总数	14	14	14	14	14	14	14	14	14	14
			小学	达标学校数	2	3	1	0	1	5	4	2	2	2
				学校总数	5	5	5	5	5	5	5	5	5	5
		FB县	小学	达标学校数	4	14	12	8	15	17	17	8	0	10
				学校总数	17	17	17	17	17	17	17	17	17	17
			初中	达标学校数	2	4	3	2	3	4	4	2	0	2
				学校总数	4	4	4	4	4	4	4	4	4	4

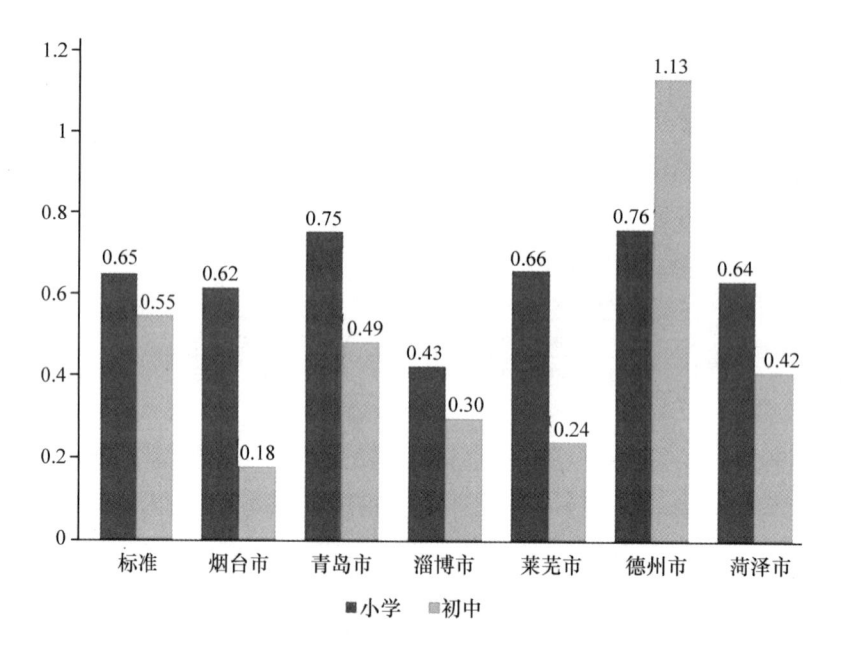

图4-3 山东省12县农村小学、初中保障机制校际差异均值状况

第四章 县域内农村义务教育校际均衡发展的现状调查

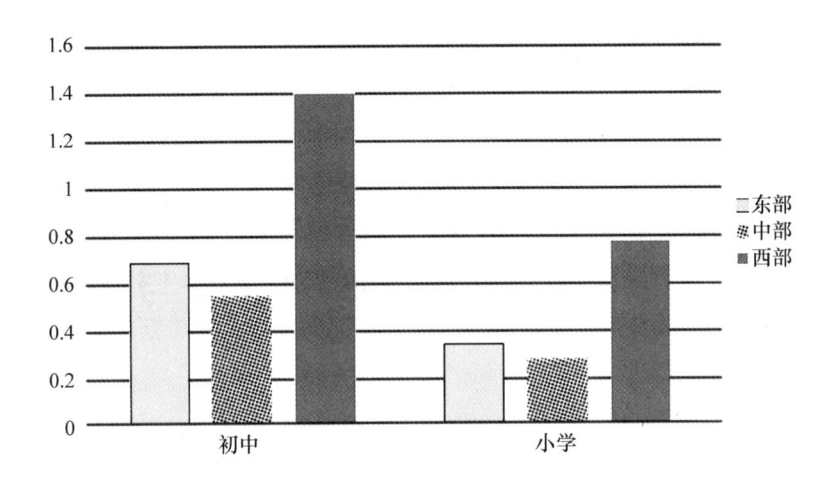

图4-4 山东省东、中、西部农村小学、初中保障机制校际差异均值状况

（四）县域内农村义务教育质量与管理校际均衡状况

本研究设计的农村义务教育质量与管理校际均衡的指标主要包括：学生年巩固率、学生体质健康合格率、减轻学生课业负担、小学（初中）升学率、落实课程方案、控制重点校（班）。受调研数据的限制，本书不再对农村义务教育教育质量与管理的均衡状况进行具体分析。

第五章　山东省县域内农村义务教育校际均衡发展的经验与问题

山东省在推进义务教育均衡发展方面取得了优异成绩，尤其是在县域内农村义务教育校际的均衡发展方面积累了丰富的经验，这些经验对于推进全国农村义务教育校际的均衡发展具有积极的作用。同样，由于山东省地理区位的差异，其经济发展水平和文化之间的差异，在县域内农村义务教育校际均衡发展方面也存在诸多问题。在某种意义上说，这些问题在一定程度上也折射出全国范围内县域农村义务教育校际均衡发展的现实，因此整理分析这些问题对于推进全国范围内县域农村义务教育校际均衡发展具有重要的借鉴意义。

一　县域内农村义务教育校际均衡发展的经验

根据本书调查所获取的有关信息，结合国家教育督导检查组对山东省申报的38个全国义务教育发展基本均衡县督导检查的反馈意见，本书认为，山东省在推进义务教育均衡发展方面取得的经验主要表现在以下方面。

（一）健全保障体系，政府责任全面落实

山东省为促进县域内农村义务教育校际均衡发展建立了全面、系统的保障体系，将政府在促进义务教育均衡、促进义务教育校际均衡中所应该承担的责任全面落实到位，真正发挥了政府的主导功能与

第五章 山东省县域内农村义务教育校际均衡发展的经验与问题

作用。

第一,建立健全义务教育均衡发展的组织机构。全省各县均成立由主要领导任组长的义务教育均衡发展工作领导小组,政府统筹、部门参与、职能联动、分工协作,而且把义务教育均衡发展的完成情况作为考核党政领导政绩的重要内容,为义务教育均衡发展提供了组织保障,并涌现出一些好的典型。济宁市兖州区实施了镇(街道)义务教育均衡发展和中小学标准化建设完成率考核;临沂市沂水县将学校标准化建设纳入对部门和镇(街道)的重点工作考核;河东区将区域义务教育均衡发展工作列为区委、区政府一把手工程,建立了联席会议制度,定期召开区委常委会议、区长办公会议专题研究,形成了强有力的义务教育均衡发展推进机制。

第二,教育投入资金到位,为义务教育均衡发展提供经费保障。据统计,2011—2013 年,山东省 38 个县投入义务教育均衡发展经费 596 亿元,年均增长 14.7%。在调查的样本县中,A 市 AA 县近三年预算内义务教育经费占财政总支出的比例均达到 20% 以上。义务教育均衡发展经费得到保障,不仅为义务教育学校的物质、设备设施提供了坚实的经费支持,而且也为义务教育学校的教师培训、教研等提供了资金保障。另外,调查的样本市 E 市还用政府专项经费加强学校建设,缩小校际差异。据了解,该市首批立项建设单位培育期为 2015—2016 年,合格的授予"E 市美丽幸福学校"称号。

第三,加强与完善县域内义务教育考核与评价,为义务教育均衡发展提供督导保障。山东省省委、省政府积极加强县域内义务教育均衡发展督导和考核,利用科学的评估督导技术和信息化平台,借助专家的现场评估,发现问题,及时反馈信息,解决问题。据统计,通过省级督导评估,72 个县共追补欠拨的教育经费 78.46 亿元,这些教育经费重新投入义务教育之中,为山东省义务教育的均衡发展提供了较为充足的经费补充。

(二)以义务教育标准化学校建设为契机,全面升级办学条件

山东省在义务教育办学条件的升级方面,积极推进标准化学校建

设，并以此为契机，努力改进薄弱学校，完善农村学校的设备设施，缩小城乡和学校之间的办学差距，促进城乡义务教育的均衡发展。

第一，推进学校的改扩建，加大义务教育标准化学校建设。由于历史的原因，山东省形成了义务教育阶段校际差异较大的现象。为促进义务教育校际均衡发展，山东省加大了义务教育标准化学校的建设力度。在调查的样本县中，2011年以来，A市AB县新建、改扩建学校27所，C市CA县新建、改扩建学校22所，D市DB县新建、改扩建学校15所，A市AA县投资8亿元用于建设标准化校舍、提升教育设施设备、推广教育信息化。借助这些义务教育学校的改扩建，不仅缩小了整个义务教育城乡之间的差距，而且更缩小了县域内农村义务教育校际差异，促进了县域内农村义务教育校际均衡发展。

第二，加大经费投入，更新义务教育学校的教学仪器设备配置。山东省加大经费投入，更新配置各县（市、区）义务教育学校的教学仪器设备，并向农村学校倾斜。在调查的样本县中，A市某区实施农村中小学图书配套工程，配备图书100万册。B市某县为所有学校建设标准化实验室57个。C市某区拨付专项资金810万元用于教学仪器购置，并针对各学校仪器配备投入情况进行奖补。这些举措不仅从绝对数量方面为农村义务教育提供了图书、教学仪器和现代化的实验室，而且在具体配套对象方面对农村的义务教育学校进行了倾斜，显示出山东省在县域内农村义务教育校际均衡发展方面做出的实质性努力。

第三，提升网络信息资源，加强生活设施配套。针对网络资源在城乡、学校之间差异较大的现状，山东省加大经费投入，提升了网络信息资源。如县级基础教育宽带网络"校校通"，农村学校班班配备多媒体、电子白板为主的"班班通"，录播教室和视频会议室等。同时，山东省也加强了义务教育学校的生活设施配套建设，缩小农村义务教育校际差距。在调查的样本县中，B市某县为34处农村学校新建了食堂餐厅，采购伙房设备约4万件；D市DA县实现镇村校车全覆盖，满足了所有农村学生的乘车需求，为农村学生的生活提供了方

第五章 山东省县域内农村义务教育校际均衡发展的经验与问题

便,保证了农村义务教育生源的数量和质量,为县域内农村义务教育校际均衡发展提供了物质和人力保障。

(三) 多措并举,积极优化师资队伍结构

教师资源的合理配置是实现县域内农村义务教育校际均衡发展的关键因素。在教师资源的均衡配置方面,山东省多措并举,努力优化教师队伍的结构,提升教师队伍的整体素质。

第一,采取各种措施,吸收新教师加入教师队伍。在新入职教师的准入和招聘、编制管理、考核等方面,山东省出台了一系列的文件和政策,积极吸收优秀的人才补充到中小学教师队伍之中。这些举措一方面补充了教师队伍的数量,使农村义务教育学校教师数量短缺的问题得到一定的缓解,同时在招聘教师方面还根据义务教育的学科急需教师进行针对性的引进,鼓励那些优秀的紧缺学科的新入职教师到农村义务教育学校去任职,从而提升了农村义务教育学校教师的专业水平。另一方面采取各种措施鼓励现有农村义务教育学校的优秀骨干教师安心农村教育工作,为农村义务教育做出贡献。

第二,开拓渠道,加强在职教师的培训。根据县域内农村义务教育学校教师队伍培训难的问题,山东省指导各市县积极开拓渠道,加强在职教师的培训工作。培训内容丰富,方式方法灵活多样,培训效果显著,在一定程度上缓解了县域内农村义务教育学校教师资源的不均衡现象。在调查的样本市中,F市针对教师队伍现状和新课程改革的要求,用3年时间通过国培计划、远程研修、聘请专家培训、外出参观培训等形式将中小学校长、教师轮训了一遍,每年有3万余名教师参加各类培训。C市CA县则启动"卓越校长锻造""草根教育家成长""百位教育名家进校园"等6大项目为主体的教育名城建设支撑工程。B市BB县实行了"影子培训",自2012年以来,共有230多名农村教师、117人次校长接受了"影子培训"。

第三,实施教师交流机制,保障优质教师资源的均衡配置。在教师的交流方面,山东省各市县出台了诸多的有关教师交流轮岗的文件

和政策，并通过一定的政策激励机制，促进教师资源的科学合理配置，引导教师从超编学校向缺编学校流动、从城区学校向农村薄弱学校流动，实现教师从"学校人"到"系统人"的转变，激发学校内部活力，逐步实现县域内城乡义务教育师资配置均衡。在调查的样本县中，BA县每年新考入的教师原则上都补充到农村学校。BA县出台有关政策，开展"城乡帮扶"活动，由城区学校派出骨干教师支教农村学校。

第四，采取各种激励措施，稳定农村教师队伍。农村义务教育学校教师队伍的稳定是保证县域内农村义务教育均衡发展的前提条件，山东省在稳定教师队伍方面通过各种激励措施，设立针对农村教师的专项资金，增加教师待遇，解决教师的后顾之忧，使广大教师安心于农村教育工作。在调查的样本县中，A市AA县每年投入150万元，设立偏远学校教师专业发展专项资金，对偏远学校教师每人每月发放350元补贴。B市BA县从2014年起为在7个乡镇工作的所有教职工发放补贴，人均收入增加了4000元。这些做法不仅解决了农村学校教师的生活困难，而且使农村学校教师体会到政府对农村义务教育的重视，促进了县域内农村义务教育校际的均衡发展。

（四）扶助弱势群体，加强薄弱学校改造

县域内义务教育校际均衡发展的难点和重点是解决农村学校中的弱势群体的受教育问题，如贫困儿童、留守儿童，以及薄弱学校的改造等。在调查的样本县中，各县做出了一些努力，取得了一些经验。

第一，关注弱势群体。弱势群体的受教育问题是解决农村义务教育均衡发展的关键因素，解决好他们的实际困难，既可以让家长放心，又可以保证农村义务教育学校生源的稳定和优质，所以在农村学校弱势群体受教育方面，样本县采取了很多具体措施，为他们提供了诸多方便。如B市BA县实现了农村小学标准校车全覆盖，B市BB县每年投入1240万元，对所有农村初中学生实行免费午餐、免费接送、免费校服、免费寄宿和困难生补助的"四免一补"

政策，并为全区义务教育所有学生免费发放两套学生装。这些政策和措施既保证了县域内农村义务教育的均衡发展，又为校际均衡发展提供了保障。

第二，加大薄弱学校帮扶力度。农村薄弱学校是影响县域内农村义务教育校际均衡发展的关键点，解决好薄弱学校的改造问题，使优质教育资源均衡配置，直接关系到县域内农村义务教育校际均衡发展的成败。2014年，为弥补薄弱学校的图书资料等资源不足的现实，实现中小学教育资源均衡配置，C市某县在全县教体系统广大职工中开展了"捐一本图书，献一份爱心"图书捐赠活动。活动开展以来，广大教职工踊跃参与，捐赠自己珍藏的优秀图书。截至目前，参加图书捐赠的教职工达4777人，共捐赠科普、文学、社科、历史、艺术等各类优秀图书1.8万册，图书总价值达29万余元。捐赠的图书，实行统一登记造册，并全部充实到农村薄弱学校，以加强学校图书室建设。

二 县域内农村义务教育校际均衡发展存在的问题

山东省在推进县域内农村义务教育校际均衡发展方面取得了显著成效，积累了丰富的经验，但是，由于山东省经济发展水平和地理区位的差异，山东省在县域内农村义务教育校际均衡发展方面仍然存在诸多问题，尤其在县域内农村教师资源和义务教育的保障机制方面，表现出校际发展不均衡的现象。根据调研结果，山东省东、中、西部县域内农村义务教育校际均衡发展方面存在以下问题。

（一）县域内农村义务教育阶段教师队伍地域性差异较大，校际失衡现象明显

调查结果显示，山东省东、中、西部地区农村义务教育学校教师队伍校际均衡差异明显，主要表现为农村义务教育学校教师的数量（编制）、性别、年龄、职称和学历比例的失衡，校际差异明显。

县域内农村义务教育校际均衡发展战略研究

第一,教师的数量或编制的校际差异问题。总体而言,山东省东、中、西部地区农村义务教育阶段学校师资普遍存在超编现象,个别学校有缺编现象,表现为东部地区农村教师超编最为严重、中部地区次之、西部地区情况良好的总体状况。具体而言,东部地区农村教师超编现象最为严重的是 B 市,其中,东部地区 A 市 AA 和 AB 县农村小学师生比分别是 1∶12.5 和 1∶10,农村初中为 1∶20,表明 A 市农村小学教师超编严重,而农村初中教师则存在缺编现象。B 市 BA、BB 县农村小学的师生比均为 1∶6.7,而 BB 县农村初中的师生比仅为 1∶4,远远低于省级标准,表明 B 市农村中小学教师均存在严重超编现象。中部地区的 C 市和 D 市教师超编现象与东部地区相似,其中,C 市 CA 县农村中小学师生比均值最高为 1∶14,CB 县农村小学师生比最低为 1∶6,农村初中学校师生比最高为 1∶11,最低为 1∶8,表明中部地区农村中小学教师均存在严重超编现象。西部地区除 E 市 EB 县农村小学师生比为 1∶5 外,其余地区师生比基本上接近省级标准,校际差异较小,反映出西部地区农村义务教育阶段师资配备较为合理。

第二,教师性别结构的校际差异问题。总体而言,山东省东、中、西部地区农村义务教育阶段学校男女教师比例失衡,且存在地域性差异。具体而言,东部地区农村小学女教师最高比例为 51%,最低为 33%,表明东部地区农村小学男教师数量居多,女教师数量偏少;中部地区各县农村初中教师的性别比例均值表明,教师性别分布较为合理,校际差异较小。但是,C 市 CA 县农村小学女教师比例达到 68%,其余农村小学女教师比例最多的仅为 33%,最小的仅为 18%,与国家标准差距较大。表明 C 市农村小学教师的性别校际差异较大,男教师居多,性别失衡较严重。西部地区农村中小学教师性别比例分布最为合理,校际间教师性别分布较为均衡。

第三,教师年龄结构的校际差异问题。总体而言,山东省东、中、西部地区农村义务教育阶段教师的年龄结构是中青年教师为主体,年轻教师数量较少,而个别县农村小学 50 岁及以上的教师又偏

第五章　山东省县域内农村义务教育校际均衡发展的经验与问题

多，表明山东省农村教师的年龄结构校际失衡现象较明显。其年龄结构失衡的主要原因是农村中小学教师中29岁及以下的校际差异较大。具体而言，东部地区A市AA县农村小学50岁及以上教师占比为57%，差异系数高达2.9，表明校际差异非常不均衡。除AA县外，A市其余地区的农村中小学教师均在30—50岁之间，校际差异较小，但29岁及以下教师比例最大的为18%，最小的仅5%，校际差异非常大，有的甚至高达1.42，表明年轻教师校际分布极不合理；中部地区农村中小学教师年龄结构的总体态势是中青年教师为主，但50岁及以上教师数量较少。29岁及以下教师数量虽比东部地区多，但校际差异很大，占比最高的是42%，最低的是9%，地区差异系数高达1.89，超过国家标准（0.65），表明农村中小学年轻教师分布极为不均衡。西部地区农村中小学教师的年龄结构失衡主要表现为29岁及以下的农村小学教师校际差异非常大，其校际差异在0.80—1.73之间，严重超过国家标准。

第四，教师学历结构的校际差异问题。总体而言，山东省东、中、西部地区农村义务教育阶段教师学历结构区域性失衡，校际差异明显。调查结果显示，山东省东、中、西部农村中小学绝大部分教师的学历已达到国家规定的指标要求，但具有研究生学历的教师数量区域性差异明显，东部地区数量居多。另外，农村中小学具有研究生学历的教师校际差异非常大，其中农村小学校际差异系数在0.61—4.09之间，有的县农村初中具有研究生学历的教师的校际差异系数达到2.03。

具体来看，东部地区农村小学具有专科及以上学历的教师比例最低为77%，最高为95%，但教师学历的校际差异明显。其中A市AA县具有本科学历的教师校际差异达到0.73，B市BA县具有专科学历的教师校际差异达到1.06。农村初中学校具有专科及以上学历的教师AA县和AB县市情况良好，分别达到100%和99%，具有研究生学历的农村初中学校教师的校际差异同样非常大；中部地区农村中小学教师学历均达标，专科以上教师占比均超过70%，但具有高中及其以下阶段、研究生学历的教师比例非常低，而且具有高中及其以下阶段学历的教师校际差异较大，最大为28%，最小为6%，学校间校际差异在0.62—2.22之间。具有研究生学历最多的县的农村小学教师为6%，初中教师为4%，但其中3个样本县几乎没有一名教师具有研究生学历。西部地区E市高中及其以下阶段学历的中小学教师比例较高，EA县为31%，EB县为61%，而且两县农村中小学教师的校际差异较小。F市该层次学历的教师比例较低，但县域内农村中小学教师的校际差异较大，差异系数在0.98—1.99之间，超过国家比例。西部地区农村中小学研究生学历的教师数量较少，超过50%的县几乎没有一名研究生学历的教师，而且校际差异较大，达到4.09。

第五，教师职称结构的校际差异。总体而言，山东省东、中、西部地区农村义务教育阶段教师职称结构问题主要表现在高级职称的教师比例地域性差异较大，有些地区高级职称教师的校际差异系数较大，校际分布不合理。其中，农村中小学具有高级职称的教师（中学高级+小学高级）比例表现为东、西、中部呈依次减少的趋势。但从高级职称教师的校际差异系数来看，东部地区校际差异系数小，校际分布较为合理，中部地区整体低于东、西部地区，西部地区虽然高级职称教师的占比较高，但校际差异非常大，表明西部地区农村中小学高级职称教师的校际配置失衡。

具体而言，东部地区农村小学高级职称教师比例均值达到51.09%，校际差异系数在0.14—0.31之间，校际分布较为合理；中部地区农村小学高级职称教师比例较高，其中C市农村小学高级职称教师比例均值接近50%，但D市DB县农村小学高级职称教师比例偏低，且校际差异大，差异系数达到0.66；西部地区农村小学高级职称教师比例均值为45.82%，除E市EB县农村小学高级职称教师校际差异较大外，其余县的校际差异较小，小学高级职称教师的校际分布较为合理。

第五章 山东省县域内农村义务教育校际均衡发展的经验与问题

(二) 县域内农村义务教育保障机制的地域性差异明显,校际差异较大

调查结果显示,山东省东、中、西部地区农村中小学在生均固定资产值、生均教学仪器设备值、生均占地面积、生均校舍建筑面积、生均绿地面积、阅览室面积、生机比、师机比、生均图书册数9项指标上存在明显的地域性差异,而且部分地区的农村中小学校际差异较大,表现出保障机制的校际不均衡现象。

第一,生均固定资产值和生均教学仪器设备值的校际差异问题。总体而言,生均固定资产值和生均教学仪器设备值存在地区差异,西部农村中小学校际不均衡情况明显。从农村小学生均固定资产值来看,东部地区生均固定资产最多,其次是中部地区,最后为西部地区,农村初中也存在此种情况。山东省东、中、西部地区农村小学生均固定资产值依次为1.35万元、0.89万元、0.64万元;农村初中生均固定资产值东、中、西部地区依次为1.56万元、1.53万元、1.02万元。

具体来看,东部地区农村小学生均固定资产值的均值最大的是AB县,为33584.39元,最小的是BB县,为4389.18元,但两县县域内的校际差异较小。AA县农村小学生均资产值均值达到5539.87元,校际差异系数达到5.33,表明其县域内校际差异极大。中部地区农村小学生均固定资产值最多的是DB县,为13440.00元,其县域内的校际差异系数为1.02,校际差异较大,最少的CA县为6295.67元,其县域内的校际差异系数为0.73,校际差异明显。西部地区农村小学生均固定资产值最多的是EA县,为18274.98元,但其县域内的校际差异系数达到1.20,超过国家标准,最少的是FA县,为3040.02元。农村初中生均固定资产值从高到低同样依次为东、中、西部,其中,东、中部农村初中校际生均固定资产值差异较小,分布较为合理。但西部地区E市农村初中县域内的校际差异系数达到1.18,校际差异非常大,表明其校际分布极不均衡。

县域内农村义务教育校际均衡发展战略研究

山东省农村中小学生均教学仪器设备值从高到低依次为东、中、西部地区。农村初中的生均教学仪器设备值情况，除 E 市 EA 县农村初中的校际差异系数为 0.76，表现为校际差异极大外，剩余地区农村初中校际分布较为合理。关于农村小学生均教学仪器设备值，东、中、西部地区最多的县均值依次为 6747.82 元、2148.00 元、2246.70 元，最低的县均值依次为 615.05 元、1621.00 元、217.70 元，表现为地域性差异非常明显。从校际差异来看，中、西部地区的县域内校际差异系数分别为 1.04 和 0.76，表明其县域内的农村小学生均教学仪器设备值校际分布不均衡。

第二，生均占地面积达标率的校际差异问题。山东省东、中、西部地区农村中小学生均占地面积达标率呈地域性差异，东、西部地区个别县农村小学校际差异明显。根据山东省关于小学、初中生生均占地面积最低值的规定，生均占地面积普通小学不低于 19.97 平方米，初中不低于 22.02 平方米。总体而言，从东、中、西部农村地区生均占地面积的县域均值来看，除西部地区的一所初中学校未达标外，其余农村中小学均已达标。具体来看，东、中部地区农村小学生均占地面积达标率较高，西部地区达标率较低。东、中、西部地区农村小学生均占地面积达标率依次为 89.3%、89.5%、70.8%。其中，东、西部的两县农村小学生均占地面积校际差异系数分别为 1.28 和 1.42，分布不均衡。

第三，生均校舍建筑面积校际均衡的问题。总体而言，山东省农村中小学生均校舍建筑面积校际均衡的问题表现为，东部地区仅有一所农村初中没有达标，其余的中小学皆达标，而且校际差异系数较小。中部地区农村初中全部达标，但有 21.1% 的农村小学没有达标。农村中小学县域内校际差异均在国家规定范围内，较为均衡。西部地区的农村初中和小学达标率皆小于其他两个地区，且县域内校际差异较大。

具体来看，调查结果显示，西部地区农村初中、小学生均校舍建筑面积未达标的学校占比分别为 63.6%、43.8%。其中，尽管 EA 县

第五章　山东省县域内农村义务教育校际均衡发展的经验与问题

农村小学生均校舍建筑面积的县域平均值达标，但该县校际差异很大，其校际系数达到1.07。EA县的农村初中学校生均校舍建筑面积的平均值仅为1.05平方米，远低于省级标准，所有学校均未达标，县域内的校际差异极大，差异系数达到5.76。F市FA县的农村中小学生均校舍建筑面积县域内均值皆未达标，达标率仅为40%和14.3%。FB县71.4%的农村小学没有达标。

第四，生均绿地面积的校际差异问题。总体来看，山东省农村中小学生均绿地面积区域性差异较大，且西部地区农村中小学生均绿地面积达标率很低，校际差异很大。根据山东省关于初中、普通小学生均绿地面积最小值分别不低于4平方米和3平方米的规定，山东省东、中、西部农村小学和初中县域内均值方面，除西部F市FA县农村小学和初中未达标外，其余地区农村小学和初中的县域内均值均达标。其区域性差异表现为东、中、西部地区农村小学生均绿地面积的达标率依次为78.6%、78.9%和58.3%。

具体来看，山东省东、中部地区农村初中生均绿地面积达标率和县域内校际均衡状况良好，只有A市AA县的农村初中生均绿地面积的校际差异较大，其校际差异系数为1.21。西部地区农村初中生均绿地面积学校的达标率为45.5%，且县域内校际差异很大，其校际差异系数在0.62—1.01之间。山东省东、中部农村小学生均绿地面积达标较好，但其校际差异非常大。东部地区A市两县均有一所学校未达标，且校际差异非常大，差异系数分别是0.78和0.86。B市的BA县有三所农村小学未达标，校际差异非常大，差异系数达到1.21。中部地区农村小学生均绿地面积未达标的学校为21.1%，各县校际差异非常大。其中C市CB县农村小学生均绿地面积校际差异系数达到1.32，D市两县农村小学生均绿地面积校际差异系数分别是1.08和1.03。西部地区农村小学生均绿地面积达标的学校占比59.3%，但校际差异极大，其校际差异系数在0.88—1.01之间。

第五，阅览室面积达标率的校际差异问题。山东省农村地区中小学阅览室面积达标率区域性差异极大,且县域内校际差异极为显著。根据山东省关于中小学阅览室面积普通中学不低于260平方米、小学不低于120平方米的规定,中部地区农村初中的阅览室面积达标学校最多,达标率为75%;西部地区次之,达标率为27.3%;而东部地区达标的学校最少,仅占14.3%。东、中、西部地区农村初中学校的阅览室面积校际差异较小,分布较为均衡;东部地区农村小学阅览室面积达标学校最多,中部地区次之,西部地区最少,三地区阅览室面积的达标率依次是67.9%、52.6%和20.8%。但是,西部地区农村小学阅览室面积的县域内校际差异较大,有的县其县域内的校际差异系数在0.97—1.02之间,表明其县域内农村小学阅览室面积的校际差异非常大。

第六,生机比、师机比的校际差异问题。山东省农村中小学生机比、师机比区域性差异明显,但县域内农村中小学校际均衡发展状况良好。按照《山东省普通初级中学现代教育技术设备配备标准》《山东省普通小学现代教育技术设备配备标准》的规定,山东省小学和初中的生机比分别达到12:1和18:1才符合标准。

从生机比来看,中部地区农村中、小学的生机比达标率最好,分别为83.3%和94.7%,其次是东部地区,其农村地区中、小学的生机比达标率分别为82.1和64.3%,西部地区农村中小学的生机比达标率最低,分别为29.2%和36.4%。

从师机比来看,东部地区仅有一所小学的师机比未达标,其余的农村中小学均达标。中部地区农村初中所有学校的师机比均达标,农村小学师机比达标率为89.5%,但其中D市的DA县农村小学师机比县域内的校际差异极大,其差异系数达到2.63。西部地区农村中、小学的师机比皆比其他地区低,师机比达标率分别是54.5%和64.6%,但其县域内的校际差异较小。

第七,生均图书册数的校际差异问题。山东省农村地区中小学生均图书册数区域性差异明显。具体表现为,东部地区农村初中学校全部达标,农村小学仅一所学校未达标,东部地区农村小学生均图书册

第五章　山东省县域内农村义务教育校际均衡发展的经验与问题

数县域内均值在 32—56 册之间;中部地区所有学校均达标,达标率为 100%。中部地区农村小学生均图书县域内均值在 33—44 册之间;西部地区农村初中学校生均图书册数达标率为 54.5%,西部地区小学生均图书县域内均值在 15—56 册之间。

第六章　县域内农村义务教育校际均衡发展的影响因素

制约县域内农村义务教育校际均衡发展的因素主要包括：教育理念与观念、教育政策与法规、经济社会发展水平与经费投入、教师队伍建设状况、新型城镇化建设等因素。

一　教育理念与观念对县域内农村义务教育校际均衡发展的影响

教育理念与观念是引领教育变革的理论前提。均衡发展观既是一种先进的教育理念，也是一种科学的教育观念，它是研究县域内农村义务教育校际均衡发展的首要理论准备。推进县域内农村义务教育校际间的均衡发展，需要变革传统的教育观念，确立先进、科学的教育均衡发展理念。

（一）城乡传统教育观念的差异对县域内农村义务教育校际均衡发展的影响

我国长期存在的城乡二元结构的经济体制，天然造成城乡经济发展的巨大差距，导致城乡教育发展不均衡，而且人们也自然而然地认可了这种城乡教育、城乡学校发展不均衡的现实，并使之逐步成为可接受的教育观念和事实。这种观念不仅影响到教育决策者的行为，而且根深蒂固地存在于城市人口的心中，甚至存在于农村人口心中。

第六章 县域内农村义务教育校际均衡发展的影响因素

1. 传统的城乡教育均衡发展观念

随着我国义务教育改革的不断深入，义务教育经费条件相对得到很大改善，但依然存在城乡之间的不平衡。因为在农村义务教育设施得到更新的同时，城市义务学校设施也同样在原来基础上得到了更新。然而，对于农村家长及学生而言，相比起以往的农村学校办学条件，大家已经非常满足这样的状况了，以致无须考虑城市教育是如何发展的，这就是城乡之间教育理念的不同。如果抛开这种传统的城乡教育均衡发展观念，代之以现阶段我国教育均衡发展的新理念、新观念，用新的均衡发展观和评价标准来监督和评价，情况则完全不一样。

2. 随迁子女进城上学的观念

近年来，随着农村到城镇务工人员的增多，导致城镇学校进城务工人员随迁子女人数急剧增加，农村学校学生人数急剧减少。长此以往，会造成农村学校数量的减少，农村老师上课的职业倦怠，以及教学设施的过剩且落后等问题。相反，城市义务教育学校会因为学生人数的增加而需要扩大规模和增加数量、更新教学设施设备，就会要求政府进一步增加城市义务教育学校的经费投入。这样会间接拉大城镇与农村义务教育的差距，导致城乡义务教育发展的不均衡。

3. 城乡的地域差异以及城乡家庭对子女受教育关注度的观念

首先，由于城乡学校所处地域不同，学校发展的外围环境存在着巨大差距。一方面城镇地区的学校由于拥有较好的周边环境，它可以利用周围的资源为学校创收。比如出租学校里面的闲置房屋，为学校增加一定的经费，这可以使学校具有更好的生存和发展空间；另一方面，农村学校由于地处经济比较落后的地区，没有地理优势，很难获得像城镇学校那样的资源优势，导致城乡、学校之间义务教育发展的不平衡。

其次，由于城乡经济发展水平的不平衡，城乡居民对子女受教育的关注度也存在差异。城市居民对教育的投资欲望和能力以及对子女受教育的关注程度都明显高于农村居民，也就是说，城镇居民的子女更容易享受到优质的教育，而农村居民的子女则得不到这样的教育影响，导致城乡义务教育校际发展的不均衡。

（二）教育理念的区域性差异对县域内农村义务教育校际均衡发展的影响

由于地域性原因，我国东、中、西部地区经济发展水平存在着明显的区域差异，在国家政策的驱动下，这种区域性的经济发展水平差距越来越小。但是，与此不同的是，西部地区的一些县市，其教育发展远远没有跟上经济发展的步伐，致使西部教育和东部教育的差距非但未能在改革的进程中逐步缩短，反而呈现越来越大的趋势。这其中，西部地区教育落后的最根本原因是其教育理念落后。

1. 中、西部地区教育观念的影响

因为历史和现实的原因，我国中、西部地区的教育观念相对落后，使之很难形成先进的办学理念和办学特色，在一定程度上影响了义务教育的均衡发展。而具有经济发展优势的东部地区，其学校有能力较早地配置先进的教学设施和设备，探讨教育教学改革的思路和方法，形成先进的教育和教学理念以及鲜明的办学特色，而且这些办学理念都有很强的理论性和系统性。中、西部地区的学校则很难形成自己的办学特色和办学理念。虽然它们也提出过不少的校训、校风等标语性口号，但缺乏实践性。在实际操作过程中人云亦云，缺少理论性的系统思考，更缺乏长期性的实践探索，往往是一任校长一个做法，一套班子一个"施政纲领"，难以形成厚重的学校文化底蕴。

2. 东、中西部地区教育评价观的影响

东、中西部地区学校的教育评价观存在差异，其根本不同在于，东部地区的一些学校开始注重教育评价的人文价值，而中西部地区的学校还仍然停留在仅仅注重教育评价的工具价值。具体表现为东部地区的学校教育评价更能适合本地区教育发展的规律，更加关注考试、升学与学生个性发展之间的关系，关注学生的生涯规划教育；而中西部地区的绝大部分学校则仍然看重教育评价的工具价值，具体到教育中就是死守对学生和教师评价的量化考核与末位淘汰制。这种评价的优势在于数字的精确可以掩盖理念的模糊，末位的淘汰又可以减少管理过程中遇到的许多麻烦。但这恰恰是与现代教育评价理念相悖的评价观念。所以说，东、中西部的这种义务教育评价的差异造出了教育理念的差异，同样也会影响东、中西部地区教育质量的差异，导致县域内义务教育城乡、学校之间发展的不均衡。

总之，教育观念和教育理念的差异影响了县域内农村义务教育校际均衡发展，所以，只有变革旧有的教育观念和理念，确立科学的教育均衡发展观，才能保证县域内农村义务教育的校际均衡发展。

二 教育政策与法规对县域内农村义务教育校际均衡发展的影响

义务教育是国家、政府行为，国家的教育政策与法规对义务教育的均衡发展起着导向和决定作用。长期以来，受传统的二元体制的影响，我国在区域之间的教育政策与法规存在不均衡的现象，在一定意义上影响了我国义务教育之间的区域均衡发展，尤其是区域内农村义务教育校际均衡发展。

(一) 传统的城乡二元经济和教育政策的影响

1958年全国人民代表大会通过的《中华人民共和国户籍登记条例》标志着我国确立了城市与农村、非农业人口与农业人口的二元社会结构。在教育上就形成了所谓城市教育与农村教育、城市学校与农村学校的巨大差异，造成义务教育在城乡、学校之间发展的不均衡。经济体制和政策制约教育的体制和政策，或者说教育的体制和政策要依据经济体制和政策做出回应，这就出现了我国曾实行的分级办学、分级管理的义务教育体制。而这种教育体制和政策在一定程度上加剧了城乡、学校之间的义务教育不均衡发展。因此可以说传统的城乡二元的经济和教育体制为我国原有的义务教育不均衡发展提供了政策和法规支持。

现阶段，我国实行的是义务教育的免费政策，如果政策执行不力，同样会对县域内农村义务教育的校际均衡发展产生的不利影响。

义务教育的"免费"是针对义务教育接受者而言的免费。义务教育需要支付成本，只是在免费义务教育的政策下，这个成本由政府来承担，但政府承担的成本有限。2001年，我国推出了对农村义务教育阶段实行"两免一补"的政策，即农村义务教育阶段，免教科书费、免学杂费，补助寄宿生生活费。但是，普通的义务教育接受者仅可享受学费和杂费的免除，仍需承担住宿费、伙食费、课外书籍费、交通费、校服费以及择校费等与义务教育相关的其他衍生经费支出。因此，免费义务教育仅仅是免除部分费用，并非完全的免除。而其他这些衍生经费的支出为农村家庭的子女接受义务教育带来了很大的经济压力，对于实现农村义务教育的均衡发展效果不是很明显。

2006年，新《义务教育法》颁布实施，规定实施义务教育，不收学费、杂费，应当促进学校均衡发展，缩小学校之间办学条件的差距，不得将学校分为重点学校和非重点学校、学校不得分设重点班和非重点班。实质上，重点学校、重点班政策是传统的精英教育的体现。在该政策引导下，教师配置、经费投入、办学条件以及教育教学管理等都向重点学校、重点班倾斜。新法实施以来，有效缓解了义务教育城乡、学校之间的不均衡现象，但是，对于大多数农村学生来说，考虑到升学和未来就业的压力，获得成功的机会较少，所以，要真正有效地促进县域内农村义务教育校际均衡发展，还需要进一步加大政策倾斜力度，在整个社会和谐发展的基础上，逐步推进县域内农村义务教育的校际均衡发展。

2017年3月，政府工作报告指出，统一城乡义务教育学生"两免一补"政策，加快实现城镇义务教育公共服务常住人口全覆盖，持续改善薄弱学校办学条件，扩大优质教育资源覆盖面，不断缩小城乡、校际差距。这一政策不仅有利于促进城市和农村义务教育的均衡

第六章　县域内农村义务教育校际均衡发展的影响因素

发展,而且一定程度上缩小了我国东、中、西部地区义务教育的差距,这一政策的具体执行和实施效果仍值得期待。

(二) 地方政府的职能定位对县域内农村义务教育校际均衡发展的影响

县域内农村义务教育校际均衡发展是我国和谐社会发展的政治追求,是我国社会公平和正义的具体体现,县级地方政府在推进县域内义务教育校际均衡发展中具有不可替代的作用。2006年的《义务教育法》强调了"义务教育实行国务院领导,省、自治区、直辖市人民政府统筹规划实施,县级人民政府为主的管理体制",规定"县级以上人民政府及其教育行政部门应当促进学校均衡发展,缩小学校之间办学条件的差距","国务院和县级以上地方人民政府应当合理配置教育资源,促进义务教育均衡发展,改善薄弱学校的办学条件,并采取措施,保障农村地区、民族地区实施义务教育,保障家庭经济困难的和残疾的适龄儿童、少年接受义务教育"。可见,地方政府在保障县域内农村义务教育校际均衡发展中处于重要的地位,政府是否很好地履行法律所赋予的职责,发挥其职能作用,是推进县域内农村义务教育校际均衡发展的关键。

1. 县级政府的规划管理职能

县域内农村义务教育校际均衡发展是评估考核县级政府的指标之一,因此,县级政府应做好顶层设计,把完善县域内农村义务教育校际均衡发展作为本县政治经济社会发展的主要指标,为适龄儿童、少年提供便利的教育服务,促使县域内农村义务教育学校能够均衡发展。同时县级政府应立足于本县域内农村义务教育校际均衡发展,创新县域教育管理制度,做出合理规划,为县域内农村义务教育校际均衡发展提供制度保障。

2. 县级政府教育资源的调配职能

校际资源的均衡配置是县域内农村义务教育校际均衡发展的关键。县级政府在制定和履行政府职能时应关注农村学校、关注弱势群体和薄弱学校改进问题,使优质教育资源在城乡、学校之间合理均衡配置,只有这样,才能稳步扎实地实现县域内农村义务教育的校际均衡发展。师资是最核心的教育资源,保证优质教师资源的均衡配置,是县域内农村义务教育校际均衡发展的核心的人力资源保障。因此县级政府应采取各种措施,制定积极有效的政策,加强教师的城乡流动、校际互动,解决教师的后顾之忧,激励骨干教师到农村义务教育学校任职。

3. 加强县级政府的教育立法职能

中华人民共和国成立尤其是改革开放以来,我国政府通过加强立法工作,制定了一系列法律法规,从法律高度明确了政府推进城乡义务教育均衡的责任与义务。随着法制化进程的加快和人们法律意识的增强,加强立法措施成为政府举办公共事业、提供公共产品与管理经济社会的最根本、最有效的手段。要使农村义务教育实现校际均衡发展,需要从法律法规的角度界定各个社会主体的责任与义务,只有这样,才能确保义务教育城乡、校际均衡发展。

三 经济社会发展水平与经费投入对县域内农村义务教育校际均衡发展的影响

经济社会发展水平决定了国家教育经费的投入,教育经费的投入水平和投入的均衡程度影响着国家义务教育的均衡发展状况,因此经济社会发展水平和经费投入是制约县域内农村义务教育校际均衡发展的重要因素。

(一)区域经济发展水平对县域内农村义务教育校际均衡发展的影响

区域经济发展水平对县域内农村义务教育校际均衡发展具有重要的制约作用。区域间经济发展水平的不平衡,是造成教育发展不平衡的直接原因。这是因为区域间经济发展的不平衡一方面为区域教育发展的不均衡提供了不均衡的经济支持,另一方面由于区域间经济发展水平的不均衡,而导致教育失去均衡发展的内在动力,产生更进一步的教育不均衡。

随着我国经济的飞速发展,内地与沿海地区经济发展水平的差距明显拉大,出现了区域间经济发展不均衡的现象。区域间经济发展水平的差异,不仅导致区域间、城乡之间经济发展的不平衡,产生国民收入和生活水平的贫富差异,而且这种不平衡必然会影响到义务教育经费投入的不平衡,导致区域、城乡乃至学校之间义务教育发展的不均衡。比如,《山东省统计年鉴2015》公布的相关数据显示,2014年东部地区某县 GDP 为 478.99 亿元,人口 42.75 万人,人均 GDP 为 112044 元,其义务教育预算内投入 128493 万元。而据《2015 年 D 市统计年鉴》提供的数据显示,中部地区某县 GDP 为 176.38 亿元,人口 32.0047 万人,人均 GDP 为 55360 元,2014 年其义务教育预算内投入 248770 万元。由此可见,由于所处地区不同,财政收入出现相应差异,从而影响了两地的义务教育经费投入,导致区域间义务教育发展的不均衡。

(二)教育经费投入不均衡对县域内农村义务教育校际均衡发展的影响

教育经费有广、狭义之分。广义的教育经费是指"国家和各级政府部门的财政预算中实际用于教育事业的经费,以及社会各种力量和个人直接用于教育的费用"[1],即我国目前教育经费既包括政府的经费投入,又包括社会力量和私人的投入。狭义的教育经费则是指"国家用于发展教育事业的费用,是国家预算支出的重要组成部分,是发展教育事业的重要物质保证"[2]。

2006 年 7 月 1 日颁布的《农村义务教育经费保障机制改革中央

---

[1] 李冀:《教育管理辞典》,中国湖南人民出版社 1989 年版,第 248—249 页。
[2] 孙绵涛:《教育行政学》,华中师范大学出版社 1998 年版,第 206 页。

专项资金支付管理暂行办法》规定,"国家将义务教育全面纳入财政保障范围,义务教育经费由国务院和地方各级人民政府依照法律规定予以保障",把义务教育的经费投入全面纳入了国家财政保障范围,但是由于目前我国"以县为主"的义务教育管理体制和县域间经济发展水平的差异,影响了区域间义务教育的投入,导致县域内义务教育校际发展的不均衡现象。

1. 国家财政教育经费投入总量不足

在国家有限的教育投入中,对义务教育投入较少,而用于农村义务教育的投入则更少。1993年的《国家中长期教育改革和发展规划纲要》将国民生产总值的4%作为20世纪末教育投入的目标,但直到2014年,我国教育经费投入才达到占国民生产总值4.15%的水平,这其中作为农村初中和小学的公共教育支出占比少之又少。可见,义务教育的财政困难和投入总量不足已成为制约农村义务教育均衡发展的主要障碍。

2. 地方财政教育经费投入总量有限

我国现阶段实行的是"以县为主"的中央、省、县级财政共同投入的农村义务教育经费三级管理体制。尽管国家强调"以县为主",但在义务教育经费投入和管理权上,县级政府的财政仍然主要依靠乡镇财政收入,所以地方财政教育经费投入总体依然偏少,而倾向于农村义务教育的经费投入更少,这使得本来就资金短缺的农村义务教育办学更加艰难,更容易拉大城乡义务教育之间的差距。而且由于农村义务教育学校办学水平和条件本来就差,所以,即使在与城镇学校同等投入的情况下,城乡、学校之间的差距仍然会明显存在,实现县域内农村义务教育校际均衡发展的困难依然很大。以山东省西部地区某县为例,据《2015年E市EA县国民经济和社会发展统计公报》,2014年该地区GDP为272.45亿元,人口43.70万人,人均GDP为62345元,其中对教育的总投入为3.66亿元,同比增长2.40个百分点。根据数据可以得出,尽管教育经费投入较往年虽有所提高,但仅仅占总财政数额的1.35%,远远低于国家平均水平。

3. 义务教育经费投入在区域间的分配不平衡

义务教育经费投入在地区间的分配不平衡，对我国义务教育发展，尤其是中西部农村地区的义务教育发展水平和质量带来很大影响。以 2014 年为例，国家财政部新闻办公室于 2014 年 6 月 6 日发布的《中央财政下达 2014 年农村义务教育经费保障机制资金 878.97 亿元》中指出，国家农村义务教育阶段学校公用经费预算中，与 2013 年相比，2014 年农村义务教育阶段学校普通学生年生均公用经费基准定额提高 40 元，达到年生均中西部小学 600 元、初中 800 元；东部小学 650 元、初中 850 元，以满足学校信息技术和教师培训等方面的开支需求。在提高基准定额的基础上，进一步提高农村寄宿制学校公用经费，由省级财政统筹使用，切实解决寄宿制学校运转困难。

实际上，自 2006 年实行农村义务教育经费保障机制改革以来，生均公用经费经过六次提标，从最初的年均 10—20 元，提高到中西部年生均小学 600 元、初中 800 元，并分省核定取暖费，提高寄宿制学校公用经费，反映了国家对农村义务教育的重视，为我国农村义务教育的持续、健康、均衡发展提供了政策保障和财力支持。但是，相对于中西部农村地区义务教育的实际状况而言，这种教育经费投入的地域性差异，可能会使本来经费就捉襟见肘的中西部地区的农村义务教育均衡发展更为困难。

四 教师队伍建设状况对县域内农村义务教育校际均衡发展的影响

教师队伍是影响义务教育区域和校际均衡发展的核心人力因素，教师资源能否合理配置是影响县域内农村义务教育校际均衡发展的直接因素。教师资源的均衡配置包括教师队伍的数量、学历、专业、职称、年龄等的合理配置，以及优质教师在区域间、校际间的合理流动等。

（一）农村义务教育学校教师队伍结构的影响

稳定而合理的教师队伍结构指比例合适的教师数量、学历、专业、职称和年龄等结构。尽管国家在这些方面做出了较为具体的规定，但由于种种原因目前我国教师队伍的结构不尽合理，尤其是农村地区的教师队伍结构更是不能满足义务教育均衡发展的要求。就笔者调查的样本县教师队伍的结构来看，其年龄结构和知识结构的比例失衡尤为明显，成为影响县域内农村义务教育校际均衡发展的瓶颈。

第一，农村义务学校教师队伍年龄结构老化问题严重，整体结构比例失衡。其原因一方面是由于农村义务教育学校教师编制的限制使得农村教师大量缺编的现象得不到缓解，因而很难引进新教师。另一方面是由于农村，尤其是边远贫困地区的农村年轻教师的流失现象较为严重，导致农村学校年轻教师的数量得不到保证，而年轻教师由于其容易接受新的教育观念，容易跟得上现代教育改革的步伐，所以能够对农村义务教育改革起到很好的促进作用。而农村义务教育学校教师队伍年龄结构比例失衡，年龄老化现象所产生的结果就是，由于年纪大的教师其身体和精力很难适应现代教育发展的速度，不能很好得理解现代教育的理念以及知识变革所带来的影响，所以很难保证高质量的教学效果，甚至影响农村地区义务教育的质量，进而影响到县域内农村义务教育的校际均衡发展。

第二，农村义务教育学校教师知识结构陈旧，学科结构老化，不能很好地满足现代教育发展的要求，不利于义务教育的均衡发展。就教师的知识结构而言，由于农村学校教师的年龄偏大，加之他们整体学历偏低，且城乡之间、学校之间教师学历层次分布不均衡，导致其知识结构不能很好地适应快速发展的义务教育改革的需要。就现有农村教师的学科结构而言，同样存在着与义务教育均衡发展不相适应的现象。教育调查结果显示，现在农村义务教育学校教师的学科结构分布明显不合理。小学阶段，语文、数学、科学学科教师富余，体育、美术、音乐、外语学科教师缺乏；初中阶段，化学、物理学科教师富

第六章　县域内农村义务教育校际均衡发展的影响因素

余,体育、综合实践课程教师缺编严重。农村学校教师的学科结构比例失衡现象在边远的农村地区学校表现更为突出,很多课程在这些学校不能正常开设。而且,由于农村学校的教师培训力度不够,信息技术应用能力差,① 使他们很难及时接受现代教育理念、教育技术、课程改革的新思想,影响了教师的专业发展,在一定程度上扩大了城乡、学校之间的差距,导致县域内农村义务教育校际发展不均衡。

(二) 农村义务教育学校教师流动的影响

农村教师的不合理流动,使本来就差的农村教师队伍的整体素质下滑,影响了农村的教育质量,造成义务教育教师资源城乡和学校之间的差距拉大。

1. 农村义务教育学校优秀教师的流失严重

随着经济社会的发展,城乡经济发展的区域性差异越来越明显,城乡义务教育阶段学校在办学条件、教师待遇等方面天然存在的差距在拉大,出现了许多优秀的农村学校教师流失的现象,导致农村地区义务教育学校优质教师资源更加短缺。农村学校优秀教师的流失,固然有诸如教师待遇、生活条件环境等客观原因,但也包括教师本人的专业道德缺失、个人价值追求偏颇等主观因素。可以预见,农村地区学校优秀教师的流失,会使城乡、校际教师资源分布本来就不均衡的情况更加严重。

2. 农村学校教师校际不合理流动

县域内农村义务教育校际均衡发展要求合理地配置教师资源,通过有效的教师交流机制使教师在校际进行合理流动,达到教师资源,尤其是优质教师资源配置的高效化。但是由于种种原因,农村学校教师校际流动出现了不合理的现象。一是表现为农村学校教师合理流动的机制不畅,交流的覆盖面不广,交流的力度不大,激励保障措施不

---

① 魏雪峰:《问题解决与认知模拟——以数学问题为例》,中国社会科学出版社2017年版,第104—105页。

完善。二是农村学校教师的流向出现问题。表现为从农村到县城到地市级城市、从贫穷地区到发达地区流动的现象。三是农村学校优秀教师被教育主管部门调到其他城镇学校去任教,用于补充城镇学校优秀教师短缺的问题。有研究认为,城镇教师的补充主要是从农村选拔,农村骨干教师相继调走,这就使农村的师资越发薄弱,教育质量难以保证。甚至有研究者认为,现在农村学校成了市区学校培养骨干教师的基地。[①]

五 新型城镇化建设对县域内农村义务教育校际均衡发展的影响

党的十八大把新型城市化建设作为支撑我国经济转型发展的重大战略之一。加速城镇化建设不仅是人民群众追求小康生活的必然要求,更是国家建设和发展的必然选择。据2013年《投资蓝皮书》发布会预测,未来20年我国城镇化将保持较快发展速度,到2030年中国城镇化率将达到70%,未来20年中国农村人口将减少1/3,将有3亿人由农村移居到城市。2014年3月出台的《国家新型城镇化规划(2014—2020年)》(以下简称《规划》)是我国新型城镇化建设的纲领性文件。《规划》指出,新型城镇化建设过程应当体现以人的城镇化为核心,以城市群为主体形态,以综合承载力为支撑,以体制创新为保障。《规划》把城镇化看作解决农业农村农民问题的重要途径。由于在城镇化快速发展过程中存在着大量农业转移人口难以融入城市社会、市民化进程滞后的问题,所以新型城镇化建设首先要解决有序推进农业转移人口的市民化问题。农业转移人口的市民化,不仅带来进城务工人员随迁子女接受义务教育的保障问题,而且伴随义务教育阶段生源由农村大规模的流向城市,势必对农村的义务教育,尤其是留守儿童的义务教育带来很大影响,进而影响到农村义务教育的城

---

① 张道祥:《当前农村教师队伍存在的问题与建议》,《教育探索》2008年第9期。

第六章 县域内农村义务教育校际均衡发展的影响因素

乡、校际均衡发展。因此,新型城镇化为农村义务教育校际均衡发展提供了良好的契机,同时也带来了新的挑战。

(一) 城乡人口流动对县域内农村义务教育校际均衡发展的影响

新型城镇化倡导农业转移人口的市民化,推动农村人口向城镇流动,而人口的流动导致农村义务教育人力资源的流失,这在客观上要求城乡学校的重新布局,即教育资源的重新配置。但从近年来的状况看,学校布局的调整没有取得预期效果,有的地方甚至加剧了农村义务教育在区域、学校之间发展的不均衡。

第一,优质教师资源向城镇的流动使现有农村义务教育的师资队伍整体质量下滑,实现义务教育的教育均衡发展难度更大。本来教师资源配置是影响城乡、学校之间义务教育均衡的主要因素,加上现在农村的优质教师资源向城镇的过度流动或者流失,致使农村教师的整体水平更是雪上加霜,严重影响到农村义务教育的质量,造成县域内农村义务教育校际发展的不均衡。

第二,新型城镇化对农村义务教育阶段生源数量和质量的影响,形成城乡义务教育发展过程中新的不均衡。本来城镇所拥有的优质教育资源对农村学生就具有很大的吸引力,随着城镇化的推进,进城务工人员随迁子女数量的增多,农村富裕人员对孩子未来的期待增强,所以农村义务教育阶段学校的学生数量和质量都受到相应影响,在一定程度上影响了县域内农村义务教育的校际均衡发展。

(二) 城乡学校数量变动对县域内农村义务教育校际均衡发展的影响

第一,由于近年来城镇化进程的快速发展,农村人口向城镇的快速转移,导致城镇人口迅速增多,城乡义务教育阶段学校数量发生变化:一方面,随着农民工随迁子女数量的增多导致城镇义务教育阶段学校数量增加,或者由于学校数量有限而出现了严重的大班额现象;另一方面,伴随农业转移人口的市民化,大量农村地区的学生进入城镇接受义务教育，使现有农村地区的学生，尤其是边远地区的农村学生数量明显减少，导致农村地区义务教育阶段学校数量相应减少。

第二，义务教育的均衡发展要求城乡教育的一体化，学校办学的标准化，教育资源配置的均衡化，但随着城镇化进程中越来越凸显的城乡义务教育学校、学生数量变化的矛盾，使城乡义务教育均衡发展的进程充满不确定因素。城镇学校大量农民工子女的涌入，教育资源的扩张赶不上教育需求的加大，教育资源紧缺，教师短缺，大班额现象短期内无法消除；而农村学校则人去校空，教育资源闲置，教师队伍老化弱化，教学质量难以保障，更加重了生源流失，城乡义务教育产生新的不平衡。

第三，新型城镇化建设使大量的农村人口流向城镇，使更多适龄儿童、少年能够享受到城镇更多的优质教育资源，保障了农民工随迁子女以公办学校为主，或者在普惠性民办学校接受义务教育的权利。但由于城镇学校原有基础建设条件的局限，其增扩优质教育资源的速度相对迟缓，矛盾更为突出；而农村的学校会因为农村生源流失而降低办学质量，不能保证适龄儿童、少年享受到良好的教育。近年来，尽管政府不断加大经费投入，提高农村学校的办学条件，但与城镇学校相比还有一定差距。生源的萎缩使教师队伍长期得不到更新，加上教师流动机制运行不畅，教学质量普遍较低，加剧了城乡义务教育学校之间的不平衡。

第七章　县域内农村义务教育均衡发展的战略

本章主要从战略层面研究县域内农村义务教育校际均衡发展问题，包括推进县域内农村义务教育校际均衡发展的战略指导思想、目标、原则和战略举措等。推进县域内农村义务教育均衡发展要以优先发展、育人为本、促进公平、改革创新、提高质量为战略指导思想；以坚持以人为本、统筹规划、稳步推进、因地制宜、确保质量为战略原则；为实现县域内农村义务教育均衡发展的战略目标，应加强义务教育均衡发展理念的顶层设计；加强政策引导，健全义务教育均衡发展的相关政策及法律法规；加强推行农村义务教育校际均衡发展的政府行为；完善投入保障，建立健全义务教育经费城乡均衡运行机制；落实师资为本，均衡配置县域内农村义务教育教师资源；合理布局，均衡配置城乡义务教育学校办学资源；突出技术拉动，构建县域内义务教育校际均衡发展的信息技术平台；加强督导，通过督导推进县域内义务教育均衡发展；统筹发展，借助新城镇化建设促进县域内义务教育均衡发展。

一　县域内农村义务教育校际均衡发展的指导思想

稳步实现推进县域内农村义务教育校际均衡发展的战略目标，需要先进的战略思想为指导。2012年出台的《国务院关于深入推进义

> 县域内农村义务教育校际均衡发展战略研究

务教育均衡发展的意见》中提出的推进义务教育均衡发展的指导思想，同样适合推进县域内农村义务教育校际均衡发展，即全面贯彻党的教育方针，全面实施素质教育，遵循教育规律和人才成长规律，积极推进义务教育学校标准化建设，均衡合理配置教师、设备、图书、校舍等资源，努力提高办学水平和教育质量。加强省级政府统筹，强化以县为主管理，建立健全义务教育均衡发展责任制。总体规划，统筹城乡，因地制宜，分类指导，分步实施，努力缩小区域差距，加快缩小城乡差距，切实缩小校际差距，办好每一所学校，促进每一个学生健康成长。贯彻县域内农村义务教均衡发展的战略思想需要考虑五个方面的内容。

（一）确立教育优先发展的战略地位

教育优先发展是党和国家提出并长期坚持的重大方针。百年大计，教育为本。教育发展在国家发展和建设中具有举足轻重的作用和地位，优先发展教育是国家综合国力的体现，是国民素质提升的重要途径。义务教育对国家的发展更具有奠基性的作用，作为现阶段我国人口主要聚集地的农村义务教育更是国家优先发展的主要目标。因此，我们要确立义务教育在国家发展战略和国民教育体系中的全局性、战略性、基础性地位，加大国家对义务教育，尤其是农村义务教育的投入和支持力度，将其优先纳入基本公共教育服务体系和国家基本建设的重点领域，努力促进义务教育又好又快发展。

（二）坚持育人为本的战略理念

教育的核心功能是育人功能，贯彻和落实县域内农村义务教均衡发展的战略思想应当确立科学的育人观。我国义务教育的方针是培养适合社会主义现代化事业的德智体全面发展的建设者和接班人，这就要求在促进县域内义务教育均衡发展的过程中，始终把培养这样的人才作为根本，在人才质量和规格方面适应国家建设和发展的需要。要做到育人为本，确立先进的教育理念，形成科学的教育观念，优化教师队伍结构，加强中小学课程和教材改革，用先进的教学和科学的管理理念来教育和管理学生，使学生能够得到积极主动、生动活泼的健康发展。

（三）努力促进教育公平

教育公平是实现社会公平的基础和具体要求。贯彻和落实县域内农村义务教育校际均衡发展的指导思想，就是要在推进县域内义务教育校际均衡发展的过程中努力做到促进教育公平。

首先，在政府管理职能上要确立教育公平的观念，在学生的入学机会、教育投入、教师队伍建设和教育的保障机制方面努力做到合理布局、均衡配置教育资源。

其次，确立教育均衡不是绝对的均衡，而是相对均衡的观念。在政策的制定和执行过程中，适当倾斜。应当克服传统的重点学校、重点班的观念，在教育资源配置上适当向农村地区、偏远地区、弱势群体、薄弱学校、困难学生、特殊儿童等倾斜，努力做到缩小城乡、学校之间的差距。

最后，加强上一级政府的监督督导功能，保障县域内农村义务教育均衡发展，为促进教育公平提供监督机制。加强县域内农村义务教育校际均衡发展的监督和督导，把促进县域内农村义务教育校际均衡发展作为评价县级政府政绩的标准，为教育公平的实现提供保障，从而使每个受教育者都能共享义务教育改革的成果，推进教育的公平。

（四）大力提倡教育改革创新

教育是一种关系到国家发展的事业，它肩负着为经济社会的发展提供人力资源的重任。随着国家政治经济改革的不断推进，它对教育培养人才的要求也不断提高，为适应经济社会发展的需要，教育应做出相应的改革与创新。因此，贯彻县域内农村义务教育校际均衡发展的战略思想，应大力提倡县域内义务教育的改革与创新。

首先，体制与机制的改革与创新。县域内农村义务教育校际均衡发展要有先进科学的管理体制和运行机制，这方面的改革要考虑到农村学校的特点和困难，应当在政策体制和运行机制方面体现出来。

其次，变革传统的教育观念，推动信息技术支持的课堂教学变革，[①] 顺应新型城镇化建设的需要，在政府、学校、城乡居民中形成教育均衡发展的整体观念，解决农村义务教育校际不均衡发展的现实问题，为促进县域内农村义务教育校际均衡发展提供观念和舆论支持。

最后，各级政府要统筹协调，在继续加强县级政府为主的教育管理体制上，进一步探索完善农村义务教育校际均衡发展的管理体制，为县域内农村义务教育的均衡发展提供新的动力。

（五）严把教育质量关

教育改革不能以牺牲教育质量为代价，追求教育公平、促进教育均衡发展也不能以牺牲教育质量为代价。因此，贯彻县域内农村义务教育校际均衡发展的战略思想，应当严把教育质量关。

首先，针对农村义务教育学校的特殊性，在学校标准化建设方面，既要考虑全体学生全面发展的要求，也要考虑农村学生发展的特殊性，在人才培养规格方面做出规定。

其次，在人、财、物的投入方面应当向农村义务教育学校倾斜，保证农村义务教育学校均衡发展的充足条件。

再次，加强教师队伍的合理交流，在教师资源方面为农村义务教育学校提供优质服务，保证农村义务教育的质量。

最后，完善县级政府对义务教育的管理职能，发挥县级政府的管理主体地位，在整个县域内合理配置教育资源，为稳步提升义务教育质量提供政策支持。

[①] 魏雪峰：《问题解决与认知模拟——以数学问题为例》，中国社会科学出版社2017年版，第102—103页。

二 县域内农村义务教育校际均衡发展的战略目标

(一) 县域内农村义务教育校际均衡发展的总体目标

根据《国务院关于深入推进义务教育均衡发展的意见》，结合县域内农村义务教育校际均衡发展的要求，促进县域内义务教育校际均衡发展的基本目标是："每一所学校符合国家办学标准，办学经费得到保障。教育资源满足学校教育教学需要，开齐国家规定课程。教师配置更加合理，提高教师整体素质。学校班额符合国家规定标准，消除'大班额'现象。率先在县域内实现义务教育基本均衡发展，县域内学校之间差距明显缩小。到2015年，全国义务教育巩固率达到93%，实现基本均衡的县（市、区）比例达到65%；到2020年，全国义务教育巩固率达到95%，实现基本均衡的县（市、区）比例达到95%。"实现这一战略目标，须达到以下几个方面的均衡。

1. 教育机会均衡

幼儿教育阶段，家长普遍接受科学育儿指导，小学适龄入学儿童均接受学前三年教育。义务教育阶段适龄儿童、少年入学率达到99%以上，小学、初中年巩固率分别达99%、98%以上。适龄残疾儿童、少年入学率达到95%以上，年巩固率95%以上。区内基本无择校现象，城区、农村超班额班级分别不超过班级总数的10%、5%。严格执行省、市关于外来务工子女入学的有关要求，安排符合条件的学生在全日制公办学校接受免费义务教育。对于安排外来务工子女入学的学校，应在经费拨付、师资配备等方面建立健全配套政策，确保为外来务工人员子女入学提供良好的就学条件。

2. 办学条件均衡

完成中小学校标准化建设任务，义务教育学校达到省定基本办学条件标准。健全以县为主的义务教育经费保障制度，确保义务教育经费"三个增长"，全面落实义务教育免费政策和省定义务教育阶段生均公用经费标准。落实生均公用经费基准定额所需资金由中央和地方按比例分担，西部地区及中部地区比照实施西部大开发政策的县（市、区）为8∶2，中部其他地区为6∶4，东部地区为5∶5。对城乡义务教育学校（含民办学校）按照不低于基准定额的标准补助公用经费，并适当提高寄宿制学校、规模较小学校和北方取暖地区学校补助水平，按照生均公用经费基准定额分担比例执行；足额征收教育费附加和地方教育附加，实行义务教育阶段学校预算编制制度改革和财务公开制度。学校能够按照国家课程标准规定开齐开足课程，有效开展校本教研和培训，开设具有特色的学科课程、社会实践课程、校本课程等。实行优质普通高中招生名额合理分配到县域内初中的办法，缓解择校问题。校园安全卫生措施落实到位，形成积极向上的校园文化，校园周边环境安全有序，建立均衡改善中小学校办学条件的长效机制。

3. 师资队伍均衡

健全教师准入机制，使所有教师都具备相应的教师资格证书。实行所有义务教育中小学教职工执行统一编制标准，并向农村偏远地区倾斜，师生比符合省定标准。农村教师补充机制完善，教师配备向农村偏远地区倾斜。城乡学校教职工工资和政策性津贴、补贴均纳入财政全额预算并按时足额发放，不同学校间教师平均收入水平基本一致。学校配齐国家课程标准规定学科的各类教师，城乡之间、学校之间教师学历结构、年龄结构、学科结构基本一致；各级名师、名校长在不同学校间，特别是城乡学校间分布合理。各学校教师参加业务进修机会、获各类表彰机会均等，年度内接受各级教师培训比例基本相当，受表彰人数、层次在不同学校间分布均衡；城乡教师、校长交流机制健全，城乡之间、学校之间优秀校长、教师定期交流；农村学校接受优秀教师交流机会均等，每年城乡教师双向流动人数不少于全区教师总数的5%，教师师德修养和业务素质明显提高。

4. 教育行政管理水平均衡

制订并有效实施薄弱学校消除计划，各项教育政策向农村学校、薄弱学校倾斜。学校管理干部队伍水平基本均衡,学校负责人教育思想和办学理念先进,引导学校形成发展特色和优势,城乡学校管理水平均达到省级规范化学校标准。重视德育体系建设,做到德育工作、学生管理工作有特色、有成效。建立科学、高效、个性化、有特色的课程体系,严格执行国家课程标准,在课程目标、课程内容、课程实施和课程评价方面做到科学有效,使城乡、校际的课程实施水平评估合格率均达到100%。

5. 教育质量均衡

义务教育质量均衡体现了教育效果的均衡,为达到城乡、校际义务教育的质量均衡,义务教育学校应当符合国家基础教育改革的基本要求,严格执行国家课程标准。全面实行学生综合素质评价制度,城乡学生品德素养、学业成绩、实践技能、学习能力、艺体技能、健康水平等综合素质基本均衡。建立并有效实施符合素质教育要求的学校办学水平评价制度,学校间办学水平无明显差异。学生和家长对学校、班级、教师满意度较高,城乡学校均能达到90%以上。小学初中巩固率、初中学生体质健康及格率达到省定标准;取消义务教育阶段重点学校和重点班,公办义务教育择校现象得到基本遏制;积极诊断和干预学习困难学生,中小学生过重的课业负担得到有效减轻。

(二) 县域内农村义务教育校际均衡发展的主要任务

县域内农村义务教育校际均衡发展应以标准化学校建设为抓手,加快改善农村学校办学条件,加强薄弱学校改造,提高农村师资水平和教育质量,合理配置教育资源,缩小城乡、区域和学校之间教育差别。

以山东省为例,依据山东省政府有关文件,推进县域农村义务教育校际均衡发展的主要任务是:用三年左右时间,使全省农村义务教育阶段学校基本达到《山东省普通中小学基本办学条件标准》,农村办学条件显著改善,城镇薄弱学校建设明显加强,大班额等热点问题

县域内农村义务教育校际均衡发展战略研究

得到有效解决。县域内农村义务教育学校之间在办学条件、教学手段、生均经费、生源分布、师资水平和教育质量等方面基本均衡，基本实现县域内农村义务教育校际均衡发展。

第一，进一步加快农村义务教育学校标准化建设，推进校际办学条件的均衡。加强县域内农村中小学布局调整规划，结合新型城镇化建设和社会主义新农村建设规划，坚持方便学生就学的原则，根据人口出生、流动规律，考虑学校服务半径，制订学校布局调整的总体规划。

第二，进一步加强县域内农村义务教育教师队伍建设，推进校际师资队伍的均衡，建立教师补充机制，加大新教师补充工作力度。按照新进、退出大体相当原则，确保县域内各农村学校每年招聘一批年轻教师，改善教师队伍年龄结构、知识结构，保持教师队伍活力。

第三，进一步加强县域内农村义务教育校际均衡发展工作的组织领导。各级政府要切实加强对推进县域内农村义务教育校际均衡发展工作的组织领导，完善县域内农村义务教育校际均衡发展的组织协调机制，定期解决推进过程中的重大问题，督促各项政策措施落实。县级政府要建立领导干部联系学校制度，加强对学校建设的指导，帮助解决学校发展中遇到的困难和问题。

第四，进一步提高县域内农村义务教育学校办学水平，推进校际教育质量均衡。加强和改进学校工作，严格执行国家课程标准，在课程目标、课程内容、课程实施和课程评价方面做到科学有效，努力使所有学生共同进步，促进学生全面发展，切实加强学校内部教育教学工作管理，建立覆盖学校所有工作环节的责任体系，健全各项规章制度，落实责任制。加强校风、教风、学风，营造良好的育人环境，全面提高教育质量。[①]

[①] 参见《山东省人民政府办公厅关于推进县域义务教育均衡发展的意见》（2011年11月30日）。

三 县域内农村义务教育校际均衡发展的战略原则

（一）坚持以人为本原则，着力难点问题

坚持以人为本原则，是指推进县域内农村义务教育校际均衡发展要坚持以人为本的发展理念，树立以人为本的发展观，关注人本身，以育人为目的，把促进人的全面发展作为推进县域内农村义务教育校际均衡发展的重要目标。以人为本不仅要关注学生的发展，同时也要关心教师的发展，把学生和教师的需要作为义务教育改革的重点。要关注农村留守儿童的教育问题，加强薄弱学校改进工作，教育政策要向农村学校、薄弱学校倾斜，为农村留守儿童提供良好的学习生活环境。加强农村寄宿制学校的管理与建设，保证学生健康快乐的成长环境，让外出务工家长放心。解决城市大班额现象，关注进城务工人员随迁子女的教育问题，在入学、户籍管理等方面让农村孩子享受到与城镇孩子同等的教育；关注农村学校教师的职业生存状态，提高农村学校教师待遇，完善津贴补助制度，补充紧缺师资，给予教师精神、物质方面的激励，缓解教师的职业生存压力。

（二）坚持统筹规划原则，科学规划布局

坚持统筹规划原则，是指推进县域内农村义务教育校际均衡发展是一项系统工程，需要政府、民众、学校、教师、学生和全社会的共同努力。统筹规划原则要求各级政府应当具有顶层设计、科学布局的规划能力和协调能力，处理好区域间、学校间协调发展、均衡发展的关系，在解决好县域内农村义务教育均衡发展问题的基础上，推进整个义务教育的均衡发展。

统筹规划，科学规划布局需要各级政府部门的协调，要求各级政府机构各司其职、上下贯通。国家教育部及相关机构负责组织推进全国的农村义务教育均衡发展工作，加强思想指导，协调好东、中、西部各个地区之间的教育工作，均衡配置资源，进一步缩小东、中、西

部地区之间的差距。省级教育部门负责推进各省内部义务教育均衡发展工作，依据本省经济发展状况，合理加大对农村义务教育的经费投入，尤其是对于省内一些贫困市县加以扶持资助。各市县教育部门应积极推进县域内农村义务教育均衡发展工作，因地制宜，合理规划本县内学校布局，依据经济发展状况，对农村薄弱学校合理规划经费投入。如果遇到困难，应该及时向上级部门反映，寻求帮助。各学校领导应该努力做好组织领导工作，解决教师困难，关注学生发展，建设积极的校园文化。这样从上到下，统筹规划，层层深入，各教育部门相互沟通协调，才能确保农村义务教育均衡发展。

（三）坚持稳步推进原则，推行试点先行

坚持稳步推进原则，是指推进县域内农村义务教育校际均衡发展是一项长期艰巨的事业，需要稳步扎实推进，试点先行，不能一蹴而就。各地方教育部门可以结合当地实际，制订推进义务教育均衡发展的实施方案，已具备下放条件的管理权限要直接下放，可先行试点，逐步推广。试点可以在学校申报的基础上，在县域内选择若干所学校开展建设工作，学校的选择要多样化，包括城镇学校、农村学校，初中、小学、教学点等。如一些农村地区，由于外出务工人员的增多，一些小学支撑不下去，有些地区采取中小学合并，实行九年一贯的教育体制，使孩子们可以就近入学，并且充分利用师资，解决当地的一些教育问题。在进行试点工作的同时，要加强各级人力资源、财政等部门的通力合作、对试点工作的指导和评估，积极稳妥推进地推进县域内农村义务教育校际的均衡发展。

（四）坚持因地制宜原则，鼓励地方创新

坚持因地制宜原则，是指推进县域内农村义务教育均衡发展，必须充分考虑我国的基本国情和区域特点，不能搞平均主义。我国幅员辽阔，东、中、西部经济发展速度不同，经济发展水平不均衡，必然会对教育产生影响，东部地区的孩子可能已经人人用电脑上课，而西

部地区却一个学校只有一台电脑。不仅地区之间差别大,同一地区的城乡之间也存在很大差别,优质的教师与资源都集中在市区,而农村学校在师资、教学条件与潜在资源方面都处于相对弱势,所以才会呈现城镇大班额现象。同时由于历史遗留问题,同一市区的学校也存在重点校与非重点校之别,"择校热"在这种市场环境下日益严重。所以应该考虑到这种地区差距、城乡差距和校际差距。在坚持因地制宜原则的同时,应当鼓励县级政府开拓创新。县级政府要全面了解本县的教育资源状况,合理配置教育资源,注重优势教育资源的均衡;在了解本县校际差异的基础上,探索积极有效的措施,促进县域内农村义务教育校际的均衡发展。

(五) 坚持确保质量原则,完善评估督导

坚持确保质量原则,是指推进县域内农村义务教育校际均衡发展要严把教育质量关,不能以牺牲教育质量为代价来换取均衡发展。坚持确保教育质量的原则,需要完善一系列的教育评估督导制度,通过有效的教育评价督导对义务教育质量实施监控。一方面,要强化教育督导在学校考核评价监督中的作用,建立完善的学校发展性督导评估制度、督学责任区、挂牌督学制度以及教育督导结果公告公示制度;另一方面,各级教育、监察、审计部门要依法加强对学校的日常监督。要积极培育教育中介机构,研究实施第三方教育监测评估,完善社会评价教育的有效途径。

四 县域内农村义务教育校际均衡发展的战略举措

(一) 顶层设计县域内农村义务教育校际均衡发展的理念

县域内农村义务教育校际均衡发展是一项全局性的系统工程,需要有先进的教育理念做引领,因此,确立什么样的教育理念、形成什么样的教育观念,是推进县域内农村义务教育校际均衡发展首先需要解决的问题,这需要对整个义务教育校际均衡发展做顶层设计,通过

县域内农村义务教育校际均衡发展战略研究

顶层设计，确定县域内农村义务教育校际均衡发展的教育理念，进而为整个义务教育均衡发展的实施奠定理论基础。先进理念的确定需要充分了解教育实际，了解农村教育的现状，了解农村义务教育校际差异的实际，只有这样，才能使教育理念和观念更具有指导价值。

目前，我国已经在全国范围内基本普及了九年制义务教育。但是，调研结果显示，农村义务教育实施的整体水平较差，与城市之间还有很大的差距。其主要原因就是农村的经济发展水平与城市之间存在着很大的差距，这是一个客观制约因素。但是我们还必须形成一种主观意识，正确认识城乡之间的这种差距，只有认识到这种差距，才能更好地反思中国的农村教育，反思中国县域内农村义务教育校际差异的现实，才能更好地推进县域内农村义务教育校际均衡发展。

1. 正确认识农村问题，正视城乡之间的差距

解决农村问题历来是我国政府的工作重心，提高农民的生活水平和质量，提升农业的生产竞争力，提升农村的整体面貌，不能仅仅停留在口头上，要把解决农村问题深入到国家和每一个人的意识之中，形成解决农村问题的工作理念。正确认识农村问题，就是要正视城乡差异，并且在制定政策、执行方案的过程中贯彻这样的理念。一方面，要敢于承认城乡之间、城乡义务教育之间存在差距的客观现实，认识到相对于城镇义务教育发展水平，要解决农村义务教育的均衡发展问题还有很长的路要走。另一方面，承认差距并不是放弃农村义务教育均衡发展，而是要在正视现实的基础上，努力找到解决农村义务教育均衡发展问题的具体方法和措施，提出解决农村义务教育均衡发展的具体方案。只有这样，才能更好地促进县域内农村义务教育的校际均衡发展，促进整个农村义务教育的均衡发展。

2. 正确认识义务教育，树立科学的义务教育均衡发展观

实行义务教育是我们国家发展的根本要求，接受义务教育是宪法赋予每个公民的应有权利，所以必须要正确认识义务教育，树立科学的义务教育均衡发展观。众所周知，教育在国家和人的发展中具有不可替代的作用，人们从来没有像现在这样关注过教育的发展，并且开

第七章 县域内农村义务教育均衡发展的战略

始把自己的未来交付到教育的手上，期待通过教育来改变自己的命运，希望通过接受更好的教育来增加改变自己命运的机会。正确认识义务教育，不仅要认识到义务教育在国家和人的发展中的重要性，而且还要形成科学的义务教育均衡发展观。科学的义务教育均衡发展观是国家发展的必然要求，它不仅包括义务教育在区域、学校之间的均衡发展，而且也包括各种教育资源的均衡配置。

3. 正确认识农村义务教育，树立科学的义务教育均衡发展观

农村义务教育有其自身的特殊性，推进农村义务教育的均衡发展，要形成县域农村义务教育均衡发展的基本理念和观念。

首先，正确处理农村义务教育与整个国家义务教育均衡发展的关系。农村义务教育是国家义务教育均衡发展的有机构成，离开农村义务教育的均衡发展，整个国家的义务教育均衡发展就无从谈起。只有包括农村在内的义务教育均衡发展了，才谈得上国家义务教育的均衡发展。

其次，正确处理农村义务教育均衡发展和城镇义务教育均衡发展的关系。城乡义务教育的均衡发展存在着巨大差距，农村义务教育在经费投入、资源配置和教育质量方面都弱于城镇义务教育学校，正视这样的差距，有助于制定政策和解决方案时向农村地区的倾斜，更有利于农村义务教育均衡发展的实现。

再次，正确处理县域内农村义务教育均衡发展与农村义务教育校际均衡发展的关系。县域内农村地区义务教育同样存在差异，同一区域内校际也存在差距。

最后，要正确认识县域内农村义务教育校际均衡发展过程的艰巨性和长期性，并且要把理念和观念落实到具体的行动中，只有这样，才能真正促进农村义务教育的校际均衡发展。所以，正视校际差异，使政策向较差的农村、农村义务教育学校倾斜，才能解决好县域内农村义务教育的校际不均衡现象。

（二）完善县域内农村义务教育校际均衡发展的政策与法规

义务教育均衡发展是包括城乡所有义务教育的均衡发展，实现义

务教育的均衡发展,要办好包括城乡在内的每一所学校,使每一个学生都能有健康成长的机会。所以,加强政策引导,建立健全县域内农村义务教育均衡发展的政策与法规非常重要。

1. 落实国家、省有关义务教育均衡发展的政策与法规

国家、省的有关政策与法规是推动县域内农村义务教育均衡发展的基本依据,县级政府要把贯彻落实这些政策与法规作为自己行动的指南,确保本县农村义务教育校际的均衡发展。

2. 建立完善的适合本县义务教育均衡发展的规章制度

县级政府要在国家、省有关政策与法规的基础上,建立完善的执行这些政策与法规的具体规章制度和运行机制。在经费投入、师资配备、资源协调等方面加强政策引导,并注意向农村尤其是偏远地区的农村学校的政策倾斜,为农村义务教育校际的均衡发展提供政策支持。

3. 县级政府应明确在农村义务教育校际均衡发展方面承担的责任和义务

义务教育具有强制性、普及性、公共性的属性,义务教育的均衡发展离不开教育法制的保障。上级政府要把监督评估县级政府执行有关的政策与法规工作常态化,把义务教育均衡发展作为县级政府主要领导考核的主要内容,明确规定县级政府在农村义务教育均衡发展方面应当承担的责任和义务,确保县域内农村义务教育的校际均衡发展。

(三) 强化县域内农村义务教育校际均衡发展的政府行为

义务教育是国家行为,促进义务教育均衡发展是国家公平和正义的政治要求,县域内农村义务教育校际均衡发展关系到国家的发展和整个国民素质的水平。因此,推进县域内农村义务教育校际均衡发展应当体现国家的意志,加强政府的领导和责任意识,将其视为政府的核心工作内容,为促进县域内义务教育校际均衡发展提供体制、政策保障。

第七章 县域内农村义务教育均衡发展的战略

1. 加强县级政府的领导行为

县域内农村义务教育校际均衡发展需要政府在人、财、物方面的政策支持，需要政府在决策、调控、教育发展战略、教育资源配置等方面发挥领导作用，要求政府具有超强的领导力。

首先，县级政府要确立教育公平的决策意识，并将其作为自己决策行为的理念，在制定、执行和评估县域内农村义务教育校际均衡发展的政策和规定过程中发挥强有力的组织领导作用。

其次，要了解县域内农村义务教育学校的真实状况，做到知根知底，以便使决策和领导更加科学、规范、合理。

最后，要以国家的有关政策为基准积极推进县域内农村义务教育的校际均衡发展，不能随便降低标准。

2. 强化县级政府的责任意识

县级政府的责任意识是实现县域内农村义务教育校际均衡发展的思想保障。我国实行"以县为主"的义务教育管理体制，县域内义务教育校际均衡发展的第一责任人是县级政府，因此强化县级政府的责任意识尤为重要。一方面，县级政府应当努力把推进县域内义务教育均衡发展作为自己施政的主要工作，提升政府自身的执政能力，更新教育观念，强化责任意识。另一方面，要积极接受上级政府有关县域内义务教育均衡发展的评估和监督，并对照评估中发现的问题积极整改，保证国家义务教育均衡发展战略的顺利实施。

3. 充分运用舆论宣传工具

县域内义务教育校际均衡发展是一个全民性、全社会的系统工作，需要各方的协调、合作和支持。为此，政府应当充分利用舆论宣传工具，动员全民积极配合参与政府义务教育改革的工作，在全社会营造农村义务教育改革的氛围，达成尊重政府推进农村义务教育校际均衡发展改革的共识，使政策深入每个人的心中，落实到每个人的行动中，以保证县域内农村义务教育的校际均衡发展。

（四）建立健全县域内农村义务教育经费均衡运行机制

教育经费投入是监控义务教育均衡发展的重要指标之一。建立健

县域内农村义务教育校际均衡发展战略研究

全县域内农村义务教育的经费投入机制，是义务教育改革能否顺利进行、县域内农村义务教育能否均衡发展的财力保障。因为没有足够的财力保障做基础，县域内农村义务教育校际均衡发展所需的各种教育资源都无从谈起，更不能现实公平而有质量的义务教育的目标要求。

1. 加大中央政府的教育经费投入力度，适当向农村义务教育学校倾斜

《2014年全国教育经费执行情况统计公告》显示，2014年全国教育经费总投入为32806.46亿元，比上年的30364.72亿元增长8.04%。国家财政性教育经费为26420.58亿元，比上年的24488.22亿元增长7.89%。但是，2014年全国国内生产总值为636139亿元，国家财政性教育经费占国内生产总值比例为4.15%，比上年的4.16%降低了0.01个百分点。尽管农村小学财政性教育投入比上年增长6.51%，但农村初中财政性教育投入却比上年投入下降1.79%。可见，中央政府对农村义务教育经费的投入依然偏少，而对农村初中的投入则更少。这对本来就不占优势的农村义务教育来说，更加加剧了城乡义务教育的不均衡，也使县域内农村义务教育校际均衡发展更为艰难。义务教育是一种公益性事业，在费用支出中需要政府全权负责。在经费投入方面，国家应该在保证国家财政性教育经费支出占国民生产总值的比例稳步增长的基础上，进一步加大县域内农村义务教育的经费投入，建立健全县域内农村义务教育经费均衡运行机制，为确保农村义务教育校际均衡发展提供经费支持。

2. 明确投入比例，完善经费分担机制

义务教育阶段，农村地区学校之间的差距非常大，政府在投入经费时，要明确分配的比例，了解县域内每个学校的实际，对于那些比较差的学校，尤其是农村学校要适当地增加投入比例，而对于情况比较好的学校可以适当地缩减投入比例。这样才能更好地为农村义务教育学校提供更多的机会，更快地改善学校的办学条件，才能更有利于促进整个县域内农村义务教育的均衡发展，保证义务教育的办学质量。首先，将财政资金的分配向农村学校、向整体办学实力比较薄弱

的学校倾斜，调整学校与学校的投入比例，使农村义务教育经费的标准达到国家平均水平以上，保障义务教育所需要的费用。其次，县级政府可以根据县域义务教育发展情况以及财力的实际状况，调整县域内义务教育经费投入比例，并适当提高公用经费标准，保证向边远、落后的农村义务教育学校倾斜。最后，全面落实各方对义务教育经费的责任并细化责任，将责任落实到各个行政主体，满足义务教育经费的需求。

3. 完善义务教育经费管理运行机制

义务教育经费的投入、筹措要有科学可行的管理运行机制。首先，实施以县为主的经费投入管理体制，同时充分发挥乡、镇、村各级主体办学兴教的作用。县级人民政府确保县域内义务教育教师工资按时足额发放，教育部门在分配绩效工资时，要加大对艰苦边远贫困地区和薄弱学校的倾斜力度，保证农村学校基本的办学条件、保证乡村教师的工资水平和中小学生的生均公用经费。其次，多种渠道筹措教育经费。充分激发社会力量的办学热情，鼓励社会力量捐资助学，吸引社会资金大力发展民办学校，以解决优质义务教育资源不足的问题。

（五）均衡配置县域内农村义务教育校际教师资源

教师队伍是学校教育资源中的核心人力资源，是县域内农村义务教育校际均衡发展的关键要素。城乡学校、农村义务教育学校之间教师资源的合理配置，是解决县域内农村义务教育校际均衡发展问题的关键。县级人民政府要加强宏观管理和调控，在教师的准入机制和管理机制、教师待遇、教师生活条件、教师职称评定和评优、教师教育等方面向农村学校教师倾斜，使他们安心于农村教育工作，确保农村义务教育的质量，促进县域内农村义务教育的校际均衡发展。

1. 完善教师准入机制，合理配置农村学校教师编制

国家应制定严格的教师资格标准，加强对教师资格认证机构和资格认证程序的管理，优化行为程序。各级地方政府要确实贯彻落实国

家有关教师队伍建设的各项规定，确保质量合格的教师进入义务教育的教师队伍，提高教师队伍的整体素质。同时对于现有教师队伍中不合格、无编制的教师予以淘汰。首先，教师编制的确定，不仅要遵守国家规定的标准，更要考虑到农村教育的实际，比如规模小、学生少的农村学校，在编制方面要予以倾斜。其次，在教师的准入方面，除照顾到农村教师的数量以外，还要合理优化教师的专业结构。农村学校教师存在着严重的专业结构比例失调问题，所以，农村学校教师的配备不仅要考虑核心学科的教师比例，更要考虑其他学科的教师的配备均衡，甚至包括全科教师的培养和选拔问题，只有这样才能保证农村义务教育的质量，保证县域内农村义务教育的校际均衡发展。

2. 提高教师待遇，改善教师的生活条件

农村学校，尤其是地处偏远的农村学校，教育环境较差，生活条件艰苦，所以，要让有经验的教师安心在这里工作，就必须解决好他们的后顾之忧，这需要县级人民政府进行政策的调控，在农村教师的工资标准、津贴方面做出特殊规定，规定要具体，要监督落实，真正使在农村从教的教师看得见、摸得着。为了稳定农村学校教师队伍，县级人民政府不仅要确保县域内农村义务教育教师工资按时足额发放，而且教育部门在分配绩效工资、相关补助时，要加大对艰苦边远贫困地区和薄弱学校的倾斜力度。如农村地区交通不便，政府可以通过增加农村教师的交通补助，或者为农村学校教师配置班车的方式稳定教师队伍。

3. 加强宏观调控，完善教师轮岗交流机制

为保证农村义务教育学校教师队伍的稳定，保障县域内农村义务教育优质教师资源的均衡配置，政府应加强宏观调控，完善教师轮岗交流机制和中小学校长的交流机制。首先，建立教师轮岗交流的机制，不仅在城乡学校之间，而且要具体到农村学校之间，使教师（校长）进行轮岗交流，要有具体的规定，比如人数、时间、任务、目标、考核指标等。其次，形成配套的激励机制，完成目标的要奖励，完不成的要惩罚。再次，解决好交流后教师的后顾之忧，使他们能够

安心工作、高效工作。最后，政策要适当向薄弱农村地区、薄弱学校倾斜，保证县域内农村学校充足的教师资源，促进县域内农村义务教育学校教师资源校际均衡发展。

4. 加强农村地区学校教师的职后培训工作

教师教育包括教师的职前教育和职后培训两个环节，教师的职后培训是提升教师专业素养的主要方式和途径。

首先，国家层面除进一步做好"中小学教师国家培训计划""中小学校长国家培训计划"外，要进一步加强农村教师国家级示范教师培训，开阔教师视野，培育优秀教师。

其次，各级政府在国家教师培训的基础上，建立健全各级教师培训，尤其是针对农村地区教师的培训机制。国家级培训侧重于中西部农村学校教师；省级政府侧重于省域内各市县区的教师培训，要特别设计针对农村地区教师的培训方案；县级政府要制定本县教师的培训制度，主要针对本县农村地区学校教师的培训。

再次，加强各级政府对教师培训工作的组织与管理。包括整个教师培训工作的贯通与协调，为教师培训工作提供足够的资金支持，严格选拔培训人员，既要有研究基础教育改革的专家，又要有基础教育一线的优秀教师，制订严格的培训考核标准并实施有效的监督评价。

最后，完善培训内容和培训方式。培训内容要结合义务教育改革的实际，突出前沿性、时代性和前瞻性特点。包括先进的义务教育理念和观念、国家有关基础教育改革的政策法规、国内外基础教育改革的最新进展、中小学课程与教学改革的最新理论知识、实践经验和新时期教师的职业道德等。教师培训要选择灵活多样的培训方式，包括集中培训和分散培训、理论讲授和现场教学等，要充分利用网络资源，使培训变得便捷、高效。

（六）合理配置县域内农村义务教育学校办学资源

规范城乡学校布局是实现教育资源整合的重要途径，是实现县域内农村义务教育城乡、学校之间均衡发展的有效方式之一。现阶段，

县域内农村义务教育校际均衡发展战略研究

我国中小学校的数量和班额在城乡、学校之间存在很大差别，表现出义务教育资源配置和教育质量的不均衡倾向，所以合理布局、均衡配置县域内农村义务教育的办学资源尤为重要。

东北师范大学中国农村教育发展研究院发布的《中国农村教育发展报告（2015年）》指出，由于学龄人口不断向城镇聚集，义务教育城镇化率也从2009年的51.04%快速攀升到2014年的72.55%。农村义务教育总体上呈现出乡村小班小校和城镇大班大校并存的局面。①该报告认为，受农村学生上学距离变远影响，寄宿生数量不断增加。2014年农村小学和初中的寄宿率分别由2009年的11.67%和52.26%增加到2014年的16.25%和64.83%。农村寄宿生数量的增加，一方面无形加重了农村学生家庭的经济负担，另一方面也表明农村学校布局的不合理、不均衡。所以，合理布局，既要解决城镇学校生源拥挤、大班额严重、寄宿制学校的管理等城镇学校办学压力问题，又要解决好农村义务教育学校生源相对不足、教师资源短缺和变弱的新问题。这些问题给县域内义务教育城乡、校际均衡发展带来了新挑战，科学合理地调整学校布局刻不容缓。

首先，各级政府应该结合当地人口流动的规律、趋势和城市发展规划，将民办学校纳入本地区教育布局规划，科学合理布局义务教育学校。其次，加快探索建立乡村小规模学校办学机制和管理办法，增加教育经费投入，建设并办好寄宿制学校，优化布局寄宿制学校的配套设施建设，为学生提供舒适安全的居住环境。再次，慎重稳妥撤并乡村学校，努力消除城镇学校"大班额"，保障当地适龄儿童就近入学。加快探索建立乡村小规模学校办学机制和管理办法，加强义务教育民办学校管理。复次，深化教师人事制度改革，健全城乡教师和校长交流机制，健全义务教育治理体系，加强留守儿童的关爱教育。最后，加大县级政府的监督督导力度，提高农村义务教育的整体质量和水平。

---

① 山东省也存在同样的问题。2015年9月20日，山东省政府办公厅召开全省解决城镇普通中小学大班额问题电视会议。会议指出，山东省普通中小学共有班级约27.6万个，其中大班额约占11万个，超过40%。

第七章　县域内农村义务教育均衡发展的战略

（七）借助信息技术平台促进县域内农村义务教育校际均衡发展

随着信息技术的发展和应用，信息技术对教育发展的影响越来越明显、越来越重要，构建高水平的信息技术平台，精心设计课堂，促进学生深度理解，[①]并以此来服务于国家教育公平的理念追求，推进义务教育均衡发展。《国家中长期教育改革和发展规划纲要（2010—2020年）》认为，教育信息化在促进教育公平和实现优质教育资源广泛共享，提高教育质量和建设学习型社会，推动教育理念变革和培养具有国际竞争力的创新人才等方面具有独特而重要的作用，是实现我国教育现代化宏伟目标不可或缺的动力与支撑。而且把加强农村学校信息基础建设，缩小城乡数字化差距，作为国家2010—2020年间的重大项目和改革试点。可见，现代教育技术在义务教育均衡发展中的作用和地位越来越受到政府和研究者的重视，构建信息技术平台对促进县域内农村义务教育校际均衡发展具有重要的战略意义。

1. 利用教育信息化促进县域内农村义务教育校际教学资源均衡配置

硬件设施方面，首先，加大对农村学校计算机及机房的配备数量。其次，提高农村学校计算机及机房配备的质量，并提高其使用率。再次，加大多媒体网络教室的投入。软件建设方面，首先，建立城乡一体的电子图书资源库。其次，建构信息化共享机制，实现优质资源共享。再次，实施"班班通""校校通"工程。

2. 通过教育技术促进县域内农村义务教育教师资源的均衡配置

首先，通过信息技术平台提高农村学校教师专业能力。对于农村学校的教师来说，他们很少经过系统和专业的学习与培训，专业能力欠缺。通过建立便捷的交流互动的信息平台，农村学校的教师就可以

[①] 魏雪峰：《问题解决与认知模拟——以数学问题为例》，中国社会科学出版社2017年版，第191页。

和城市学校的优秀教师进行深入沟通,分享他们的教育教学经验和心得体会。农村学校的教师可以根据自己上课的时间和进度,自由地做出合理的安排,便于学生学习。这样,不仅实现了优质教育资源的共享,更是在一定程度上促进了城乡学校之间的均衡发展。其次,促进教师更好地掌握教育新思想、新技术。农村教师可以利用互联网信息平台,实时了解当前最新的教育思想和观念,获取最新、最热的教育资源,下载和借鉴高质量的课件和讲义,将这些丰富的资源运用在今后的课堂中,让学生们也同样享受这些优质的资源,提高学生们的学习质量。最后,实现县域内农村义务教育城乡、校际学生的同步上课。在农村学校,由于教师比较少,教师专业、学科比例失调,除语文和数学科目以外,很多科目形同虚设。远程互动教学的应用,可以使乡村和城市的学生不受地理条件的限制,同时听一个老师讲课,而且老师在课堂上可以和学生进行交流互动,使薄弱学校的学生和优质学校的学生享有同样的学习机会。

3. 通过信息技术平台提高社会教育资源利用率

社会教育资源是农村校际均衡发展不可或缺的因素,通过信息技术平台把这些资源充分合理利用,更有助于实现县域内农村义务教育的校际均衡发展。社会教育资源包括博物馆、科技馆、文化馆、图书馆、展览馆、少年宫、青少年校外活动场所、综合实践基地等。首先,县级政府要积极协调沟通,通过信息技术平台将这些社会教育资源与学校尤其是农村义务教育学校联网,保证它们通过信息技术平台向中小学生免费开放。其次,充分发挥信息技术优势,创设生活情境,满足学生需求。[①] 再次,借助信息技术平台,选择合适的社会教育资源作为中小学社会实践和校外活动基地,弥补学校自身教育资源的不足。

---

① 魏雪峰:《问题解决与认知模拟——以数学问题为例》,中国社会科学出版社2017年版,第176页。

（八）通过教育督导推进县域内农村义务教育校际均衡发展

县域内义务教育的校际均衡发展是一项系统的政府行为，为保证政府的有效决策和实施，必须建立一套行之有效的县域内义务教育均衡发展督导体系，对县域内义务教育的均衡发展进行实时监测，从而保证实现县域内义务教育均衡发展的目标，并通过教育督导来监督检查、指导督促，最终实现县域内义务教育的均衡发展。

1. 完善督导制度，推动县域内农村义务教育均衡发展，促进教育公平

完善的督导制度是推动县域内农村义务教育均衡发展、促进教育公平的制度保障。建立健全义务教育均衡发展的督导制度，保证督导制度的有效运行是县域内农村义务教育均衡发展的重要环节。

第一，义务教育发展基本均衡县的评估认定要遵守省级评估、国家认定的原则，国家教育督导团要对省级的评估工作进行指导和监督。

第二，严格县域内农村义务教育校际均衡发展的督导评估标准，以及县级人民政府推进义务教育均衡发展工作评估指标及要求。对县级政府均衡配置教育资源情况和入学机会、保障机制、教师队伍、质量与管理等方面的工作做出全面、客观的评价。

第三，强化督导的责任意识，完善监督问责机制。县级政府是县域内农村义务教育校际均衡发展的主要责任主体，因此督导过程中要尤其关注县级政府是否为农村义务教育发展提供了均衡的教育资源，以及对农村义务教育校际均衡发展提供资源的配置状况。

第四，建立督导检查结果向社会公布制度和限期整改制度，对于不能达到国家最低标准要求的县级政府应启动问责机制。

2. 省级政府要制定本省的评估标准和具体实施办法

根据教育部《县域义务教育均衡发展督导评估暂行办法》，省级人民政府应根据国家标准制定适合本省实际的县域义务教育均衡发展督导评估实施办法和评估标准，报国家教育督导团审核后实施。其

中，县域内农村义务教育校际均衡发展的评估标准不能随意降低要求。县级人民政府推进义务教育均衡发展工作评估总分为100分，评估得分在85分以上、小学和初中的差异系数分别小于或等于0.65和0.55的县，方可通过义务教育发展基本均衡县的评估认定。其具体程序为县级人民政府将其依据省级政府制定的义务教育均衡发展督导评估实施办法和评估标准，向省级政府提出评估申请，同时报送自评报告和复核报告。省级教育督导机构对申请评估的县进行督导评估，通过省级督导评估的县由省将有关材料报送国家教育督导团，申请审核认定。国家教育督导团对省报送的申请认定义务教育发展基本均衡县的相关材料进行审核，并组织实地检查。教育部根据国家教育督导团的审核结果，对义务教育发展基本均衡县进行认定，每年予以公布并授牌。国家教育督导团及省建立义务教育均衡发展监测和复查制度，对县域义务教育均衡发展状况进行监测，并对已进入名单的县进行复查。评估结束，要依据评估结果给予批评与奖励，把督导评价工作落实到实处。

3. 建设强有力的县域教育督导组织机构，为县域内农村义务教育校际均衡发展提供组织保障

首先，强有力的县域义务教育均衡发展督导组织机构，不仅有助于提升教育督导的组织能力，而且有助于更好地发挥教育督导机构的应有职能。只有建立完善的教育督导机构，才能够为各项督导工作顺利开展提供组织保障，从而推动义务教育的均衡发展。其次，建立专业化的督导队伍。专业化的督导队伍是教育督导科学化、规范化、专业化的保证，因此要严格选拔督导员，加强督导员的专业培训，为他们提供相应的教育基本理论知识、教育督导技术和方法等方面的帮助，推进教育督导队伍的专业化，保证教育督导工作的顺利进行。

4. 完善县域教育督导运行机制，促进县域内农村义务教育校际均衡发展

县域内农村义务教育的督导要制度化、常态化，要形成有效的县域内农村义务教育督导的运行机制。首先，健全督导信息的公开制

第七章 县域内农村义务教育均衡发展的战略

度。在开展义务教育校际均衡发展的督导中实行信息公开,让人们监督督导工作,更好地保障督导工作的进行。其次,完善督导评估的奖励和表彰制度。对督导评估验收合格的,报请市级人民政府,对推动促进农村义务教育校际均衡发展做出突出贡献的有关县级政府和责任人予以奖励和表彰。① 用奖励和表彰制度激励更多教师和领导投入义务教育均衡发展工作,推动县域内农村义务教育均衡发展的进程。

(九) 借力新型城镇化建设助推县域内农村义务教育校际均衡发展

我国正在进行的新型城镇化建设,既为进一步推进县域内农村义务教育校际均衡发展提供了新的契机,也为推进县域内农村义务教育校际均衡发展提出了新的挑战。当前我国农村义务教育的现状是教育水平普遍较低,办学条件、教师素养、管理水平与城镇相比差距均很大,其主要原因是农村地区的经济发展水平相对低于城镇化的发展水平。所以,借力新型城镇化建设的国家形势,统筹规划,充分发挥新型城镇化建设对县域内农村义务教育改革的重要作用,可以更好地推进县域内农村义务教育的校际均衡发展。

1. 新型城镇化建设促进了教育观念的转变,有利于县域内农村义务教育的校际均衡发展

新型城镇化建设不仅促进了我国经济结构的转型,也加速了人们教育观念的转变。首先,农村居民、农村学生家长原有的教育观念和认识随着新型城镇化的进程发生了转变。尤其是关于子女受教育的观念和认识,随着农民的市民化实现了转变、得到了提高,为农村学生享受平等的受教育机会提供了观念支持和保证。其次,新型城镇化的实现,不仅从根本上转变了农民传统的教育观念,而且为实现这种转变提供了坚实的制度、政策和经济保障,有助于实现县域内农村义务

---

① 杨国顺:《建立问责的督导评估考核机制:为义务教育均衡发展提供保障》,《上海教育》2011年第9期。

· 149 ·

教育的校际均衡发展。

2. 新型城镇化建设为县域内农村义务教育均衡发展提供了政策和经济保障

县域内农村义务教育校际均衡发展的关键问题是校际教育资源的合理配置。教育资源的合理配置需要大量的教育经费投入，这就需要借助新型城镇化建设的国策，增加农村地区的教育经费投入，解决农村地区校际不均衡发展的实际问题。现阶段农村义务教育发展不均衡的最突出矛盾，是广大受教育者公平接受高质量的义务教育的需要与满足这种需要的优质教育资源供给不足之间的矛盾。解决这种矛盾的关键，是通过增加教育经费投入促进优质教育资源的合理、均衡配置。我国新型城镇化建设的开展，可以更好地提高农村的生产力水平，促进农村经济的长效发展，提高城乡财政收入，可以更好地加大教育经费的投入，有利于教育经费向农村义务教育学校的倾斜，更好地解决农村义务教育经费短缺的问题，推动县域内农村义务教育的校际均衡发展。

3. 新型城镇化建设有助于吸引优秀教师，促进农村义务教育教师资源的合理配置

新型城镇化建设有力促进了农村经济的迅速发展，大大缩小了城乡之间的差距，为农村义务教育教师资源的合理配置提供了前提条件。从严格意义上来说，我国义务教育城乡、学校之间差异的根本表现是优质教师资源的不均衡配置，而教师资源不能均衡配置的关键是教师的待遇、生活环境的城乡差距，以及由于这种差距而带来教师资源的不合理流动和流失。新型城镇化建设不仅在经济发展方面体现城乡一体化态势，而且更主要的是实现了城乡人力资源的合理配备和流动。新型城镇化建设不仅能够实现城乡之间优质教师资源的合理配置和流动，而且也有助于县域内农村义务教育教师资源校际均衡配置，有助于县域内农村义务教育校际均衡发展。

附录1　关于县域内义务教育校际均衡发展调查问卷（教师卷）

尊敬的老师：

您好！非常感谢您抽出宝贵的时间参与我们的调查。此次调查目的在于准确了解教师职业发展现状，为教育部的相关决策提供学理依据。本次调查为匿名填写，不涉及对教师个人工作情况的评价，请您根据实际情况填写。

若题目没有特殊说明，均为单选题，请您将答案涂在答题卡上，感谢您的支持！

1. 您的性别是：（　　）

    A. 男　　　　　　　　　　B. 女

2. 您的年龄是：_____周岁；您的教龄是：_____年；在目前的学校任教_____年，在农村任教_____年

3. 您的民族是：（　　）

    A. 汉族　　　　　　　　　B. 少数民族

4. 您的政治面貌是：（　　）

    A. 中共党员　　　　　　　B. 民主党派

    C. 共青团员　　　　　　　D. 群众

5. 您的婚姻状况是：（　　）

    A. 已婚　　　　　　　　　B. 未婚

6. 您有孩子吗？（　　）

    A. 有　　　　　　　　　　B. 没有

7. 您任教时的第一学历是：（　　）；您的最高学历是：（　　）

　　A. 研究生　　　　B. 本科　　　　C. 大专

　　D. 中专/中师　　E. 高中　　　　F. 初中

　　G. 小学及以下

8. 您第一学历毕业院校属于：_____；您是哪一年毕业的_____

　　A. "985"高校　　　　　　　　B. 非"985""211"或部属高校

　　C. 非"211"省属重点本科高校　D. 省属普通本科高校

　　E. 独立学院或民办本科院校　　F. 大专院校

　　G. 中专/中师　　　　　　　　H. 高中

　　I. 初中　　　　　　　　　　　J. 小学

9. 您第一学历毕业院校所在地是：（　　）

　　A. 省会城市　　B. 地级城市　　C. 县城（县级市）

　　D. 镇（乡）　　E. 村（屯）

10. 您获得第一学历的院校属于：（　　）

　　A. 师范类　　　　　　　　　　B. 非师范类

11. 您的专业是否为师范类：（　　）

　　A. 是　　　　　　　　　　　　B. 否

12. 您的所学专业是：（　　）

　　A. 中文　　　B. 数学　　　C. 外语　　　D. 历史

　　E. 地理　　　F. 物理　　　G. 化学　　　H. 政治

　　I. 生物　　　J. 音乐　　　K. 美术　　　L. 体育

　　M. 教育学　　N. 心理学　　O. 计算机　　P. 其他

13. 您的住处离学校路途多远：_____公里，每月往返学校交通费_____元，学校每月补助_____元

14. 您父亲的文化程度：（　　）；您母亲的文化程度：（　　）

　　A. 小学及以下　　B. 初中　　　C. 高中　　　D. 中专

　　E. 大专　　　　　F. 本科　　　G. 研究生

15. 您父亲的职业是：（　　）；您母亲的职业是：（　　）

　　A. 商业服务业员工

附录1　关于县域内义务教育校际均衡发展调查问卷（教师卷）

B. 农民工

C. 农民（农、林、牧、渔等生产人员）

D. 教师

E. 村干部

F. 党政军机关、事业单位或国企普通员工

G. 工人

H. 个体工商户

I. 党政军机关、事业单位或国企负责人

J. 医生等专业技术人员

K. 私营企业主

L. 城市无业、失业和半失业者

16. 您父母的家庭所在地：（　　）

A. 村（屯）　　B. 镇（乡）　　C. 县城（县级市）

D. 地级城市　　E. 省会城市

17. 您父母家庭所在地与您目前的任教学校属于：（　　）

A. 同一个镇（乡）

B. 同一个县（县级市）

C. 同一个地级城市

D. 在同一个省（自治区/直辖市）

E. 不在一个省（自治区/直辖市）

18. 您目前任教的学校位于：（　　）

A. 村（屯）　　B. 镇（乡）　　C. 县城（县级市）

D. 地级城市　　E. 省会城市

19. 您目前任教的学校属于：（　　）

A. 教学点　　　　　　　　B. 小学

C. 初中　　　　　　　　　D. 九年一贯制

20. 您目前的教师身份是：（　　）

A. 本校在编教师　　B. 代课教师　　C. 特岗教师

D. 轮岗教师　　　　E. 支教教师

21. 您在学校兼任的职务：（　　）

　　A. 班主任　　　　B. 副班主任　　C. 生活教师

　　D. 其他　　　　　E. 无

22. 您目前的职称是：（　　）（请在下列选项中选择），晋升时间是_____年。您上一次晋升的职称是（　　）（请在下列的选项中选择），晋升时间是_____

　　A. 中学高级　　　B. 中学一级　　C. 中学二级

　　D. 中学三级　　　E. 小学高级　　F. 小学一级

　　G. 小学二级　　　H. 小学三级　　I. 未评职称

23. 您的荣誉称号是：（　　）

　　A. 普通教师

　　B. 学校优秀教师/先进个人

　　C. 县级骨干教师/学科带头人

　　D. 市级骨干教师/学科带头人

　　E. 省级骨干教师/学科带头人

　　F. 特级教师

24. 您所教学科是（如任教多个学科，请多选）：（　　）

　　A. 语文　　　　　B. 数学　　　　C. 外语　　　　D. 历史

　　E. 地理　　　　　F. 物理　　　　G. 化学　　　　H. 生物

　　I. 音乐　　　　　J. 美术　　　　K. 科学　　　　L. 综合实践

　　M. 信息技术　　　N. 地方课程　　O. 体育/体育与健康

　　P. 品德与社会/品德与生活/思想品德　　　　Q. 其他

25. 您在教学需要使用设备或教具时能否及时使用到：（　　）

　　A. 能　　　　　　　　　　　　　　B. 否

26（1）您目前担任哪些年级的教学工作（如任教多个年级，请多选）？（　　）

　　A. 一年级　　　　B. 二年级　　　C. 三年级

　　D. 四年级　　　　E. 五年级　　　F. 六年级

　　G. 七年级（初一）　　　　　　　H. 八年级（初二）

附录1 关于县域内义务教育校际均衡发展调查问卷(教师卷)

I. 九年级（初三）

26（2）您所教的班级平均有多少名学生？_____名

26（3）根据您的教学工作经验，您觉得班级规模多大最适宜开展教学？_____名学生

26（4）您觉得教一个班的工作量和教两个同年级平行班的工作量，后者是前者的几倍？（　　）

A. 1.1 倍　　　　B. 1.2 倍　　　　C. 1.3 倍　　　　D. 1.4 倍

E. 1.5 倍　　　　F. 1.6 倍　　　　G. 1.6 倍　　　　H. 1.7 倍

I. 1.8 倍　　　　J. 1.9 倍　　　　K. 2 倍

27. 您每月总收入_____元；其中，基本工资：_____元；绩效工资：_____元；其他：_____元。

28. 就您目前的工作强度和能力来说，您期望每月收入达到：_____元。

29. 您认为教师在当地的社会地位属于（　　）；您目前的月收入水平在当地处于（　　）。

A. 上等　　　　B. 中上等　　　　C. 中等

D. 中下等　　　E. 下等

30. 您对以下各项的满意程度，请在相应位置打"√"。

	非常满意	比较满意	一般	不太满意	很不满意
目前工资	1	2	3	4	5
福利待遇	1	2	3	4	5
保险与公积金	1	2	3	4	5
周转房	1	2	3	4	5
培训机会	1	2	3	4	5
职称晋升机会	1	2	3	4	5
考核与评奖	1	2	3	4	5
工作负担度	1	2	3	4	5
学校硬件	1	2	3	4	5
学校文化	1	2	3	4	5
领导对您的信任与支持	1	2	3	4	5

31. 您在2011年参加县级以上（包括县级）培训的次数：_____

32. （此题仅为农村教师回答）您最初去农村任教的最主要原因是：（   ）

  A. 个人价值体现   B. 工作压力小

  C. 照顾家庭   D. 父母意愿

  E. 喜欢农村环境   F. 农村生活成本低

  G. 政策要求   H. 无奈的选择

  I. 农村学校有编制   J. 其他

33. 您是以何种方式到本校工作的：（   ）

  A. 毕业直接分配   B. 教育事业单位招考

  C. 上级主管部门人事调动   D. 被学校引进

  E. 临时代课   F. 民办或代课教师转正

  G. 城乡交流   H. 其他行业调入

  I. 参加选调考试   J. 免费师范生

  K. 特岗计划分派   L. 接班

  M. 其他

34. （限选3项）在您的工作和生活当中，您最在意：（   ）

  A. 工资水平   B. 考核与评奖

  C. 周转房   D. 离县城距离

  E. 培训机会   F. 学校硬件条件

  G. 保险与公积金   H. 离家距离

  I. 子女教育   J. 工作负担度

  K. 职称晋升机会   L. 学校文化

  M. 领导赏识与支持   N. 承认与尊重

  O. 其他

35（1）您参加工作以来，是否在其他学校任教过？（   ）

  A. 是（如果是，请回答37.1—37.3题）

  B. 否

35（2）原来学校地点在：（   ）

附录1　关于县域内义务教育校际均衡发展调查问卷(教师卷)

A. 村（屯）　　　B. 镇（乡）　　　C. 县城（县级市）

D. 地级城市　　　E. 省会城市

35（3）原来学校的教学质量与现在学校的相比：（　　）

A. 好很多　　　B. 好一点　　　C. 基本差不多

D. 差一点　　　E. 差很多

35（4）离开原来学校的主要原因是：（　　）

A. 上班方便　　　　　　　B. 孩子上学

C. 婚恋问题　　　　　　　D. 不适应当地生活习惯

E. 提高工资　　　　　　　F. 提高职称

G. 工作压力太大　　　　　H. 不能胜任原来学校工作

I. 人际关系处理不好

J. 工作出色没有得到奖励或认同

36. 您周围转到其他学校的教师所去学校的教学质量与本校相比：（　　）

A. 没有流动过　　B. 好很多　　C. 好一点

D. 基本差不多　　E. 差一点　　F. 差很多

37. 您周围转到其他学校的教师在本校教师队伍中水平如何？（　　）

A. 没有流动过　　B. 非常优秀　　C. 比较优秀

D. 一般　　　　　E. 水平较差　　F. 水平很差

38.（限选3项）您周围的教师流动主要是因为：（　　）

A. 上班方便　　　　　　　B. 孩子上学

C. 婚恋问题　　　　　　　D. 不适应本地生活习惯

E. 提高工资　　　　　　　F. 提高职称

G. 工作压力太大　　　　　H. 不能胜任当前学校工作

I. 人际关系处理不好

J. 工作出色没有得到奖励或认同　　K. 没有流动过

39. 如果有机会，您想转到什么地区的学校？（　　）

A. 省会城市　　　　　　　B. 地级城市

C. 县城（县级市） D. 镇（乡）
E. 村（屯） F. 不想流动

40. 如果有机会，您想转到的学校教学质量与现在学校相比？（   ）

　　A. 好很多　　　B. 好一点　　　C. 基本差不多
　　D. 差一点　　　E. 差很多　　　F. 不想流动

41. 您获得下列哪些奖励可以打消你流动的念头？（   ）

　　A. 金钱或物质奖励　　　　B. 推荐参加更高级别的评奖
　　C. 提升职称　　　　　　　D. 晋升职务
　　E. 转入重点班级教学　　　F. 不想流动

42. 如果有机会，您想跳出教育行业吗？（   ）

　　A. 非常想　　　B. 比较想　　　C. 无所谓
　　D. 不太想　　　E. 根本不想

43. 如果建立教师交流制度，流向偏远地区或薄弱学校，您最希望在哪方面得到补偿或方便：（   ）

　　A. 工资方面　　B. 职称方面　　C. 住房方面
　　D. 交通方面　　E. 子女教育方面

44. 如果建立城乡教师交流制度，您希望流动年限是_____

45. （限选3项）您认为促成教师向上流动的自身条件中，最关键的因素是：（   ）

　　A. 教学教研成果因素　　　B. 学历因素
　　C. 职称因素　　　　　　　D. 行政职务因素
　　E. 人脉因素　　　　　　　F. 经济投入
　　G. 性别因素　　　　　　　H. 其他

46. 如果通过发放农村教师特殊津贴，从而提高其待遇和工作积极性，并吸引优秀教师留在农村，考虑到学校的艰苦边远程度，您认为给乡镇学校、村小、教学点教师发放特殊津贴的额度多少比较合理？乡镇学校：_____元/月；村小：_____元/月；教学点：_____元/月

附录1 关于县域内义务教育校际均衡发展调查问卷(教师卷)

47. 您觉得农村教师每月收入应达到_____元,县城教师每月收入应达到_____元,城市教师每月收入应达到_____元

48. 您对艰苦边远地区的印象是什么?以下表格中是对"艰苦边远地区"的一些描述,请您根据自己对于艰苦边远地区的印象在相应表格里面打"√"。

	非常符合	比较符合	符合	不太符合	完全不符合
①网络等信息渠道不通畅	1	2	3	4	5
②人口很少	1	2	3	4	5
③地处山区高原等,自然条件恶劣	1	2	3	4	5
④交通不便	1	2	3	4	5
⑤水、电等基本生活物资匮乏	1	2	3	4	5
⑥和外界交流困难	1	2	3	4	5
⑦经济发展水平很低	1	2	3	4	5
⑧缺乏公共服务设施	1	2	3	4	5
⑨整体文化程度低	1	2	3	4	5

49(1) 依据第50题您理解的艰苦边远地区,您是否愿意去艰苦边远地区任教:(   )

A. 愿意

B. 不愿意[如果不愿意去,请您回答49(2)—49(4)题]

49(2) 您不愿意去的原因是:(   )

A. 工资水平　　　B. 周转房　　　C. 子女教育

D. 婚姻家庭　　　E. 父母意愿　　F. 离家距离

G. 生活环境　　　H. 社会地位　　I. 培训与职称晋升机会

J. 学校硬件　　　K. 教学氛围　　L. 其他

49(3) 如果提高农村艰苦边远地区教师工资,您是否愿意去:(   )

A. 愿意　　　　　　　　　　　　B. 不愿意

49(4) 每月工资收入达到_____元,您愿意去农村艰苦边远地

· 159 ·

区任教，在工资收入提高的情况下，你打算在那里工作_____年

50. 根据您对以下各项的同意程度，在相应位置打"√"。

	非常同意	同意	不同意	非常不同意
①对于我来说，计算机对工作非常重要	1	2	3	4
②利用计算机工作和休闲是有趣的事	1	2	3	4
③利用计算机工作是因我对计算机感兴趣	1	2	3	4
④我经常因为使用计算机而忘记时间	1	2	3	4

51. 您每天在学校用电脑的时间约是（　　）小时？您每天在家里用电脑的时间约是（　　）小时？

　　A. 从不用　　　B. 0.5 以下　　C. 0.5—1

　　D. 1—2　　　　E. 多于 2

52. （可多选）您在家中，利用计算机做什么？

　　A. 看新闻　　　B. 看书　　　　C. 查找资料

　　D. 查邮件　　　E. 听音乐　　　F. 看电影

　　G. 玩游戏　　　H. 和同事聊天　I. 和亲友聊天

　　J. 工作　　　　K. 其他

53. 您是否有信心在教学中有效地应用计算机等信息技术？（　　）

　　A. 很有信心　　　　　　　　B. 不是很有信心

　　C. 没有信心　　　　　　　　D. 不清楚

54. （可多选）您是如何在工作中利用计算机等信息技术的？（　　）

　　A. 不用　　　　　　　　　　B. 电子教案设计

　　C. 课堂演示　　　　　　　　D. 学生自主学习

　　E. 科研信息　　　　　　　　F. 教学资源检索

　　G. 同事之间联络　　　　　　H. 学生管理和评价

附录1　关于县域内义务教育校际均衡发展调查问卷(教师卷)

I. 其他用途

55.（可多选）您在教学中利用计算机等信息技术的原因是：(　　)

　A. 个人兴趣爱好　　　　　　B. 提高课堂教学效率

　C. 提高学生积极性　　　　　D. 有丰富的教学资源

　E. 受过相关培训　　　　　　F. 学校的规定

　G. 设备使用方便　　　　　　H. 专业技术人员帮助

　I. 其他

56.（可多选）您希望得到的数字化教学资源包括：(　　)

　A. 教育政策和新闻　　　　　B. 信息技能学习资料

　C. 电子教案　　　　　　　　D. 教学课件

　E. 教学内容相关信息　　　　F. 教研信息资料

　G. 其他

57.（可多选）在应用信息技术促进教学方面，目前您需要得到的帮助主要是（　　）？

　A. 理论指导　　　　　　　　B. 技能指导

　C. 教学实践指导　　　　　　D. 信息技术支持

　E. 设备管理人员和制度配套　F. 设备更新和维护

　G. 其他

58. 请说明您在工作中对下列设施和设备的利用频率，请在相应的方框内打"√"。

	几乎每节课	大部分课	小部分课	几乎不用	不用	没有
录音机	1	2	3	4	5	6
电视机	1	2	3	4	5	6
教室中的计算机	1	2	3	4	5	6
微机室	1	2	3	4	5	6
多媒体教室	1	2	3	4	5	6

59. （可多选）您参加过哪些信息技术教学应用的活动？（   ）

　　A. 信息技术教学观摩课　　　　B. 信息技术培训

　　C. 信息技术研讨会　　　　　　D. 专家报告

　　E. 课件制作比赛　　　　　　　F. 校内教师研讨

60. （可多选）教师信息技术培训中存在的问题是：（   ）

　　A. 教学任务重　　　　　　　　B. 机会少

　　C. 培训技术性内容太难　　　　D. 花销大

　　E. 时间太长　　　　　　　　　F. 路途远

　　G. 教学实践内容缺乏　　　　　H. 学校不支持

　　I. 其他原因　　　　　　　　　J. 没参加过

61. 您对于学生利用网吧的态度是：（   ）

　　A. 支持　　　　　　　　　　　B. 中立

　　C. 反对　　　　　　　　　　　D. 说不清

62. 您对于学生在学校用手机的态度是：（   ）

　　A. 支持　　　　　　　　　　　B. 中立

　　C. 反对　　　　　　　　　　　D. 说不清

63. 您去学校或家庭附近的书店或报刊亭的频率是：（   ）

　　A. 没有　　　B. 经常去　　　C. 偶尔去

　　D. 几乎不去　　E. 根本不去

64. 在您家中，以下设备的数量，请在相应的方框内打"√"。

	没有	一个	两个	三个以上
手机	1	2	3	4
电视	1	2	3	4
计算机	1	2	3	4

65. （每项可多选）您的下列技能主要来自于哪里？在相应位置打"√"。

附录1 关于县域内义务教育校际均衡发展调查问卷(教师卷)

技能＼来源	不会	同事	培训	家人	朋友	自学
打字	1	2	3	4	5	6
电子讲稿	1	2	3	4	5	6
网络搜索	1	2	3	4	5	6
手机短信	1	2	3	4	5	6
网络聊天	1	2	3	4	5	6
电脑游戏	1	2	3	4	5	6

66.（可多选）影响您在学校中利用计算机教学的因素包括：（　　）

A. 设备陈旧　　　　　　　　B. 数量少

C. 其他人打扰　　　　　　　D. 网速慢

E. 管理人员态度差　　　　　F. 使用地点限制

G. 使用时间限制　　　　　　H. 操作不熟练

I. 缺乏专业人员指导　　　　J. 软件故障

K. 键盘鼠标故障　　　　　　L. 主机硬件故障

67. 如果您是信息技术课教师，请回答本题，如果不是请跳过。
信息技术课教学中存在的问题包括（可多选）：（　　）

A. 设备陈旧　　　　　　　　B. 可用机器不足

C. 网速慢　　　　　　　　　D. 设备故障率高

E. 设备维护困难　　　　　　F. 教材内容旧

G. 课时少　　　　　　　　　H. 培训少

I. 学生没兴趣　　　　　　　J. 学生评价困难

K. 学生差异大　　　　　　　L. 其他

请您仔细核对以上题目，以免漏答，再次感谢您的合作！祝您工作愉快！

附录2　关于县域内义务教育校际均衡发展调查问卷（学生卷）

亲爱的同学：

　　你好！

　　感谢你能够抽出时间对本问卷进行作答，本问卷的主题是想对你的学习和生活情况进行一些基本了解，问题没有对错之分，你只需依据你的实际情况作答即可。本问卷采取不记名方式，不会对你的学习和生活产生影响，我们也保证会严格保护你的隐私，不会泄露给任何人，包括你的家长和教师。再次感谢你的配合，谢谢！

　　_____市_____县（区）_____镇（乡）_____村　学校名称_____

一　基本信息

1. 你的性别是（　　）。
   A. 男生　　　　　　　　　　　B. 女生
2. 你是哪个民族？（　　）
   A. 汉族　　　B. 蒙古族　　　C. 回族　　　D. 土家族
   E. 苗族　　　F. 布依族　　　G. 侗族　　　H. 白族
   I. 东乡族　　J. 藏族　　　　K. 羌族　　　L. 瑶族
   M. 维吾尔族　N. 其他民族
3. 你现在是（　　）。

附录2　关于县域内义务教育校际均衡发展调查问卷(学生卷)

A. 一年级　　　　　B. 二年级　　　　　C. 三年级

D. 四年级　　　　　E. 五年级　　　　　F. 六年级

G. 七年级（初一）　　　　　　　H. 八年级（初二）

I. 九年级（初三）

4. 你家住在（　　）。

A. 村子里　　　　　　　　　　　B. 镇里

C. 县城里　　　　　　　　　　　D. 城市里

5. 你家里总共有几口人？（　　）

A. 1　　　　　　　B. 2　　　　　　　C. 3

D. 4　　　　　　　E. 5　　　　　　　F. 5人以上

6. 据你所知，爸爸上过（　　）年学；你妈妈上过（　　）年学。

A. 没上过学　　　B. 1年　　　　C. 2年　　　　D. 3年

E. 4年　　　　　F. 5年　　　　G. 6年　　　　H. 7年

I. 8年　　　　　J. 9年　　　　K. 10年　　　　L. 11年

M. 12年　　　　N. 13年　　　　O. 14年　　　　P. 15年

Q. 15年以上

7. 你父亲的工作（　　）；你母亲的工作（　　）。

A. 农民　　　　　　B. 农民工　　　　　C. 村干部

D. 教师　　　　　　E. 专业技术人员（如医生、护士、律师等）

F. 政府工作人员　　G. 服务员　　　　　H. 公司员工

I. 商人（做生意的）　　　　　　　J. 城市里无工作者

二　单选题（以下每道题目只能选择一个选项）

8. 上学的时候，你每天晚上住在（　　）。

A. 自己家　　　　　　　　　　　B. 亲戚家

C. 学校宿舍　　　　　　　　　　D. 校外租房

9. 你通常每天是怎么到学校的？（　　）

A. 步行　　　　　　　　　　　　B. 自行车（电动车）

· 165 ·

C. 摩托车 D. 公交车

E. 坐校车 F. 自家的汽车（轿车）

G. 坐租用的面包车、三轮车等

H. 畜力车（马车或者驴车等） I. 其他

10. 通常情况下，你每天早上到学校后感觉（　　）。

A. 非常累，上课一直会犯困

B. 比较累，上课经常会犯困

C. 一般，上课有时会犯困

D. 比较轻松，上课比较精神

E. 非常轻松，上课非常精神

11. 通常在上学期间，你每天睡午觉吗？（　　）

A. 天天睡 B. 多数时候睡

C. 多数时候不睡 D. 从来不睡

12. 一般而言，你每次午觉大约睡多长时间？（　　）

A. 不睡午觉 B. 半小时以内

C. 半小时到一小时 D. 一小时以上

13. 通常情况下，在帮家里干完活之后，你感觉（　　）。

A. 非常累 B. 比较累 C. 有点累

D. 一点都不累 E. 不帮家人干活

14. 你在家看电视的情况是（　　）。

A. 每天都看 B. 经常看 C. 较少看

D. 很少看 E. 从来不看

15. 多数情况下，你每次看电视的时间有多长？（　　）

A. 不到 1 小时 B. 1—2 小时 C. 2—3 小时

D. 3 小时以上 E. 不看电视

16. 除学校规定的体育活动外（早操、课间操、体育课等），你自己进行体育锻炼吗？（　　）

A. 天天锻炼 B. 经常锻炼 C. 较少锻炼

D. 很少锻炼 E. 从不锻炼

附录2 关于县域内义务教育校际均衡发展调查问卷(学生卷)

17. 你每天进行体育锻炼的时间总共大约有多长?（   ）

A. 1 个小时以内　　　　　　　　　B. 1—2 个小时

C. 2—3 个小时　　　　　　　　　　D. 3 个小时以上

18. 你每天的体育锻炼是怎样进行的?（   ）

A. 每天只进行一次集中锻炼

B. 少量多次,每天进行多次

C. 不进行体育锻炼

19. 放学后你和同学在室外活动的情况是（   ）。

A. 总是　　　　B. 经常　　　　C. 较少

D. 很少　　　　E. 从不

20. 每天放学后除写家庭作业外,你进行最多的活动是（   ）。

A. 看电视　　　B. 打电子游戏　　C. 和同伴在室外活动

D. 帮家人干活　　E. 继续学习或阅读课外读物

21. 每天上学的时候,你感觉你的书包重不重?（   ）

A. 非常重　　　B. 比较重　　　C. 一般

D. 比较轻　　　E. 非常轻

22. 近半年来,你参加过几个课外辅导班?（   ）

A. 没参加过　　B. 1 个　　　　C. 2 个

D. 3 个　　　　E. 4 个及以上

23. 你参加过的辅导班,通常是在什么时间上课的?（   ）

A. 只在每天放学后　　　　　　　　B. 只在周末

C. 只在寒假或暑假　　　　　　　　D. 每天放学后和周末

E. 每天放学后和寒暑假　　　　　　F. 周末和寒暑假

G. 没参加过辅导班

24. 你感到你的学习压力大吗?（   ）

A. 非常大　　　B. 比较大　　　C. 一般

D. 比较小　　　E. 非常小

25. 多数情况下,你每天的自习课是怎么上的?（   ）

A. 自己自由支配　　　　　　　　　B. 老师安排任务

· 167 ·

C. 老师讲课

26. 你平时上课的注意力（　　）。

　　A. 总是很集中　　B. 经常很集中　　C. 较少能集中

　　D. 很少能集中　　E. 从不能集中

27. 在写完家庭作业后，通常你感觉（　　）。

　　A. 非常累　　B. 比较累　　C. 一般

　　D. 比较轻松　　E. 非常轻松

28. 在家的时候，你会安排好时间去学习吗？（　　）

　　A. 不会　　　　　　　　　　B. 家人给安排

　　C. 家人和我商量着安排　　　D. 自己主动安排

29. 平时在家，主要是谁在督促你的学习？（　　）

　　A. 爸爸　　B. 妈妈　　C. 爸爸和妈妈

　　D. 家里其他人（如爷爷、奶奶，或其他家人）

　　E. 其他人（辅导老师，家教等）

　　F. 没人督促

30. 对于家人对你的期望，你感到（　　）。

　　A. 非常有压力　　B. 比较有压力　　C. 一般

　　D. 基本没压力　　E. 完全没压力

31. 当遇到你不会的题时，你通常会感到（　　）。

　　A. 非常焦急　　B. 比较焦急　　C. 一般

　　D. 比较放松　　E. 非常放松

32. 考试临近的时候，你通常会感到（　　）。

　　A. 非常焦虑　　B. 比较焦虑　　C. 一般

　　D. 比较放松　　E. 非常放松

33. 当遇到一件你没有把握完全能做好的事情时，你通常会选择（　　）。

　　A. 逃避，不去干　　　　　　B. 接受，干好干坏无所谓

　　C. 接受，尽力做到最好

34. 当遇到一件你没有把握完全能做好的事情时，你通常会感觉

附录2 关于县域内义务教育校际均衡发展调查问卷(学生卷)

( )。

    A. 非常焦虑　　　B. 比较焦虑　　　C. 一般

    D. 比较放松　　　E. 非常放松

35. 你觉得自己和班里同学的关系怎么样?(　　)

    A. 只和几个同学关系挺好　　　B. 和很多同学关系挺好

    C. 班里同学都和我关系挺好

36. 当教师让你在全班同学前讲话的时候,你通常感觉(　　)。

    A. 非常紧张　　　B. 比较紧张　　　C. 一般

    D. 比较放松　　　E. 非常放松

37. 通常在做一件事的时候,和周围同学相比,你觉得自己( )。

    A. 干得比他们都好　　　B. 干得比绝大多数人好

    C. 处于中间水平　　　D. 比多数人干得稍差一点

    E. 大家都比我干得好

38. 你知道在上课时,什么坐姿是正确的吗?(　　)

    A. 知道,我总是保持正确坐姿

    B. 知道,但我通常不去注意这些

    C. 不知道

39. 你早上上学迟到的情况(　　)。

    A. 总是迟到　　　B. 经常迟到　　　C. 很少迟到

    D. 偶尔迟到　　　E. 从不迟到

40. 在每天做完家庭作业之后,你会进行检查吗?(　　)

    A. 自己主动检查　　B. 家人要求检查我再检查

    C. 不检查

41. 你认为你到学校来学习是因为(　　)。

    A. 家人的要求　　　B. 不上学在家没事干

    C. 给家人争光　　　D. 想学习知识

42. 如果干一件你不感兴趣的事情,你能坚持把它干完吗?(　　)

    A. 总是能　　　B. 经常能　　　C. 较少能

D. 很少能　　　　　E. 总不能

43. 通常情况下，你坚持做完自己不感兴趣的事情是因为（　　）。

　　A. 觉得这件事有意义

　　B. 别人（教师、家人等）要求，不得不做

　　C. 没坚持做完过

44. 你去家或学校附近书店和报刊亭等地方的频率是（　　）。

　　A. 没有　　　　B. 经常去　　　　C. 偶尔去

　　D. 几乎不去　　E. 根本不去

45. 你可以用的手机是哪种类型？（　　）

　　A. 没有　　　　　　　　　　B. 能上网的

　　C. 不能上网的　　　　　　　D. 不清楚

46. 在你家中，是否有你可以用的计算机？（　　）

　　A. 是　　　　　　　　　　　B. 否

47. 你每天在家中利用计算机的时间大概是多少？（　　）

　　A. 没有计算机　　　　　　　B. 几乎不用

　　C. 不到1个小时　　　　　　 D. 1—3个小时

　　E. 3—5个小时　　　　　　　F. 5个小时以上

48. 你每天在家中玩电脑游戏的时间是（　　）。

　　A. 家里没有电脑　　　　　　B. 不玩

　　C. 不到1个小时　　　　　　 D. 1—3个小时

　　E. 3—5个小时　　　　　　　F. 5个小时以上

49. 家长是否允许你在家里玩电脑游戏？（　　）

　　A. 家里没有电脑　　B. 允许　　　　C. 不允许

　　★注意：第50—64题为乘车上学的学生填答，如果你不是乘车上学，请不要填答。

50. 你从几年级开始乘车上学的？（　　）

　　A. 一年级　　　B. 二年级　　　C. 三年级

　　D. 四年级　　　E. 五年级　　　F. 六年级

　　G. 七年级　　　H. 八年级　　　I. 九年级

附录2 关于县域内义务教育校际均衡发展调查问卷(学生卷)

51. 你乘车上下学的频率是怎样的?(　　)

　　A. 每天都乘车　　　　　　　　B. 每周一次

　　C. 半个月一次　　　　　　　　D. 每月一次

52. 你上学乘坐的车能保证每一位学生都有一个独立的座位吗?(　　)

　　A. 每个人都有一个座位

　　B. 不一定,有时候有,有时候没有

　　C. 几个人坐一个座位

53. 随车教师或司机是否要求你在乘车期间系上安全带?(　　)

　　A. 总是要求　　　B. 经常要求　　　C. 很少要求

　　D. 从不要求　　　E. 没有安全带

54. 在乘车的过程中,你是否觉得车很拥挤?(　　)

　　A. 非常拥挤　　　　　　　　　B. 较拥挤

　　C. 每人一座　　　　　　　　　D. 座位有剩余

55. 你上学所乘坐的车是否有学生站着?(　　)

　　A. 是　　　　　　　　　　　　B. 否

56. 你乘车上学到校后是否有疲劳感?(　　)

　　A. 非常累　　　B. 比较累　　　C. 一般

　　D. 比较轻松　　E. 非常轻松

57. 在乘车的过程中,你们主要做什么?(　　)

　　A. 和同学聊天　　　　　　　　B. 老师组织大家活动

　　C. 打瞌睡　　　　　　　　　　D. 什么都没做

58. 在乘车过程中是否有随车教师陪同?(　　)

　　A. 有,1名教师陪同　　　　　　B. 有,2名教师陪同

　　C. 有,2名以上教师陪同　　　　D. 无

59. 随车教师负责的主要事情是(　　)。

　　A. 上下车清点人数　　　　　　B. 组织大家活动

　　C. 什么也没做　　　　　　　　D. 没有随车教师

60. 据你所知,你每坐一次车需要花费多少钱?(　　)

A. 不需要费用 　　B. 不到 1 元 　　C. 1.0—1.5 元

D. 1.6—2.0 元 　　E. 2.1—2.5 元 　　F. 2.6—3.0 元

G. 3 元以上 　　　H. 不清楚

61. 你所在的学校是否经历过学校布局调整？（　　）

A. 是

B. 否（如果选 B 项，第 62 题可以不用作答）

62. 在学校撤并之前，你上学需要花费的时间为_____分钟/单程，家庭距离学校的距离为_____里路。

63. 在没有坐车上学之前，你每次上学需要花费的时间为_____分钟。

64. 你上学时乘坐车的地点与你家的距离，走路需要花费_____分钟。

★注意：第 65—77 题为在学校住宿的学生填答，如果不是住宿生，请不要填答。

65. 你喜欢住在学校吗？（　　）

A. 喜欢 　　　　　　　　　　B. 不喜欢

66. 如果让你选择，你更愿意住在家里还是学校（　　）。

A. 家里 　　B. 学校 　　C. 无所谓

67. 你在学校一天吃几次饭（包括课间餐和夜宵）？（　　）

A. 一次 　　B. 两次 　　C. 三次

D. 四次 　　E. 五次 　　F. 不吃

68. 在学校吃饭能吃饱吗？（　　）

A. 每次都能 　　　　　　　　B. 有时能，有时不能

C. 经常吃不饱 　　　　　　　D. 每次都吃不饱

69. 你在住校期间经常买零食吃吗？（　　）

A. 经常买 　　B. 有时买 　　C. 不买

D. 想买但学校及周围没有卖零食的地方

E. 老师统一发

70. 你在学校每月吃饭花多少钱？（　　）

附录2 关于县域内义务教育校际均衡发展调查问卷(学生卷)

A. 60 元以下　　　B. 60—100 元　　C. 100—150 元

D. 150 元以上　　E. 不清楚

71. 你们宿舍楼的窗户有没有防护栏?（　　）

A. 只有一楼有　　B. 每层楼都有　　C. 没有

72. 在学校,遇见不认识的人问话时你会（　　）。

A. 转身就跑　　　B. 礼貌回答　　　C. 站着不说话

73. 晚上睡觉的时候有老师在宿舍吗?（　　）

A. 每屋都有　　　　　　　　　B. 每层楼都有

C. 整个楼才有　　　　　　　　D. 没有

74. 你喜不喜欢照顾你们生活的老师?（　　）

A. 喜欢　　　　　　　　　　　B. 不喜欢

C. 无所谓　　　　　　　　　　D. 没有老师照顾我们生活

75. 在学校生病的时候最想要谁来照顾你?（　　）

A. 老师　　　　　　　　　　　B. 同学

C. 亲人　　　　　　　　　　　D. 自己照顾自己就好

76. 你会把不高兴的事情最先告诉谁?（　　）

A. 老师　　　　B. 同学　　　　C. 亲人

D. 不认识的人　E. 不会告诉别人

F. 没有不高兴的事

77. 当你在学校被欺负的时候你会怎么办?（　　）

A. 忍着　　　　B. 告状　　　　C. 打架　　　D. 讲道理

三　多选题（以下每道题目至少选择一个选项）

78. 你回家后和谁生活在一起?（　　）

A. 爷爷　　　　B. 奶奶　　　　C. 外公　　　D. 外婆

E. 爸爸　　　　F. 妈妈　　　　G. 哥哥　　　H. 弟弟

I. 姐姐　　　　J. 妹妹　　　　K. 其他亲属

79. 家里还有谁和你在同一所学校上学?（　　）

· 173 ·

A. 哥哥　　　　　B. 弟弟　　　　　C. 姐姐

D. 妹妹　　　　　E. 无

80. 在学校学习过程中，除了图书之外，你经常使用的学习资源包括（　　）。

A. 录音　　　　　B. 教学录像　　　C. 计算机课件

D. 网络资源　　　E. 电子图书　　　F. 其他

81. 对于你来说，影响你在学校利用计算机的因素包括（　　）。

A. 计算机陈旧　　　　　　　　B. 设备数量

C. 故障　　　　　　　　　　　D. 键盘鼠标等故障

E. 主机硬件故障　　　　　　　F. 网速慢

G. 可利用地点限制　　　　　　H. 利用时间有限

I. 操作不熟练　　　　　　　　J. 管理人员态度

K. 缺乏指导　　　　　　　　　L. 其他人打扰

M. 费用高　　　　　　　　　　N. 上机机会少

O. 没有不方便　　　　　　　　P. 其他

82. 你在家中，利用计算机做什么？（　　）（家中没有计算机的学生，只选 A 就可以）

A. 家中没有计算机　　　　　　B. 看新闻

C. 看小说　　　　　　　　　　D. 玩游戏

E. 看电影　　　　　　　　　　F. 听音乐

G. 和网友聊天　　　　　　　　H. 和同学闲聊

I. 和同学讨论学习　　　　　　J. 查邮件

K. 查找学习资料　　　　　　　L. 看学习资料

83. 在你做作业的时候，如果遇到了难题，通常怎样解决？（　　）

A. 自己思考　　　　　　　　　B. 问老师

C. 问家长　　　　　　　　　　D. 问亲属

E. 问同学和朋友　　　　　　　F. 问网友

G. 网络搜索　　　　　　　　　H. 到图书馆查资料

I. 其他

附录2 关于县域内义务教育校际均衡发展调查问卷(学生卷)

84. 如果你步行或骑车上学,你上下学途中经过以下哪些路段?( )

  A. 车流繁忙的公路   B. 普通村级公路

  C. 山间小道   D. 江河边

  E. 山坡路   F. 铁路交叉的路

  J. 池塘边   K. 危桥

85. 你对乘车上学的态度为( )。(如果你不是乘车上学,只需要选择A就可以)

  A. 不是乘车上学的   B. 和同学一起坐车有意思

  C. 回家距离远,不用走路   D. 不喜欢,坐校车需要早起

  E. 不舒服,晕车   F. 不喜欢,害怕挨欺负

  G. 不喜欢,影响学习成绩   H. 不喜欢,坐车时间长

  I. 学生多,车拥挤   J. 不喜欢,坐车要花钱

86. 学校对你们进行过以下哪些安全教育?( )

  A. 紧急疏散演练   B. 消防器材使用训练

  C. 食品安全教育   D. 交通安全教育

  E. 防踩踏教育   F. 防火教育

  G. 防溺水教育   H. 其他

  I. 没有进行过安全教育

87. 你什么时候最想给父母打电话?( )

  A. 缺钱   B. 生病   C. 取得好成绩

  D. 被欺负   E. 被老师批评   F. 得到表扬

  G. 孤独   H. 饭不好吃   I. 离家时间太长

  J. 害怕   K. 得到自己喜欢的东西

  L. 在学校过生日   M. 生气   N. 睡不着觉

  O. 其他

四 填空题（请依据自身情况在横线上填上相应数据）

88. 你今年几岁？_____岁。

89. 你现在的身高是_____厘米（1 米 = 100 厘米）；体重是_____斤（1 千克 = 2 斤）。

90. 据你所知，你住的地方到学校大约是_____里（1 里 = 500 米，1 公里 = 1000 米）。

91. 周一到周五，你通常晚上大约_____点_____分睡觉；早上大约_____点_____分起床。

92. 你每天早上大约_____点_____分从住处出发，_____点_____分到学校。

93. 你每天放学后大约_____点_____分从学校出发，_____点_____分回到你住的地方。

94. 你上学期期末考试的总分是_____分，其中，语文_____分；数学_____分；英语_____分。

95. 你每天大约花费多长时间来完成家庭作业。_____分钟（1 小时 = 60 分钟）

96. 放学后，你通常用来进行以下活动的时间是多少，如果有的活动你没进行，可以不填。

类别	时间
和伙伴玩	_____分
看电视	_____分
做家务	_____分
看课外书	_____分
打游戏	_____分
其他	_____分

五 填表题（选择你认为合适的选项，请将对应的数字填涂到答题卡上）

★注意事项：请小学、初中学生各自在当前所开设并学习的课程中作答；小学生不必作答的学科：物理、化学、生物、地理、历史；初中学生不必作答的学科：科学。

97. 在你所学的各门学科中，你认为各门功课的难易程度是怎样的？

课程名称	难易程度				
	非常难	比较难	一般	比较简单	非常简单
语文					
数学					
外语					
品德与生活/品德与社会/思想品德					
音乐					
体育/体育与健康					
美术					
科学					
信息技术					
综合实践活动					
地方课程					
历史					
地理					
物理					
化学					
生物					

98. 你对各门功课的感兴趣情况是怎样的？

课程名称	难易程度				
	非常感兴趣	比较感兴趣	一般	比较不感兴趣	非常不感兴趣
语文					
数学					

续表

课程名称	难易程度				
语文	非常感兴趣	比较感兴趣	一般	比较不感兴趣	非常不感兴趣
外语					
品德与生活/品德与社会/思想品德					
音乐					
体育/体育与健康					
美术					
科学					
信息技术					
综合实践活动					
地方课程					
历史					
地理					
物理					
化学					
生物					

附录3　关于县域内义务教育校际均衡发展调查问卷（校长卷）

校长，您好！

非常感谢您参与本次调查。本调查主要是了解我国目前义务教育阶段学校的基本情况并为教育制度改革提供相关建议和依据。本次调查采用不记名方式，相关数据仅供研究之用，我们将会严格保密信息。此问卷共分为四个部分，请您在所选择的答案上打"√"即可！再次谢谢您的合作！

第一部分：义务教育均衡部分

1. 您认为国家提出的"率先在县域内实现义务教育均衡发展"的目标能否如期实现？（　　）
　　A. 有信心，一定能实现　　　　B. 基本能实现
　　C. 不可能实现

2. 贵县（区）教育行政部门当前共制定促进义务教育均衡发展的措施约有（　　）项。
　　A. 0项　　　　　　　　　　　B. 1—3项
　　C. 3—6项　　　　　　　　　 D. 6项以上

3. 促进义务教育均衡发展的措施中实施效果较好的约占（　　）。
　　A. 0—25%　　　　　　　　　B. 26%—50%
　　C. 51%—75%　　　　　　　　D. 76%—100%

4. 贵校学校标准化建设达标率约为（　　）。

A. 50%以下　　　　　　　　　　B. 51%—75%

C. 76%—90%　　　　　　　　　D. 91%—100%

5. 贵校公用经费是否能够维持学校合理运转？（　　）

A. 不能　　　　　　　　　　　　B. 勉强维持

C. 较为充足　　　　　　　　　　D. 非常充足

6（1）您认为县（区）教育行政部门对你校办学经费的拨付是否合理？（　　）

A. 是　　　　B. 否　　　　C. 不了解

6（2）如果"否"，理想的学校公用经费拨付方式是（　　）。

A. 按照实际的学生人数拨付

B. 偏远的学校应该享受更高的拨付标准

C. 基准定额+生均拨款

D. 其他

7（1）您认为县（区）教育行政部门对城乡教师职称评定的标准与名额分配是否公平？（　　）

A. 是　　　　B. 否　　　　C. 不了解

7（2）如果"否"，理想的城乡教师职称评定标准应该是（　　）。

A. 城乡一致，按照同一标准评定

B. 考虑学校的不同情况，标准应该多元化

C. 对偏远的学校教师进行政策倾斜

D. 其他

7（3）理想的城乡教师职称名额分配原则应该是（　　）。

A. 城乡一致，按照教师总数按比例分配

B. 基准定额+按比例分配

C. 对偏远的学校给予名额倾斜

D. 其他

8. 县（区）内义务教育阶段优质学校是否有"择校生"存在？（　　）

附录3　关于县域内义务教育校际均衡发展调查问卷(校长卷)

A. 制度上允许优质学校招收择校生

B. 制度规定不允许，但仍有大量择校生存在

C. 制度规定不允许，但仍有少量权钱择校生

D. 不了解

9（1）县（区）是否实施了优秀教师支教制度？（　　）

　　A. 是　　　　　　　B. 否　　　　　　C. 不了解

9（2）如果"是"，实施效果如何？（　　）

　　A. 非常好　　　　　B. 一般　　　　　C. 没有效果

10（1）县（区）是否实施了公办学校教师流动制度？（　　）

　　A. 是　　　　　　　B. 否　　　　　　C. 不了解

10（2）如果"是"，实施效果如何？（　　）

　　A. 非常好　　　　　B. 一般　　　　　C. 没有效果

11（1）县（区）是否实施了公办学校校长流动制度？（　　）

　　A. 是　　　　　　　B. 否　　　　　　C. 不了解

11（2）如果"是"，实施效果如何？（　　）

　　A. 非常好　　　　　B. 一般　　　　　C. 没有效果

12（1）县（区）教育行政部门是否对辖区内重点高中学生指标均衡分配采取措施？（　　）

　　A. 是　　　　　　　B. 否　　　　　　C. 不了解

12（2）如果"是"，当前有（　　）的重点高中指标被均衡分配到各个学校？

　　A. 0—25%　　　　　　　　　　B. 26%—50%

　　C. 51%—75%　　　　　　　　　D. 76%—100%

13（1）县（区）内是否有优质教育资源共享平台建设？（　　）

　　A. 是　　　　　　　B. 否　　　　　　C. 不了解

13（2）如果"是"，实施效果如何？（　　）

　　A. 非常好　　　　　B. 一般　　　　　C. 没有效果

14. 县（区）有（　　）的学校可以通过信息网络实现资源共享。

A. 0—25%   B. 26%—50%

C. 51%—75%   D. 76%—100%

15. 县（区）教育行政部门是否对城乡学校实行更符合素质教育的多元学校评估制度？（   ）

A. 是   B. 否   C. 不了解

第二部分：校车部分（如果学校没有校车，此部分可不填答）

16. 贵校现在有哪类用于接送学生的车辆？（   ）

A. 教育局或学校购买的车辆

B. 公共集团或客运企业承运的校车

C. 个体经营者承营车辆

D. 其他

17. 如果部分学生上学距离过远，需要车辆接送却无法配备校车，原因是（   ）。

A. 没有足够的经费

B. 路途自然条件与交通条件恶劣，安全风险太大

18. 贵校共有校车_____辆，司机_____人，随车教师_____人。

19. 贵校现在乘校车的学生共有_____人。

20. 贵校校车是由谁购买的？（   ）

A. 政府或县（区）教育局   B. 学校

C. 社会捐助   D. 公交集团或客运企业

21. 如果由政府、教育局或学校购买校车，购买校车时的花费为_____元/辆；如果是公交集团和客运企业承运的校车，收取租赁费_____元/车/年。

22. 校车的运营方式为（   ）。

A. 若干学校共同使用

附录3　关于县域内义务教育校际均衡发展调查问卷(校长卷)

B. 学校单独使用，不改变教育教学时间

C. 学校单独使用，改变教育教学时间，校车循环使用

23. 校车日常运转所需费用为_____元/月/辆（日常运转包括维修、油费等）；校车司机的工资为_____元/月/人。

24. 校车的日常维修费用以及油费由谁负责承担？（　　）

 A. 政府或县（区）教育局　　　　B. 学校

 C. 学生缴纳的车费　　　　　　　D. 客运企业或公交公司

25. 校车司机的工资由谁承担？（　　）

 A. 政府或县（区）教育局　　　　B. 学校

 C. 学生缴纳的车费　　　　　　　D. 客运企业或公交公司

26. 校车司机通过何种方式选拔？（　　）

 A. 熟人推荐　　　　　　　　　　B. 竞聘考试

 C. 未选拔，个体经营者承担

27. 校车的运行是否改变了教育教学安排？（　　）

 A. 没有改变教育教学安排

 B. 是，改变学生上下学的时间，保证校车可以循环使用

 C. 是，改变学生周末休息时间，通过学生轮休保证校车的循环使用

28. 校车运行过程中是否有生活教师陪同？（　　）

 A. 有　　　　　　　　　　　　　B. 无

29. 校车能否满足学生的乘车需求？（　　）

 A. 能　　　　　　　　　　　　　B. 不能

30. 如果校车不能满足所有学生的乘车需要，原因是（　　）。

 A. 部分学生居住偏远，交通极为不便

 B. 校车容量已达到饱和，容纳空间不足

31. 如果校车不能满足所有学生的乘车需要，通过什么办法来缓解？（　　）

 A. 适当改变教育教学安排，学生轮流串休保证校车循环使用

 B. 为部分路途较远的学生提供寄宿

C. 当地客运个体户承担部分学生上下学交通需求

D. 路途相对较远的学生乘坐校车，相对较近的步行

32. 贵校运行校车主要是由于以下哪种原因？（　　）

A. 学校布局调整后，学生上学距离变远

B. 学生原本上学距离较远，需校车接送

33. 贵校有_____学生乘坐个体运营者运营的车辆上下学。

34. 个体经营者接送学生上下学的车辆共有_____辆。

35. 您对学生乘坐个体经营者运营的车辆上下学持何种态度？
（　　）

A. 非常反对　　　　　　　　B. 反对

C. 无可奈何　　　　　　　　D. 支持

36. 您对个体经营者接送学生上下学最大的顾虑是：（　　）

A. 安全问题　　B. 管理不便　　C. 学生学习成绩问题

37. 根据当地的交通条件、办学情况等条件综合考虑，您认为以下三种解决学生上学距离过远问题的方案哪一种更适合当地的需要？
（　　）

A. 校车　　　　　B. 寄宿制学校　　C. 恢复教学点

第三部分：教师部分

38. 学校类型：（　　）

A. 完全中学　　　B. 初级中学　　　C. 九年一贯制学校

D. 中心小学　　　E. 村小　　　　　F. 教学点

39. 学校是否有免费师范生？（2007年实施的免费师范生政策）
（　　）

A. 有　　　　　　　　　　　B. 没有

40. 近五年来，贵校主要以何种方式引进新教师？（　　）

A. 毕业直接分配　　　　　　B. 教育事业单位招考

C. 免费师范生　　　　　　　D. 特岗计划分派

附录3　关于县域内义务教育校际均衡发展调查问卷（校长卷）

E. 临时代课　　　　　　　　F. 民办或代课教师转正

G. 接班　　　　　　　　　　H. 其他行业调入

I. 没有新进教师　　　　　　J. 其他

41. 学校哪些学科缺编最严重？哪些学科超编最严重？（限选3项，按最严重到不严重顺序填写）缺编学科：（　　　）；超编学科：（　　　）。

　　A. 语文　　　　B. 数学　　　　C. 外语　　　　D. 物理

　　E. 化学　　　　F. 生物　　　　G. 地理　　　　H. 历史

　　I. 政治/思想品德　J. 科学　　　K. 社会　　　　L. 音乐

　　M. 体育　　　　N. 美术　　　　O. 信息技术

　　P. 通用技术　　Q. 心理健康　　R. 综合实践活动

　　S. 其他（请填写）

42. 贵校教职工的总体编制状况是：（　　　）

　　A. 超编　　　　B. 缺编　　　　C. 满编

43. 学校中转到其他学校任教的教师的水平：（　　　）

　　A. 非常优秀　　B. 比较优秀　　C. 一般

　　D. 水平较差　　E. 水平很差

44. 除离退休外，学校中转到其他行业工作的教师的水平：（　　　）

　　A. 非常优秀　　B. 比较优秀　　C. 一般

　　D. 水平较差　　E. 水平很差

45. 对于继续从事教师职业的人，他们离开本校后大多流向哪些地方学校？（　　　）

　　A. 村学校　　　B. 乡镇学校　　C. 县城学校

　　D. 地级市学校　E. 大城市学校

46. 对于继续从事教师职业的人，他们离开本校后大概都流向什么层次学校？（　　　）

　　A. 学前班/幼儿园　B. 小学　　　C. 初中

　　D. 高中　　　　E. 其他

47. 大多数教师流向的其他学校的教学质量与本校相比？（　　　）

· 185 ·

A. 好很多   B. 好一点   C. 基本持平

D. 差一点   E. 差很多

48. 离开本校的教师主要是因为哪些方面的原因？（   ）（限选2项）

A. 工资方面   B. 家庭方面   C. 交通方面

D. 职业发展方面   E. 气候方面

第四部分：信息技术部分

49. 在贵校，教师可使用的电脑是：（   ）

A. 教师共用   B. 教师专用

C. 师生共用   D. 没有

50. （可多选）在贵校，连入互联网的电脑是：（   ）

A. 微机室的全部电脑   B. 微机室的部分电脑

C. 多媒体教室的电脑   D. 全部普通教室的电脑

E. 部分普通教室的电脑   F. 教师办公室的电脑

G. 管理人员办公室的电脑   H. 其他

51（1）学校附近是否有网吧？（   ）

A. 没有   B. 一个   C. 两个

D. 两个以上   E. 不清楚

51（2）如果有，网吧用户中学生的比例：（   ）

A. 高   B. 中   C. 低

D. 没有   E. 不清楚

52. 您对学生去网吧的态度是：（   ）

A. 支持   B. 中立

C. 反对   D. 说不清

53. 贵校是否禁止学生去网吧？（   ）

A. 是   B. 否

54. 学生是否需要交上机费？（   ）

附录3　关于县域内义务教育校际均衡发展调查问卷(校长卷)

A. 是 　　　　　　　　　　　　　B. 否

55. 学生是否需要交上网费？(　　)

A. 是 　　　　　　　　　　　　　B. 否

56. 学生课后上机和上网是否收费？(　　)

A. 是 　　　　　　　　　　　　　B. 否

57. (可多选)贵校教师信息技术培训方面存在的困难是什么？(　　)

A. 教师教学任务重，没时间　　　B. 培训时间地点限制

C. 培训内容不实用　　　　　　　D. 学校花销大

E. 教师花销大　　　　　　　　　F. 名额有限，机会少

G. 其他

58. (可多选)贵校信息技术设备维护费来源包括(　　)。

A. 校公用经费　　B. 学生收费　　C. 学校创收

D. 社会捐赠　　　E. 其他渠道

59. (可多选)贵校信息技术设施设备管理人员是(　　)。

A. 信息技术教师兼任

B. 其他学科教师兼任

C. 专职管理人员

60. (可多选)在贵校，信息技术设备的主要用途包括：(　　)

A. 上信息技术课　　　　　　　　B. 辅助教师教学

C. 学校管理　　　　　　　　　　D. 社会培训

E. 学生课后使用　　　　　　　　F. 其他

61. (可多选)目前影响信息技术在贵校有效利用的因素主要包括哪些？(　　)

A. 教师信息技术基础知识和技能较差

B. 教师信息技术教学运用能力较弱

C. 教师信息技术相关培训不足

D. 教师积极性不高

E. 学生对于信息技术的兴趣不高

F. 计算机设施设备数量不足

G. 计算机设施设备性能差

H. 缺少可用的数字化教学资源

I. 设备维护和更新不及时

J. 设备管理制度不健全

K. 缺乏专业技术人员

L. 其他

附录4 关于县域内义务教育校际均衡发展访谈提纲(教师)

问题1：您当初选择在农村教书的原因是什么？您对目前的工作和生活状态满不满意？（有没有不满意的地方？）有没有想离开这里，想离开这里的原因是什么？（不想离开的原因是什么？）

问题2：您周围有教师转校和转行吗？这些教师在年龄、学历、职称、教学水平分布上是怎样的？

问题3：贵县（市）是否给农村教师发放特殊岗位津贴，津贴额度是多少，是否能足额领到？您对县（市）实施的津贴政策有什么评价或者建议？

问题4：您认为津贴发放的额度是否与教师行政职务、职称、教龄等挂钩？您的心理价位是多少？农村教师在特殊津贴上比城市教师高出多少是合理的？

问题5：如果国家设计"艰苦边远地区"，您觉得哪些地区属于？这些地区有哪些特征？如果国家实行"艰苦边远地区"教师津贴政策，您有哪些建议（额度、发放对象、发放标准等）？

问题6："新课改"后，教师的工作量/工作负担有没有增加？具体表现在哪些方面？

（问题7—11仅访谈有寄宿学生的学校教师）

问题7：您的班级中低年级寄宿孩子的学习状况如何？与不寄宿的孩子相比，寄宿孩子的学习成绩如何？低年级寄宿的孩子的学业负担重吗？课外时间一般都在做什么？学校有没有组织他们参加一些课外活动？您怎样看待学校课外活动？

问题8：您认为低年级孩子喜欢住在学校吗？适合吗？他们能否适应学校的寄宿生活？您是否遇到过某些孩子因为无法适应寄宿制学校的生活而转学、辍学的情况？

问题9：您是否经常与寄宿生的家长交流学生的学习、生活状况？学校有没有设置相关的家校合作平台？

问题10：与非寄宿制学校的教师相比，寄宿制学校对教师有哪些特殊要求？您是否接受过寄宿制学校教师的相关培训？如果没有，您最希望参加什么类型和内容的培训？如果有，通过培训您获得了什么？

问题11：学校有没有开设双语课程？如果有，从几年级开设的？每周几节课？开设双语课程是否更有利于低年级寄宿的孩子更好地适应学校寄宿生活？

访谈记录表

访谈人	
时间	
地点	
人数	
具体人物	

附录5　关于县域内义务教育校际均衡发展访谈提纲（生活教师）

1. 您的年龄是多少岁？学历是什么？民族是什么？担任生活教师多长时间了？担任生活教师之前的职业是什么？为什么想要当生活教师呢？学校在聘用方面有什么要求？有没有针对生活教师的评价考核机制？有编制吗？有无入职体检和定期体检？

2. 您觉得学校目前低年级寄宿生的生活教师数量充足吗？学校多少个寄宿低年级寄宿生配备一位生活教师？学校规定生活教师的任务是什么？您个人认为生活教师最重要的职责是什么？除了照顾管理生活外，您是否能为低年级寄宿生的文化知识学习、心理健康、课外娱乐生活、饮食、卫生、安全、保健等提供指导？您是怎么做的？

3. 您认为寄宿生活容易养成学生哪些习惯？这些习惯中，哪些是好的？哪些是坏的？您是怎样培养或矫正的？在指导低年级寄宿生生活时，如果低年级寄宿生犯错误或不遵守纪律，您会怎么做？您觉得最难指导的是什么？您参加过生活教师的专门培训吗？培训方式为何？培训内容是什么？培训效果怎么样？

4. 工资待遇如何？奖金和什么挂钩？与任课教师、班主任有什么不同？您觉得合理吗？

5. 总的来说，您觉得低年级寄宿生最需要的是什么？您认为目前学校在对低年级寄宿生的教育和管理上，还有哪些方面有待改善？

县域内农村义务教育校际均衡发展战略研究

访谈记录表

访谈人	
时间	
地点	
人数	
具体人物	

附录6　关于县域内义务教育校际均衡发展访谈提纲（大学生）

1. 你为什么会选择师范专业？毕业后是否打算从事教师行业，会去农村任教吗？原因是什么（工资性、非工资性）？

2. 你对农村的印象是什么？你认为农村和城市之间存不存在差距？若存在差距的话，主要是哪些方面？

3. 你认为什么样的地方才是"艰苦边远地区"？你是否愿意去该地区任教？哪方面条件改善（或给多少工资）的话你愿意去？愿意待几年？

4. 你认为农村学校和城市学校之间是否存在差距？若存在的话主要体现在哪些方面？如果将其改善的话，你愿不愿意去农村任教？

5. 你认为城乡教师之间目前是否存在差距和不公？如果存在的话主要体现在哪些方面？你认为可以通过什么方法和手段来改善，如果将其改善之后你会选择到农村去任教吗？会选择长期留在农村吗？

6. 你觉得该不该给那些在"艰苦边远地区"工作的教师特殊津贴？该给多少（与城市教师相比）？乡镇学校、村小和教学点该给谁？如果让你去的话，你觉得哪些方面是最大的困难（网络、交通、自然条件、生活环境、工作环境）？给到多少钱的话你愿意去那儿工作？打算工作几年？

7. 如果你是一名国家政策设计者的话，你将采取何种办法来吸引像你这样的师范大学生去农村，特别是"艰苦边远地区"任教？

县域内农村义务教育校际均衡发展战略研究

访谈记录表

访谈人	
时间	
地点	
人数	
具体人物	

附录7　A市AA、AB县农村义务教育均衡发展状况[①]

一　县域内农村义务教育学校教育资源配置的均衡状况

（一）县域内农村义务教育学校教师资源的校际差异状况

1. AA县和AB县农村义务教育学校师生比校际差异状况

学校类别	最大值	最小值	标准差	均值	标准误	差异系数	前20%均值	后20%均值	倍率
AZ	0.06	0.03	0.01	0.05	0.01	0.287	—	—	—
AX	0.13	0.05	0.03	0.08	0.01	0.349	0.11	0.06	1.91
BX	0.16	0.07	0.03	0.10	0.01	0.335	0.14	0.08	1.87

2. AA县和AB县农村义务教育学校教师性别比例校际差异状况

学校类别	最大值	最小值	标准差	均值	均值标准误	差异系数	前20%均值	后20%均值	倍率
AZ	0.43	0.29	0.05	0.36	0.02	0.145	—	—	—
AX	0.74	0.08	0.22	0.33	0.08	0.658	0.59	0.13	4.72
BX	0.63	0.40	0.09	0.51	0.04	0.169	0.63	0.44	1.43

[①] 为方便研究和表述的一致性，附录中的"Z"均代表初中；"X"均代表小学。

3. AA县和AB县农村义务教育学校教师职称校际差异状况

学校类别	最大值	最小值	标准差	平均比例	标准误	差异系数	前20%均值	后20%均值	倍率
AZ	0.29	0.11	0.08	0.17	0.04	0.269	—	—	—
AX	0.50	0.00	0.15	0.31	0.06	0.490	0.425	0.00	—
BX	0.63	0.50	0.04	0.57	0.02	0.080	0.615	0.56	1.17

4. AA县和AB县农村义务教育学校教师年龄校际分布状况

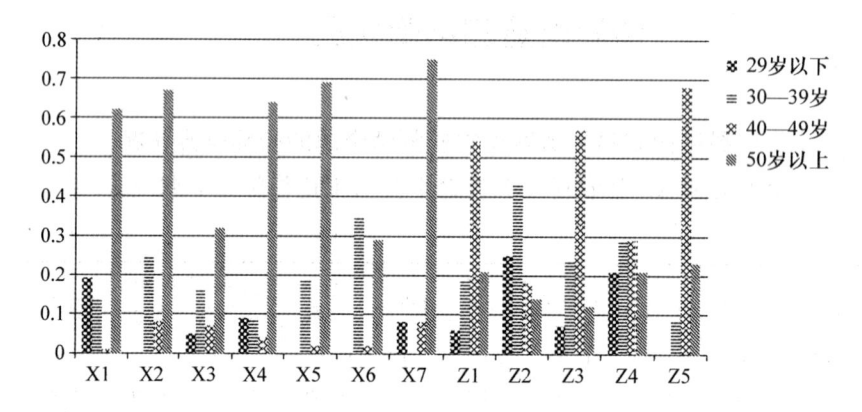

5. AA县和AB县农村义务教育学校教师学历结构分布状况

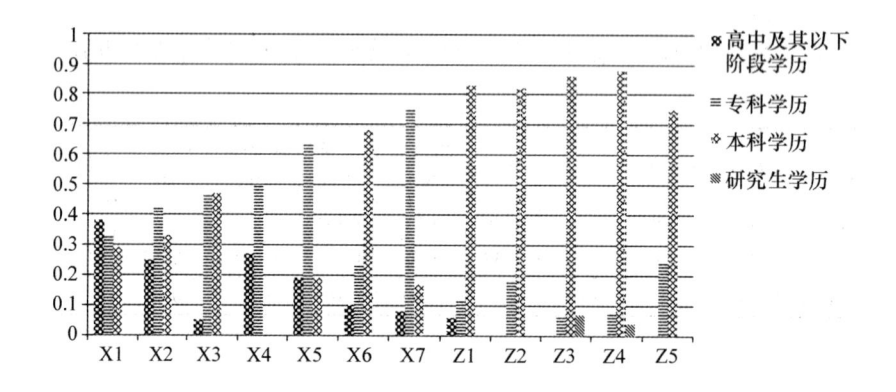

（二）义务教育学校教师资源配置的城乡差异状况

1. AA 县和 AB 县义务教育学校师生比、教师性别职称结构的城乡差异状况

指标	学校类别	城乡	标准差	均值	组内差异	中位数
师生比	AX	城区	0.027	0.076	0.348	0.070
		镇区	0.019	0.074	0.250	0.070
		村屯	0.026	0.076	0.349	0.070
	AZ	城区	0.022	0.086	0.257	0.085
		镇区	0.014	0.109	0.128	0.100
		村屯	0.034	0.113	0.301	0.110
	BX	城区	0.017	0.067	0.257	0.065
		村屯	0.034	0.101	0.335	0.085
女教师比	AX	城区	0.227	0.566	0.401	0.655
		镇区	0.082	0.543	0.151	0.555
		村屯	0.217	0.330	0.658	0.290
	AZ	城区	0.143	0.555	0.260	0.555
		镇区	0.034	0.459	0.074	0.480
		村屯	0.053	0.364	0.145	0.430
	BX	城区	0.075	0.773	0.096	0.785
		村屯	0.090	0.521	0.172	0.495
高级教师比	AX	城区	0.132	0.259	0.510	0.255
		镇区	0.058	0.350	0.166	0.360
		村屯	0.120	0.189	0.633	0.190
	AZ	城区	0.075	0.010	0.749	0.100
		镇区	0.014	0.059	0.233	0.050
		村屯	0.046	0.082	0.560	0.070
	BX	城区	0.041	0.474	0.087	0.475
		村屯	0.050	0.041	0.819	0.030

2. AA 县和 AB 县义务教育学校教师年龄结构的城乡差异状况

指标	学校类别	城乡	标准差	均值	组内差异	中位数
29 岁及以下	AX	城区	0.070	0.050	1.391	0.015
		镇区	0.060	0.099	0.605	0.110
		村屯	0.070	0.060	1.175	0.050
	AZ	城区	0.022	0.015	1.415	0.015
		镇区	0.049	0.065	0.758	0.030
		村屯	0.106	0.118	0.906	0.070
	BX	城区	0.117	0.330	0.355	0.315
		村屯	0.095	0.181	0.524	0.175
30—39 岁	AX	城区	0.158	0.300	0.526	0.230
		镇区	0.074	0.298	0.247	0.320
		村屯	0.113	0.169	0.669	0.160
	AZ	城区	0.039	0.254	0.154	0.255
		镇区	0.068	0.258	0.263	0.250
		村屯	0.125	0.248	0.503	0.240
	BX	城区	0.062	0.411	0.151	0.415
		村屯	0.036	0.377	0.096	0.380
40—至49 岁	AX	城区	0.180	0.304	0.593	0.295
		镇区	0.096	0.235	0.406	0.225
		村屯	0.033	0.045	0.738	0.040
	AZ	城区	0.068	0.548	0.123	0.550
		镇区	0.086	0.546	0.158	0.580
		村屯	0.209	0.452	0.462	0.540
	BX	城区	0.032	0.184	0.175	0.180
		村屯	0.057	0.242	0.237	0.245
50 岁及以上	AX	城区	0.206	0.345	0.596	0.295
		镇区	0.068	0.371	0.184	0.365
		村屯	0.185	0.567	0.326	0.640
	AZ	城区	0.050	0.183	0.274	0.185
		镇区	0.067	0.131	0.508	0.160
		村屯	0.048	0.182	0.262	0.210
	BX	城区	0.073	0.075	0.972	0.055
		村屯	0.060	0.205	0.294	0.190

附录7 A市AA、AB县农村义务教育均衡发展状况

3. AA县和AB县义务教育学校教师学历结构的城乡差异状况

指标	学校类别	城乡	标准差	均值	组内差异	中位数
研究生毕业	AX	城区	0.000	0.000	—	0.000
		镇区	0.021	0.006	3.348	0.000
		村屯	0.000	0.000	—	0.000
	AZ	城区	0.006	0.004	1.442	0.005
		镇区	0.009	0.005	1.722	0.000
		村屯	0.033	0.023	1.447	0.000
	BX	城区	0.043	0.036	1.189	0.040
		村屯	0.029	0.023	1.267	0.010
本科毕业	AX	城区	0.138	0.551	0.251	0.565
		镇区	0.124	0.485	0.273	0.495
		村屯	0.222	0.304	0.731	0.290
	AZ	城区	0.106	0.825	0.129	0.825
		镇区	0.092	0.811	0.114	0.710
		村屯	0.048	0.826	0.058	0.830
	BX	城区	0.126	0.853	0.147	0.855
		村屯	0.121	0.669	0.181	0.670
专科毕业	AX	城区	0.134	0.374	0.359	0.410
		镇区	0.143	0.363	0.393	0.355
		村屯	0.175	0.475	0.369	0.470
	AZ	城区	0.101	0.163	0.622	0.565
		镇区	0.083	0.184	0.453	0.170
		村屯	0.074	0.140	0.532	0.180
	BX	城区	0.113	0.092	1.220	0.060
		村屯	0.113	0.258	0.437	0.290
高中及其以下阶段毕业	AX	城区	0.067	0.076	0.888	0.085
		镇区	0.087	0.149	0.583	0.120
		村屯	0.120	0.189	0.633	0.190
	AZ	城区	0.011	0.008	1.423	0.565
		镇区	0.000	0.000	—	0.000
		村屯	0.026	0.012	2.244	0.000
	BX	城区	0.024	0.019	1.287	0.025
		村屯	0.041	0.050	0.819	0.030

二 县域内农村义务教育保障机制均衡状况

(一)农村义务教育校际均衡状况

1. AA县和AB县农村义务教育学校生均固定资产总值校际差异和分布状况

学校类别	最大值	最小值	标准差	均值	标准误	差异系数	前20%均值	后20%均值	倍率
AZ	13218.01	4983.16	3373.32	10445.63	1058.59	0.323	—	—	—
AX	10236.21	2377.62	2877.11	5539.86	1087.45	5.329	9295.83	2634.60	3.53
BX	51131.15	10720.86	14252.51	33584.39	5818.56	0.424	47911.03	19203.89	2.50

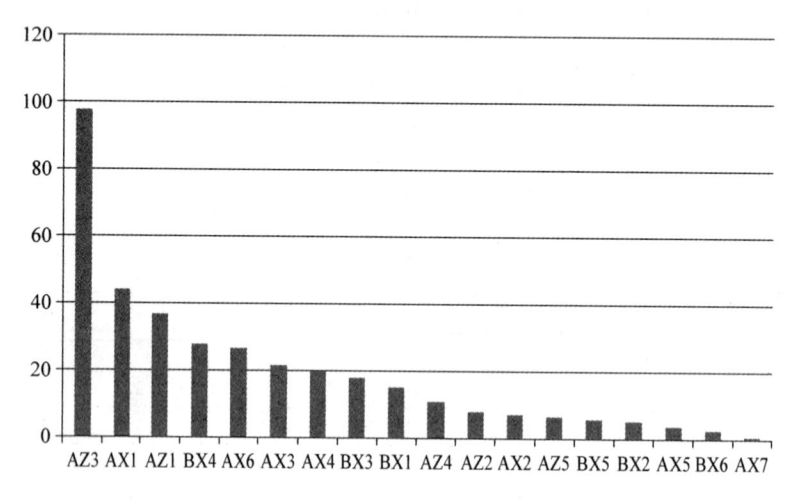

2. AA县和AB县农村义务教育学校生均教学仪器设备值校际差异状况

学校类别	最大值	最小值	标准差	均值	标准误	差异系数	前20%均值	后20%均值	倍率
AZ	5691.94	1428.57	1731.98	2646.17	774.56	0.655	—	—	—

·200·

续表

学校类别	最大值	最小值	标准差	均值	标准误	差异系数	前20%均值	后20%均值	倍率
AX	2934.07	664.34	964.00	1635.24	288.76	0.590	2559.28	815.26	3.14
BX	10127.27	4018.40	2421.78	6746.82	988.69	0.359	9584.67	4363.18	2.20

3. AA 县和 AB 县农村义务教育学校生均校舍建筑面积校际差异状况

学校类别	最大值	最小值	标准差	均值	标准误	差异系数	前20%均值	后20%均值	倍率
AZ	14.23	7.88	2.76	12.81	1.24	0.217	—	—	—
AX	13.56	5.73	3.25	9.14	1.23	0.353	8.41	5.79	1.45
BX	26.63	7.84	6.72	15.40	2.74	0.436	22.14	9.57	2.31

4. AA 县和 AB 县农村义务教育学校生均绿化面积和生均绿化面积校际差异状况

学校类别	最大值	最小值	标准差	均值	标准误	差异系数	前20%均值	后20%均值	倍率
AZ	97.73	6.60	38.71	32.07	17.31	1.207	—	—	—
AX	43.93	0.83	15.17	17.70	5.73	0.857	35.32	2.30	15.36
BX	27.83	2.77	9.68	12.46	3.95	0.777	22.94	3.91	5.87

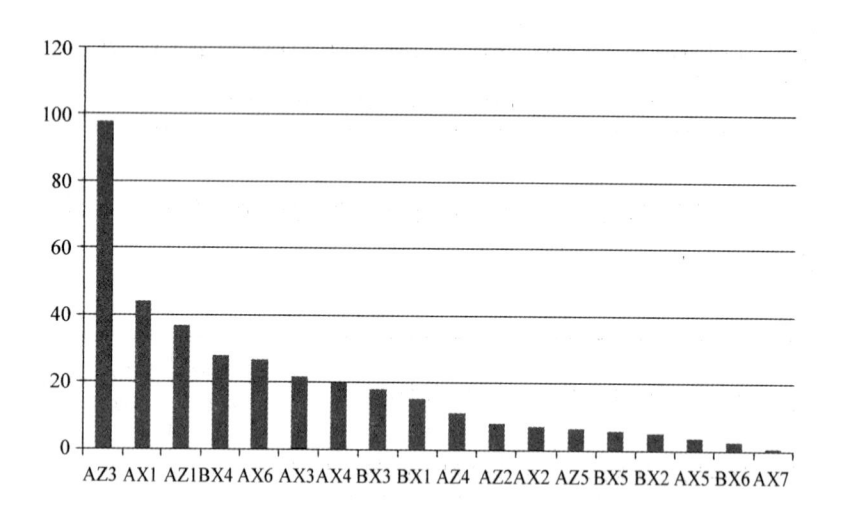

5. AA县和AB县农村义务教育学校阅览室面积校际差异状况

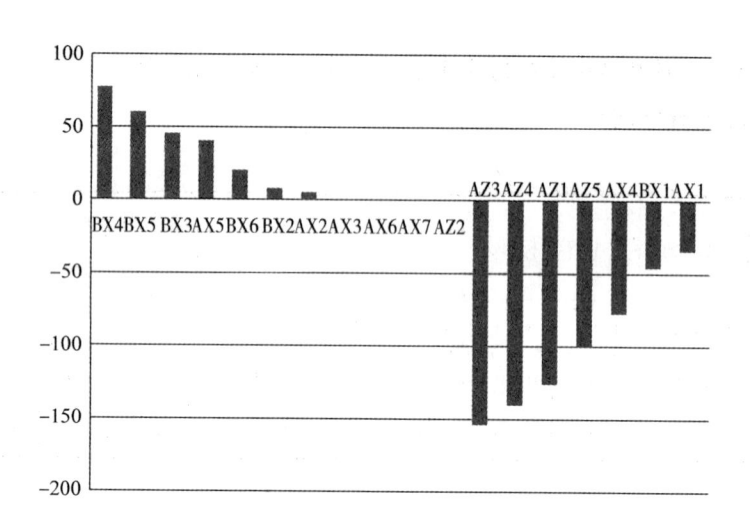

6. AA 县和 AB 县农村义务教育学校生机比、师机比校际差异状况

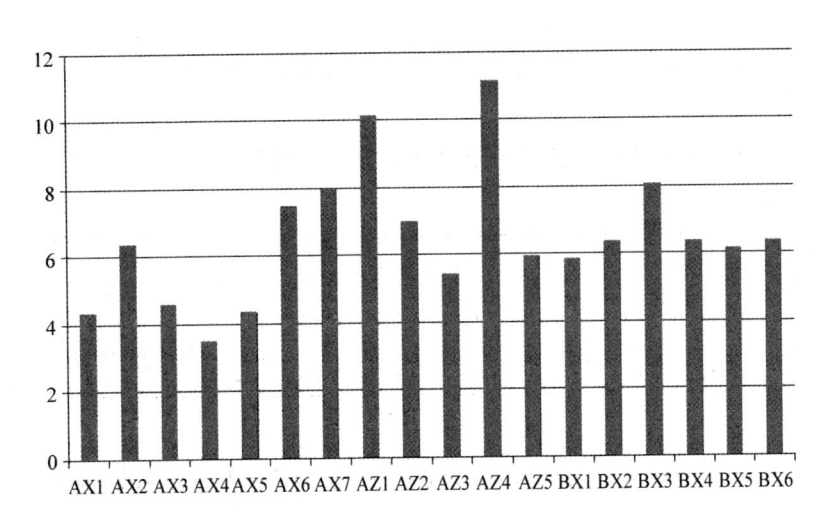

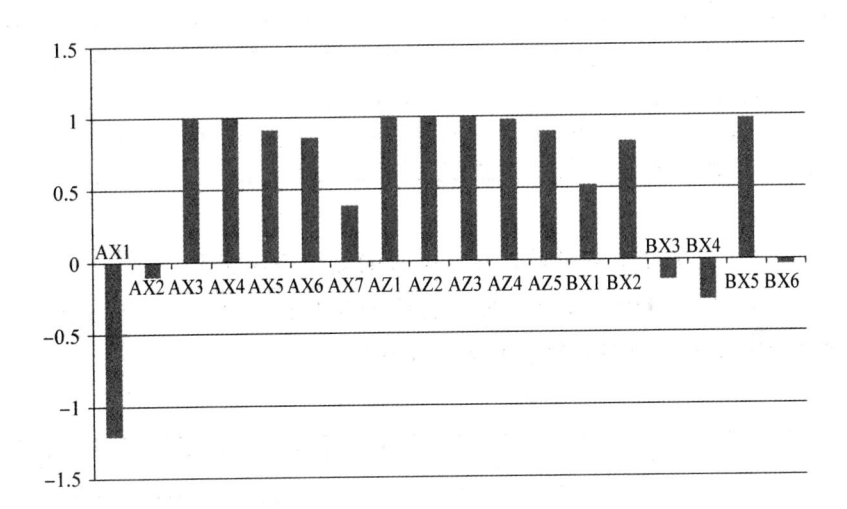

7. AA 县和 AB 县农村义务教育学校生均图书校际差异状况

学校类别	最大值	最小值	标准差	均值	标准误	差异系数	前20%均值	后20%均值	倍率
AZ	41.04	32.00	6.39	36.52	4.52	0.823	—	—	—

续表

学校类别	最大值	最小值	标准差	均值	标准误	差异系数	前20%均值	后20%均值	倍率
AX	132.86	10.74	46.20	56.13	17.46	0.823	113.01	12.05	9.38
BX	72.22	24.10	16.17	40.10	5.11	0.403	61.44	28.32	2.17

8. AA县和AB县农村义务教育学校报刊种类校际差异状况

学校类别	最大值	最小值	标准差	均值	标准误	差异系数	前20%均值	后20%均值	倍率
AZ	82.00	80.00	0.89	80.40	0.40	0.011	—	—	—
AX	81.00	60.00	10.08	72.29	3.81	0.139	80.50	60.00	1.34
BX	96.00	60.00	13.41	76.33	5.48	0.176	88.00	61.00	1.44

9. AA县和AB县农村义务教育学校工具书种类校际差异状况

学校类别	最大值	最小值	标准差	均值	标准误	差异系数	前20%均值	后20%均值	倍率
AZ	180.00	161.00	8.50	176.20	3.80	0.112	—	—	—
AX	163.00	120.00	19.84	149.00	7.50	0.133	161.50	120.00	1.35
BX	191.00	120.00	22.65	159.00	9.25	0.142	177.00	140.00	1.26

（二）义务教育学校教育资源配置的城乡差异状况

1. AA县和AB县农村义务教育学校生均固定资产值、生均校舍建筑面积和生均图书册数的城乡差异状况

指标	学校类别	城乡	标准差	均值	组内差异	中位数
生均固定资产值	AZ	城区	3705.040	11803.750	0.314	11803.750
		镇区	2938.094	7755.181	0.379	6977.060
		村屯	3373.317	10445.630	0.323	11088.710
	AX	城区	6451.399	9272.769	0.696	7964.600
		镇区	3346.035	6322.844	0.529	4947.445
		村屯	2190.449	4417.213	0.496	4344.210
	BX	城区	14268.474	20906.815	0.683	17755.220
		村屯	14252.505	33584.394	0.424	33638.270

附录7　A市AA、AB县农村义务教育均衡发展状况

续表

指标	学校类别	城乡	标准差	均值	组内差异	中位数
生均校舍建筑面积	AZ	城区	0.051	10.227	0.005	10.225
		镇区	12.792	20.350	0.629	16.610
		村屯	2.762	12.810	0.216	14.020
	AX	城区	3.124	9.589	0.326	9.995
		镇区	2.041	7.162	0.285	6.455
		村屯	3.247	9.132	0.355	9.170
	BX	城区	2.165	7.490	0.289	6.875
		村屯	6.718	15.399	0.436	14.495
生均图书册数	AZ	城区	0.707	41.500	0.017	41.500
		镇区	6.351	49.330	0.129	53.000
		村屯	10.237	43.600	0.235	42.000
	AX	城区	5.565	33.830	0.165	30.500
		镇区	4.776	32.580	0.147	32.000
		村屯	4.680	36.290	0.129	35.000
	BX	城区	3.816	36.200	0.105	36.000
		村屯	5.320	46.500	0.114	46.000

2. AA县和AB县农村义务教育学校生机比和师机比的城乡差异状况

指标	学校类别	城乡	标准差	均值	组内差异	中位数
生机比	AZ	城区	0.594	11.638	0.051	11.640
		镇区	6.141	12.493	0.492	9.400
		村屯	2.565	7.917	0.324	6.970
	AX	城区	4.845	8.035	0.603	7.345
		镇区	3.975	11.509	0.345	9.805
		村屯	1.755	5.525	0.318	4.610
	BX	城区	3.617	12.566	0.288	12.550
		村屯	0.781	6.520	0.120	6.350
师机比	AZ	城区	0.000	1.000	0.000	1.000
		镇区	0.352	1.339	0.263	1.180
		村屯	0.048	0.974	0.051	1.000
	AX	城区	0.020	0.992	0.021	1.000
		镇区	0.108	0.980	0.110	1.000
		村屯	0.556	1.068	0.520	1.000
	BX	城区	0.082	0.739	0.111	0.750
		村屯	0.266	0.965	0.276	1.010

附录8 B市BA、BB县农村义务教育均衡发展状况

一 县域内农村义务教育学校教育资源配置的均衡状况

(一) 县域内农村义务教育学校教师资源校际差异状况

1. BA县和BB县农村义务教育学校师生比的校际差异状况

学校类别	最大值	最小值	标准差	均值	标准误	差异系数	前20%均值	后20%均值	倍率
AZ	0.27	0.16	0.08	0.22	0.06	0.353	—	—	—
AX	0.34	0.10	0.07	0.15	0.02	0.475	0.27	0.10	2.70
BX	0.27	0.11	0.07	0.15	0.03	0.440	—	—	—

2. BA县和BB县农村义务教育学校女教师比例的校际差异状况

学校类别	最大值	最小值	标准差	均值	差异系数	均值标准误	前20%均值	后20%均值	倍率
AZ	0.41	0.40	0.01	0.40	0.012	0.00	—	—	—
AX	0.65	0.00	0.19	0.38	0.505	0.06	0.63	0.12	5.48
BX	0.70	0.36	0.14	0.51	0.277	0.06	—	—	—

附录8　B市BA、BB县农村义务教育均衡发展状况

3. BA县和BB县农村义务教育学校高级职称教师的校际差异状况

学校类别	最大值	最小值	标准差	均值	均值标准误	差异系数	前20%均值	后20%均值	倍率
AZ	0.12	0.10	0.01	0.11	0.01	0.116	—	—	—
AX	0.83	0.37	0.15	0.53	0.05	0.291	0.60	0.38	1.60
BX	0.64	0.45	0.08	0.57	0.04	0.141	—	—	—

4. BA县和BB县农村义务教育小学教师年龄结构的校际差异状况

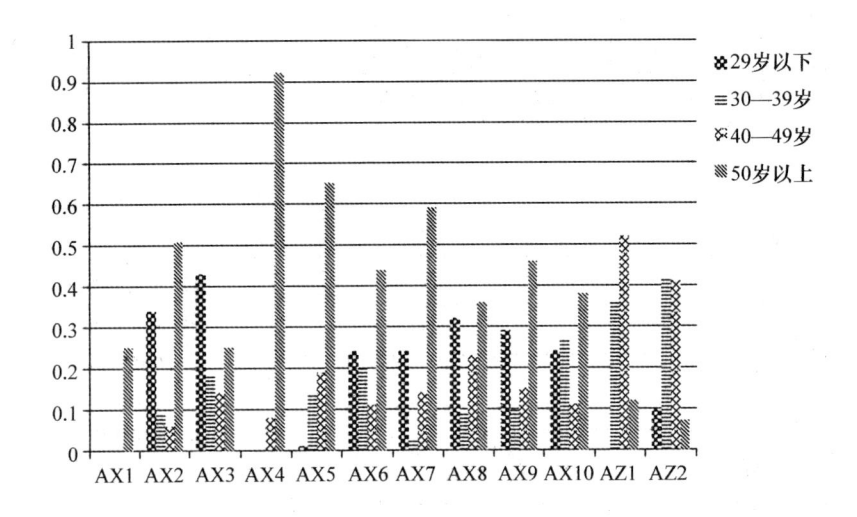

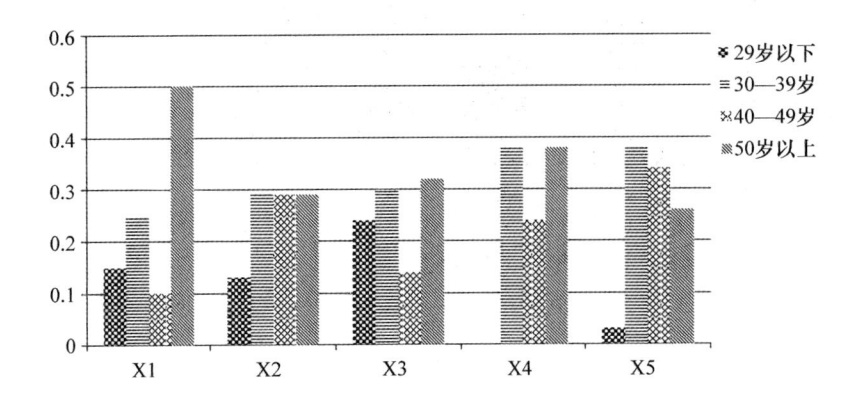

5. BA 县和 BB 县农村义务教育小学教师学历结构的校际差异状况

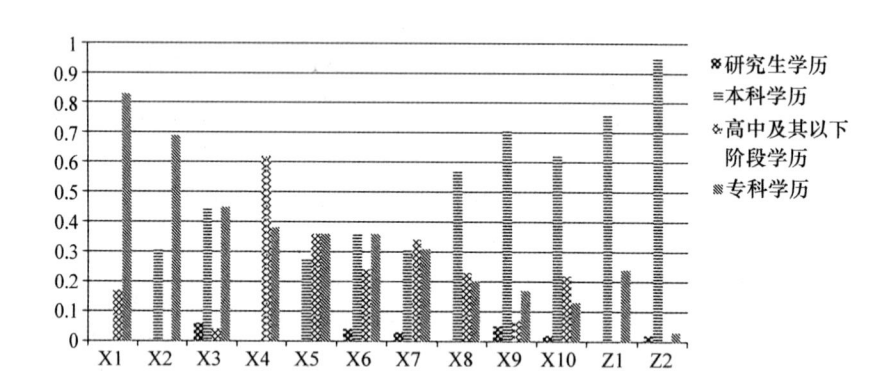

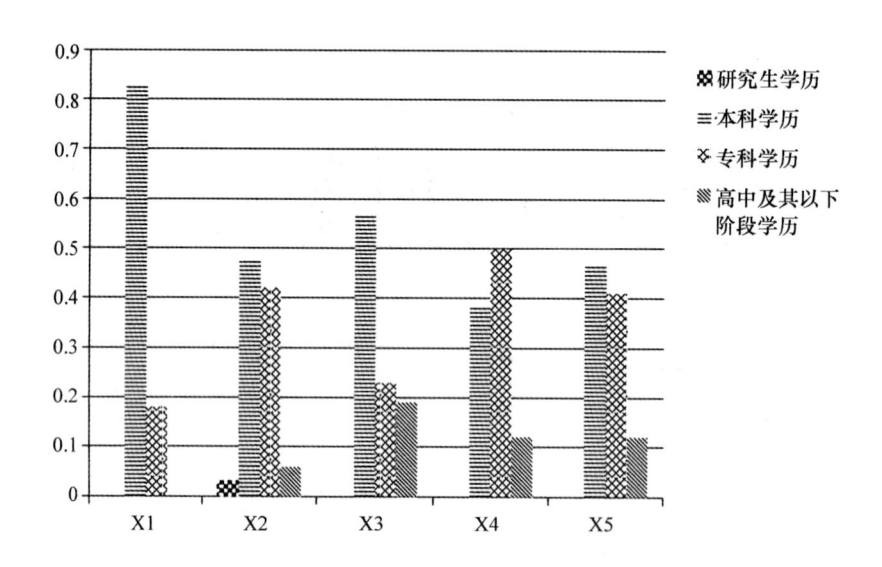

附录8　B市BA、BB县农村义务教育均衡发展状况

（二）县域内义务教育均衡发展城乡差异状况

1. BA县和BB县义务教育学校师生比、女教师比例和高级教师比例的城乡差异状况

指标	学校类别	城乡	标准差	均值	组内差异	中位数
师生比	AX	城区	0.047	0.065	0.734	0.045
		镇区	0.032	0.120	0.266	0.140
		村屯	0.073	0.154	0.475	0.110
	AZ	城区	0.112	0.164	0.682	0.160
		镇区	0.025	0.132	0.188	0.135
		村屯	0.073	0.154	0.475	0.125
	BX	镇区	0.046	0.122	0.372	0.120
		村屯	0.067	0.151	0.440	0.120
女教师比	AX	城区	0.262	0.597	0.439	0.680
		镇区	0.084	0.386	0.218	0.380
		村屯	0.194	0.384	0.505	0.405
	AZ	城区	0.175	0.488	0.358	0.485
		镇区	0.064	0.412	0.154	0.390
		村屯	0.194	0.384	0.505	0.405
	BX	镇区	0.101	0.493	0.205	0.485
		村屯	0.141	0.507	0.277	0.450
高级教师比	AX	城区	0.080	0.665	0.120	0.675
		镇区	0.068	0.539	0.126	0.500
		村屯	0.153	0.525	0.291	0.465
	AZ	城区	0.002	0.218	0.008	0.220
		镇区	0.023	0.138	0.166	0.135
		村屯	0.020	0.017	1.167	0.010
	BX	城区	0.041	0.474	0.087	0.475
		村屯	0.050	0.041	0.819	0.030

2. BA县和BB县义务教育学校教师年龄结构的城乡差异状况

指标	学校类别	城乡	标准差	均值	组内差异	中位数
29岁及以下	AX	城区	0.048	0.054	0.890	0.055
		镇区	0.088	0.178	0.493	0.205
		村屯	0.155	0.213	0.727	0.240
	AZ	城区	0.007	0.005	1.423	0.005
		镇区	0.016	0.080	0.198	0.085
		村屯	0.072	0.051	1.415	0.050
	BX	镇区	0.084	0.130	0.648	0.120
		村屯	0.098	0.111	0.885	0.130
30—39岁	AX	城区	0.084	0.269	0.314	0.285
		镇区	0.047	0.171	0.277	0.165
		村屯	0.088	0.109	0.802	0.095
	AZ	城区	0.017	0.176	0.094	0.175
		镇区	0.090	0.227	0.396	0.225
		村屯	0.045	0.392	0.115	0.390
	BX	镇区	0.110	0.321	0.342	0.305
		村屯	0.058	0.319	0.184	0.300
40—49岁	AX	城区	0.075	0.404	0.185	0.400
		镇区	0.081	0.180	0.452	0.175
		村屯	0.065	0.120	0.546	0.125
	AZ	城区	0.126	0.568	0.221	0.570
		镇区	0.090	0.412	0.219	0.410
		村屯	0.080	0.463	0.173	0.465
	BX	镇区	0.083	0.196	0.426	0.195
		村屯	0.010	0.221	0.045	0.240
50岁及以上	AX	城区	0.162	0.273	0.592	0.235
		镇区	0.055	0.475	0.115	0.465
		村屯	0.202	0.483	0.419	0.450
	AZ	城区	0.102	0.251	0.405	0.250
		镇区	0.082	0.252	0.324	0.260
		村屯	0.037	0.094	0.393	0.095
	BX	镇区	0.146	0.353	0.412	0.410
		村屯	0.096	0.349	0.244	0.320

附录8 B市BA、BB县农村义务教育均衡发展状况

3. BA县和BB县义务教育学校教师学历结构的城乡差异状况

指标	学校类别	城乡	标准差	均值	组内差异	中位数
研究生毕业	AX	城区	0.066	0.062	1.070	0.055
		镇区	0.009	0.008	1.152	0.050
		村屯	0.024	0.021	1.144	0.010
	AZ	城区	0.021	0.015	1.416	0.015
		镇区	0.004	0.020	0.203	0.020
		村屯	0.012	0.009	1.412	0.010
	BX	镇区	0.005	0.003	2.160	0.000
		村屯	0.014	0.007	2.215	0.000
本科毕业	AX	城区	0.108	0.573	0.189	0.620
		镇区	0.136	0.434	0.313	0.400
		村屯	0.238	0.361	0.696	0.335
	AZ	城区	0.061	0.741	0.082	0.740
		镇区	0.093	0.727	0.128	0.735
		村屯	0.134	0.855	0.157	0.855
	BX	镇区	0.131	0.508	0.257	0.460
		村屯	0.170	0.547	0.311	0.480
专科毕业	AX	城区	0.064	0.259	0.248	0.285
		镇区	0.086	0.409	0.211	0.395
		村屯	0.222	0.389	0.571	0.360
	AZ	城区	0.082	0.244	0.334	0.245
		镇区	0.095	0.254	0.375	0.250
		村屯	0.146	0.137	1.064	0.135
	BX	镇区	0.094	0.372	0.251	0.375
		村屯	0.137	0.347	0.394	0.410
高中阶段及其以下毕业	AX	城区	0.154	0.107	1.445	0.015
		镇区	0.176	0.148	1.189	0.125
		村屯	0.182	0.229	0.792	0.225
	AZ	城区	0.000	0.000	—	0.000
		镇区	0.000	0.000	—	0.000
		村屯	0.000	0.000	—	0.000
	BX	镇区	0.097	0.118	0.822	0.130
		村屯	0.072	0.100	0.720	0.120

二 县域内农村义务教育保障机制均衡状况

（一）县域内农村义务教育校际均衡状况

1. BA县和BB县农村义务教育学校生均固定资产总值校际差异状况

学校类别	最大值	最小值	标准差	均值	标准误	差异系数	前20%均值	后20%均值	倍率
AZ	132449.20	99878.67	23030.80	116163.91	16285.24	0.198	—	—	—
AX	24285.70	1276.60	7147.80	9860.41	2260.30	0.725	21835.73	2563.00	8.50
BX	7946.77	1091.18	2485.44	4389.18	1111.52	0.566	—	—	—

2. BA县和BB县农村义务教育学校生均教学仪器设备值的校际差异状况

学校类别	最大值	最小值	标准差	均值	标准误	差异系数	前20%均值	后20%均值	倍率
AZ	13020.00	4598.31	5955.04	8809.15	4210.15	0.680	—	—	—
AX	2584.62	520.09	831.12	1489.37	262.86	0.560	2584.45	583.13	4.43
BX	1165.61	175.52	453.86	615.05	202.97	0.738	—	—	—

3. BA县和BB县农村义务教育学校生均校舍建筑面积的校际间差异状况

学校类别	最大值	最小值	标准差	均值	标准误	差异系数	前20%均值	后20%均值	倍率
AZ	99.31	83.09	11.46	91.20	8.11	0.126	—	—	—
AX	43.00	2.79	11.70	11.87	3.69	0.986	29.14	3.96	7.37
BX	37.14	5.03	13.43	17.02	6.01	0.789	—	—	—

附录 8 B 市 BA、BB 县农村义务教育均衡发展状况

4. BA 县和 BB 县农村义务教育学校生均绿化面积的校际差异和生均绿地面积分布状况

学校类别	最大值	最小值	标准差	均值	标准误	差异系数	前20%均值	后20%均值	倍率
AZ	35.33	30.51	3.41	32.92	2.41	0.104	—	—	—
AX	63.09	1.59	20.94	17.34	6.62	1.208	51.14	2.17	23.62
BX	9.55	1.77	3.02	6.92	1.35	0.437	—	—	—

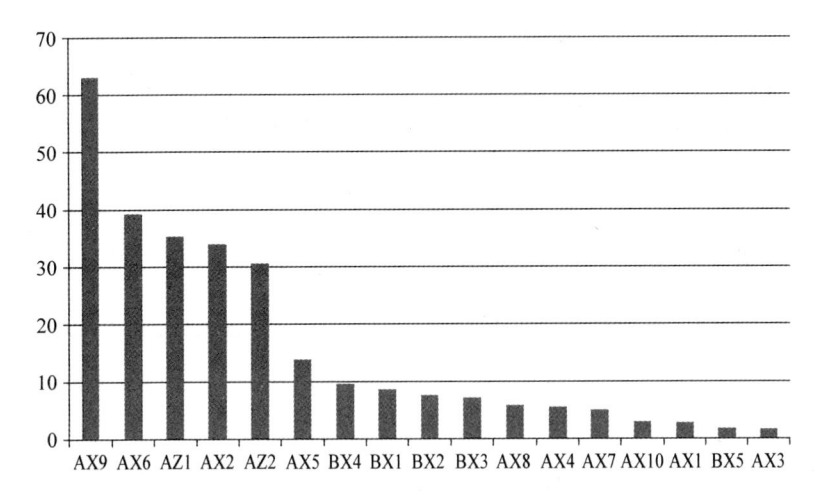

5. BA 县和 BB 县农村义务教育学校阅览室面积的校际差异状况

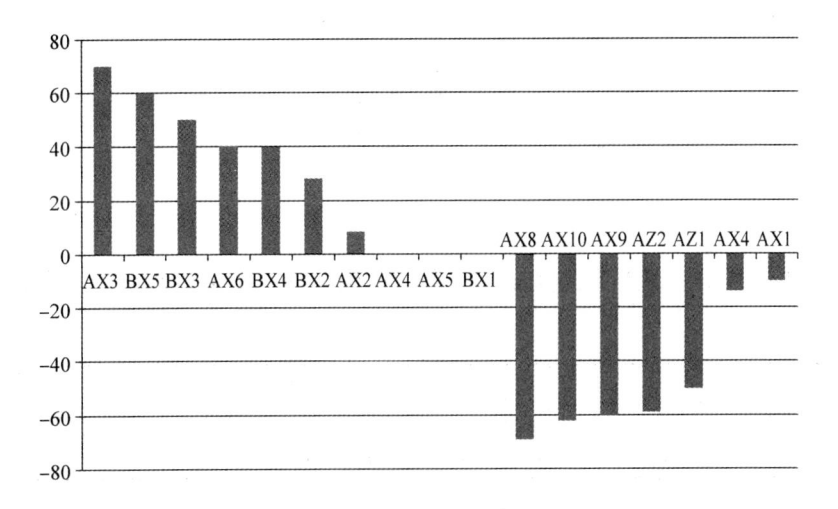

6. BA 县和 BB 县农村义务教育学校生机比、师机比的校际差异状况

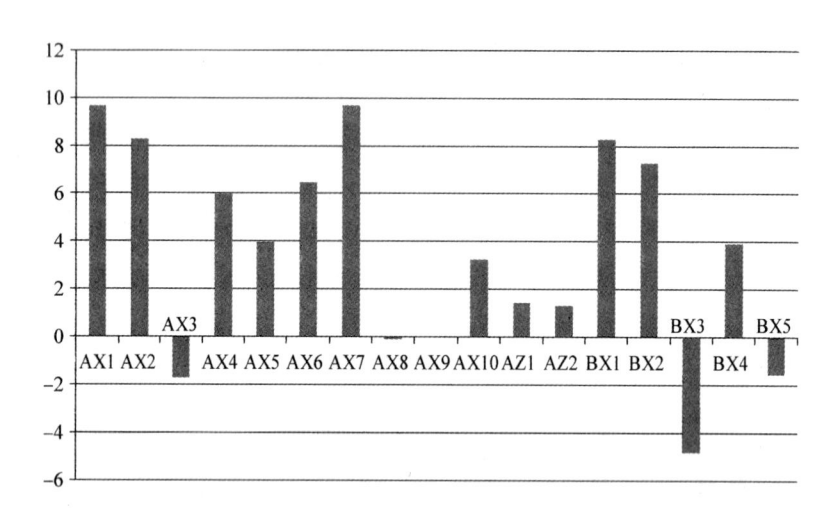

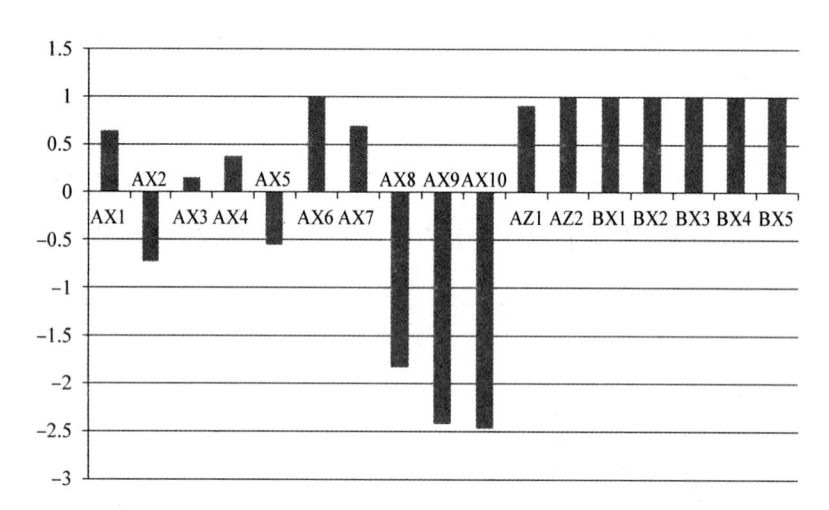

7. BA 县和 BB 县农村义务教育学校生均图书册数的校际差异状况

学校类别	最大值	最小值	标准差	均值	标准误	差异系数	前20%均值	后20%均值	倍率
AZ	48.00	40.00	5.66	44.00	4.00	0.129	—	—	—

续表

学校类别	最大值	最小值	标准差	均值	标准误	差异系数	前20%均值	后20%均值	倍率
AX	43.00	24.00	5.84	32.10	1.85	0.182	40.50	25.00	1.62
BX	37.00	30.00	3.32	33.00	1.48	0.101	—	—	

8. BA县和BB县农村义务教育学校报纸杂志种类的校际差异状况

学校类别	最大值	最小值	标准差	均值	标准误	差异系数	前20%均值	后20%均值	倍率
AZ	80.00	80.00	0.00	80.00	0.00	0.000	—	—	
AX	89.00	60.00	10.61	66.10	3.81	0.161	84.50	60.00	1.41
BX	127.00	80.00	23.36	105.40	10.45	0.222	—	—	

9. BA县和BB县农村义务教育学校工具书种类数的校际差异状况

学校类别	最大值	最小值	标准差	均值	标准误	差异系数	前20%均值	后20%均值	倍率
AZ	180.00	180.00	0.00	180.00	0.00	0.000	—	—	
AX	160.00	120.00	19.32	148.00	6.11	0.131	160.00	120.00	1.30
BX	444.00	160.00	122.04	227.00	54.58	0.538	—	—	

（二）义务教育均衡发展的城乡差异状况

1. BA县和BB县义务教育学校生均固定资产值、生均校舍建筑面积和生均图书册数的城乡差异状况

指标	学校类别	城乡	标准差	均值	组内差异	中位数
生均固定资产值	AZ	城区	12987.308	13996.586	0.928	13996.586
		镇区	2796.499	13456.452	0.208	13806.310
		村屯	23030.811	116163.910	0.198	116163.910
	AX	城区	3672.795	6166.040	0.596	4805.680
		镇区	5841.777	9591.477	0.609	7009.985
		村屯	7147.794	9860.408	0.725	7992.140
	BX	镇区	4537.960	6622.688	0.685	5680.070
		村屯	2485.440	4389.180	0.566	4312.370

续表

指标	学校类别	城乡	标准差	均值	组内差异	中位数
生均校舍建筑面积	AZ	城区	10.701	10.557	1.014	10.557
		镇区	2.999	14.028	0.214	13.085
		村屯	11.463	91.199	0.126	91.199
	AX	城区	8.809	10.122	0.870	8.335
		镇区	5.734	10.546	0.544	8.915
		村屯	11.679	11.873	0.984	8.100
	BX	镇区	6.040	11.380	0.531	10.285
		村屯	13.434	17.024	0.789	15.460
生均图书册数	AZ	城区	19.092	48.500	0.394	48.500
		镇区	4.193	46.250	0.091	45.500
		村屯	5.657	44.000	0.129	44.000
	AX	城区	2.714	27.170	0.100	0.275
		镇区	5.377	35.250	0.153	0.345
		村屯	5.840	32.100	0.182	0.315
	BX	镇区	1.955	33.400	0.059	0.335
		村屯	3.317	33.000	0.101	32.000

2. BA县和BB县义务教育学校生机比和师机比的城乡差异状况

指标	学校类别	城乡	标准差	均值	组内差异	中位数
生机比	AZ	城区	21.011	21.029	0.999	21.029
		镇区	2.306	12.875	0.179	12.875
		村屯	1.915	6.624	0.289	6.624
	AX	城区	7.073	12.610	0.561	14.295
		镇区	4.974	9.460	0.526	8.890
		村屯	3.538	8.109	0.436	7.370
	BX	镇区	4.152	12.175	0.341	11.100
		村屯	5.140	9.970	0.516	8.290
师机比	AZ	城区	1.612	2.689	0.600	2.689
		镇区	0.307	1.077	0.285	1.077
		村屯	0.188	1.037	0.181	1.037
	AX	城区	0.798	1.160	0.688	0.845
		镇区	0.291	0.612	0.475	0.530
		村屯	1.248	1.585	0.787	1.275
	BX	镇区	0.409	1.136	0.360	0.975
		村屯	0.000	1.000	0.000	1.000

附录9 C市CA、CB县农村义务教育均衡发展状况

一 县域内义务教育学校教育资源配置的均衡状况

(一) 县域内农村义务教育学校教师资源的校际差异状况

1. CA县和CB县农村义务教育学校师生比的校际差异状况

学校类别	最大值	最小值	标准差	均值	差异系数	前20%均值	后20%均值	倍率
AZ	0.09	0.09	0.00	0.09	0.030	—	—	—
AX	0.24	0.10	0.06	0.15	0.396	0.20	0.11	1.79
BX	0.11	0.05	0.02	0.07	0.329	0.09	0.05	1.71

2. CA县和CB县农村义务教育学校女教师比例校际差异状况

学校类别	最大值	最小值	标准差	均值	差异系数	前20%均值	后20%均值	倍率
BX	0.55	0.15	0.18	0.29	0.632	0.40	0.18	2.24
BZ	0.50	0.48	0.01	0.49	0.018	0.49	0.49	1.00
ZX	0.77	0.52	0.09	0.68	0.138	0.74	0.60	1.23

3. CA县和CB县农村义务教育学校高级教师职称校际差异状况

学校类别	最大值	最小值	标准差	均值	标准误	差异系数	前20%均值	后20%均值	倍率
BX	0.85	0.43	0.19	0.59	0.09	0.318	0.73	0.45	1.61
BZ	0.14	0.04	0.06	0.09	0.46	0.714	—	—	—
ZX	0.48	0.28	0.08	0.37	0.03	0.210	0.43	0.30	1.46

4. CA县和CB县农村义务教育小学、初中教师年龄结构的校际差异状况

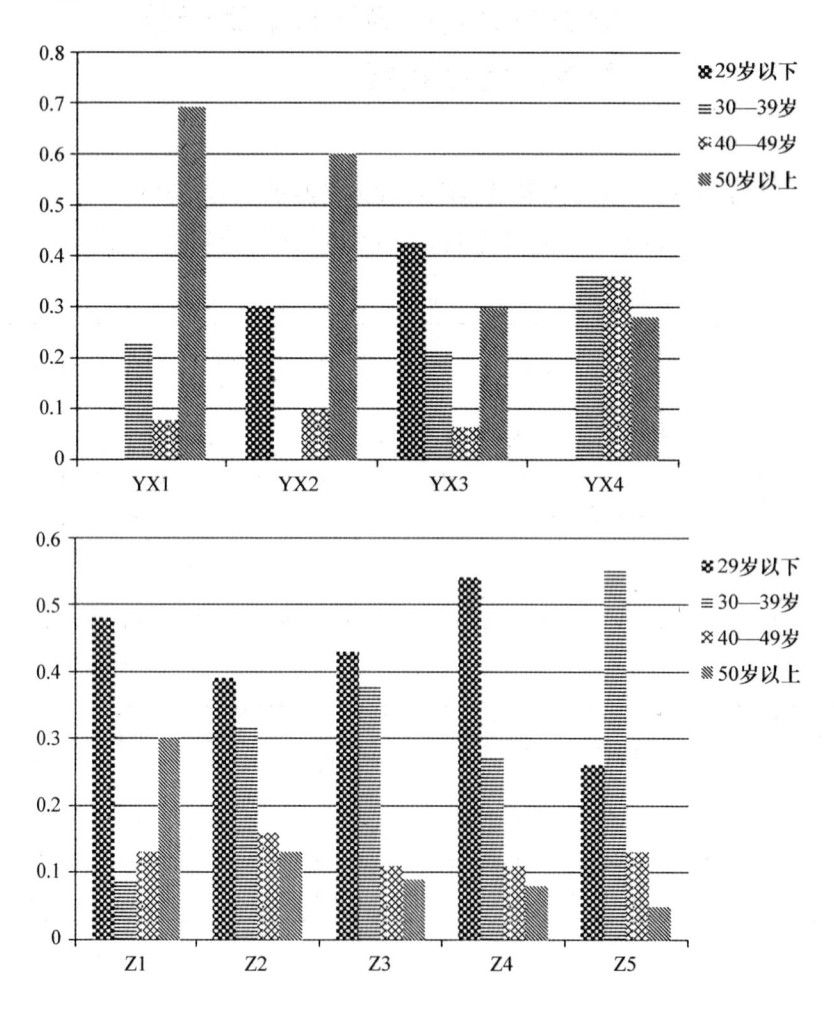

附录9　C市CA、CB县农村义务教育均衡发展状况

5. CA县和CB县农村义务教育小学、初中教师学历校际差异状况

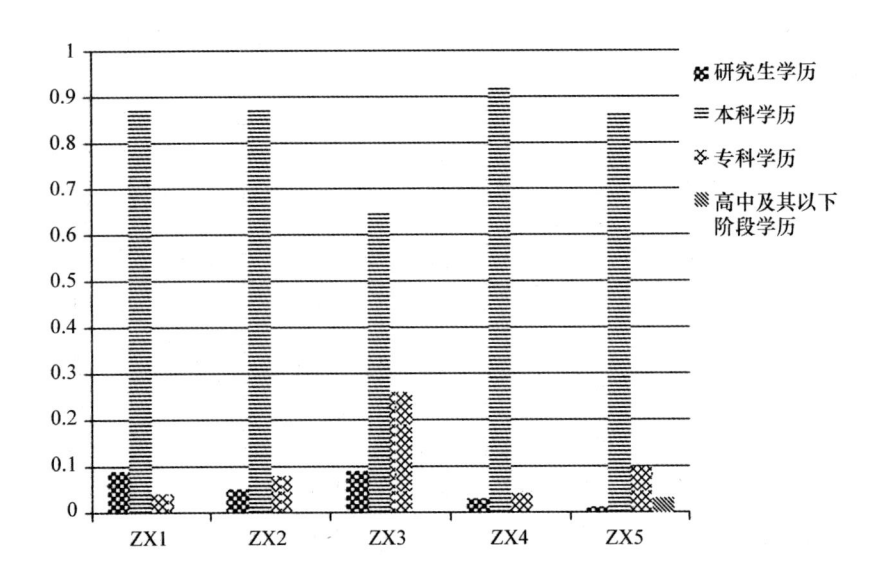

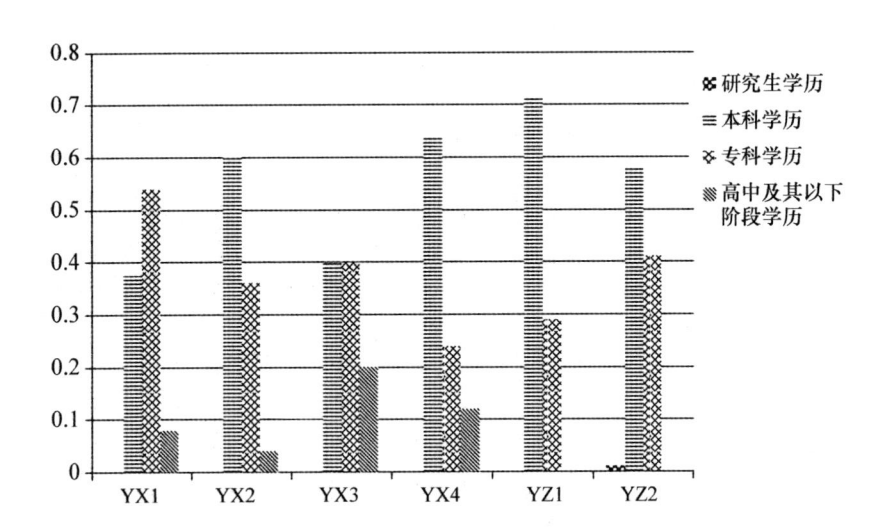

（二）县域内义务教育均衡发展的城乡差异状况

1. CA 县和 CB 县义务教育学校师生比、女教师和高级教师比例的城乡差异状况

指标	学校类别	城乡	标准差	均值	组内差异	中位数
师生比	GX	城区	0.022	0.069	0.324	0.069
		镇区	0.030	0.124	0.239	0.124
		村屯	0.053	0.121	0.435	0.109
	LX	城区	0.044	0.083	0.526	0.059
		镇区	0.018	0.087	0.210	0.092
		村屯	0.026	0.113	0.231	0.118
	LZ	城区	0.015	0.071	0.207	0.071
		镇区	0.041	0.101	0.407	0.101
		村屯	0.026	0.115	0.223	0.115
女教师比	GX	城区	0.266	0.641	0.415	0.641
		镇区	0.123	0.587	0.209	0.533
		村屯	0.054	0.184	0.296	0.170
	LX	城区	0.116	0.658	0.177	0.662
		镇区	0.168	0.441	0.381	0.500
		村屯	0.154	0.329	0.467	0.281
	LZ	城区	0.041	0.484	0.084	0.484
		镇区	0.150	0.456	0.329	0.456
		村屯	0.025	0.342	0.072	0.342
高级教师比	GX	城区	0.057	0.512	0.131	0.512
		镇区	0.179	0.526	0.340	0.467
		村屯	0.168	0.613	0.273	0.604
	LX	城区	0.172	0.507	0.339	0.529
		镇区	0.132	0.402	0.329	0.417
		村屯	0.234	0.327	0.717	0.329
	LZ	城区	0.079	0.123	0.641	0.123
		镇区	0.404	0.377	1.070	0.377
		村屯	0.021	0.066	0.319	0.066

附录9 C市CA、CB县农村义务教育均衡发展状况

2. CA县和CB县义务教育学校教师年龄结构的城乡差异状况

指标	学校类别	城乡	标准差	均值	组内差异	中位数
29岁及以下	GX	城区	0.004	0.116	0.032	0.116
		镇区	0.058	0.061	0.954	0.067
		村屯	0.071	0.086	0.825	0.085
	LX	城区	0.121	0.127	0.953	0.063
		镇区	0.072	0.078	0.922	0.044
		村屯	0.147	0.145	1.013	0.113
	LZ	城区	0.017	0.015	1.113	0.015
		镇区	0.006	0.096	0.062	0.096
		村屯	0.046	0.238	0.194	0.238
30—39岁	GX	城区	0.079	0.339	0.233	0.339
		镇区	0.075	0.031	2.373	0.273
		村屯	0.055	0.255	0.215	0.234
	LX	城区	0.197	0.311	0.632	0.321
		镇区	0.148	0.322	0.461	0.325
		村屯	0.148	0.262	0.566	0.290
	LZ	城区	0.081	0.362	0.225	0.362
		镇区	0.083	0.417	0.198	0.417
		村屯	0.008	0.276	0.030	0.276
40—49岁	GX	城区	0.117	0.233	0.500	0.233
		镇区	0.213	0.391	0.544	0.269
		村屯	0.106	0.112	0.945	0.120
	LX	城区	0.117	0.284	0.412	0.285
		镇区	0.089	0.212	0.417	0.216
		村屯	0.094	0.084	1.126	0.069
	LZ	城区	0.087	0.445	0.195	0.445
		镇区	0.027	0.319	0.083	0.319
		村屯	0.176	0.260	0.679	0.260
50岁及以上	GX	城区	0.199	0.312	0.639	0.312
		镇区	0.131	0.235	0.557	0.267
		村屯	0.091	0.548	0.166	0.533
	LX	城区	0.133	0.276	0.482	0.250
		镇区	0.149	0.388	0.384	0.377
		村屯	0.236	0.466	0.507	0.468
	LZ	城区	0.012	0.178	0.065	0.178
		镇区	0.115	0.169	0.682	0.169
		村屯	0.184	0.226	0.812	0.226

3. CA县和CB县义务教育学校教师学历结构的城乡差异状况

指标	学校类别	城乡	标准差	均值	组内差异	中位数
研究生毕业	GX	城区	0.009	0.007	1.409	0.007
	LZ	城区	0.006	0.005	1.400	0.005
		镇区	0.018	0.013	1.416	0.125
		村屯	0.020	0.040	0.505	0.040
本科毕业	GX	城区	0.160	0.585	0.273	0.585
		镇区	0.027	0.574	0.048	0.577
		村屯	0.335	0.409	0.818	0.383
	LX	城区	0.153	0.627	0.244	0.679
		镇区	0.179	0.513	0.349	0.547
		村屯	0.196	0.338	0.581	0.267
	LZ	城区	0.027	0.850	0.032	0.850
		镇区	0.280	0.740	0.378	0.740
		村屯	0.049	0.683	0.072	0.683
专科毕业	GX	城区	0.225	0.369	0.608	0.369
		镇区	0.177	0.257	0.688	0.200
		村屯	0.145	0.330	0.438	0.313
	LX	城区	0.094	0.261	0.360	0.214
		镇区	0.079	0.235	0.336	0.226
		村屯	0.210	0.385	0.547	0.382
	LZ	城区	0.021	0.146	0.142	0.146
		镇区	0.298	0.248	1.201	0.248
		村屯	0.029	0.277	0.104	0.277
高中阶段及其以下毕业	GX	城区	0.056	0.040	1.413	0.040
		镇区	0.156	0.169	0.923	0.200
		村屯	0.241	0.209	1.157	0.200
	LX	城区	0.118	0.107	1.102	0.071
		镇区	0.176	0.252	0.700	0.226
		村屯	0.208	0.278	0.751	0.303

附录9 C市CA、CB县农村义务教育均衡发展状况

二 县域内农村义务教育保障机制均衡状况

(一)农村义务教育校际均衡状况

1. CA县和CB县农村义务教育学校生均固定资产总值校际差异和校际分布状况

学校类别	最大值	最小值	标准差	均值	标准误	差异系数	前20%均值	后20%均值	倍率
BZ	16678.00	13748.00	2071.63	15213.32	1464.86	0.136	—	—	—
BX	11288.00	6738.00	1927.35	8726.18	963.68	0.221	10106.50	7345.50	1.38
ZX	18778.00	3309.00	6295.67	8631.53	2815.51	0.729	14662.00	3950.50	3.71

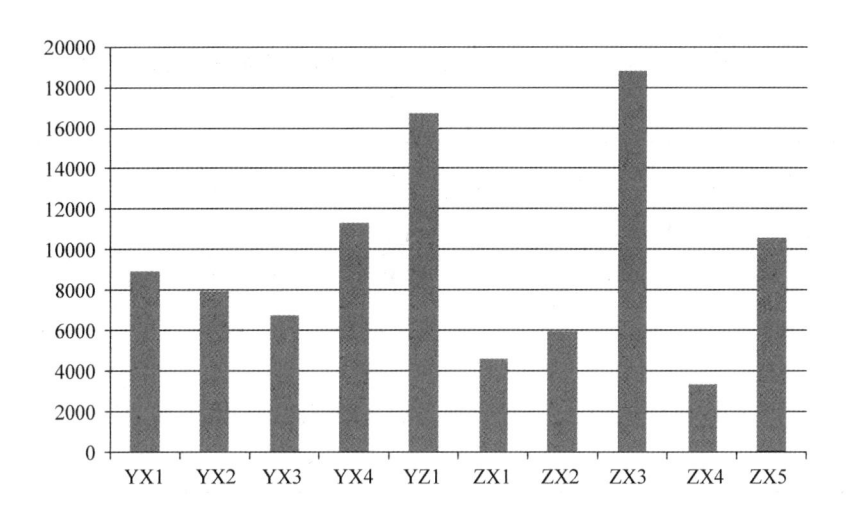

· 223 ·

2. CA县和CB县农村义务教育学校生均教学仪器设备值校际差异状况

学校类别	最大值	最小值	标准差	均值	标准误	差异系数	前20%均值	后20%均值	倍率
BZ	799.00	519.00	0.02	659.00	0.01	0.301	—	—	—
BX	2769.00	1037.00	0.07	2082.00	0.04	0.359	2592.00	1572.00	1.65
ZX	1759.00	1007.00	0.03	1367.00	0.01	0.222	1677.00	1109.00	1.51

3. CA县和CB县农村义务教育学校生均校舍建筑面积的校际差异状况

学校类别	最大值	最小值	标准差	均值	标准误	差异系数	前20%均值	后20%均值	倍率
BZ	15.77	11.50	3.02	13.63	2.13	0.221	—	—	—
BX	14.56	5.56	4.30	9.15	2.15	0.470	12.61	5.70	2.21
ZX	13.16	4.84	3.17	7.73	1.42	0.410	10.20	5.77	1.77

4. CA县和CB县农村义务教育学校生均绿化面积校际差异状况

学校类别	最大值	最小值	标准差	均值	标准误	差异系数	前20%均值	后20%均值	倍率
BZ	9.50	8.00	1.06	8.75	0.75	0.121	—	—	—
BX	53.50	2.00	24.14	18.28	12.07	1.321	33.95	2.60	13.06
ZX	14.10	1.50	4.71	6.20	2.11	0.759	9.90	3.00	3.30

5. CA县和CB县农村义务教育学校阅览室面积校际差异和达标状况

学校类别	最大值	最小值	标准差	均值	标准误	差异系数	前20%均值	后20%均值	倍率
BZ	680.00	276.00	285.67	202.00	478.00	0.598	—	—	—
BX	98.00	96.00	1.00	96.50	0.50	0.010	97.00	96.00	1.01
ZX	290.00	83.00	94.32	190.60	40.18	0.490	286.00	99.00	2.89

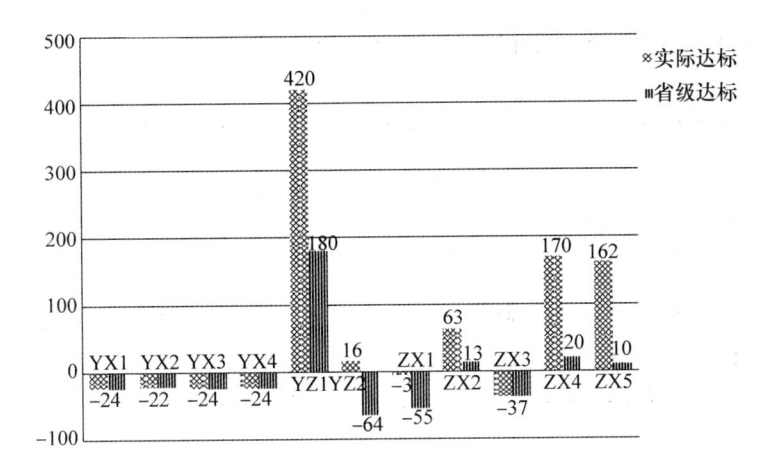

附录9　C市CA、CB县农村义务教育均衡发展状况

6. CA县和CB县农村义务教育学校生机比、师机比达标状况

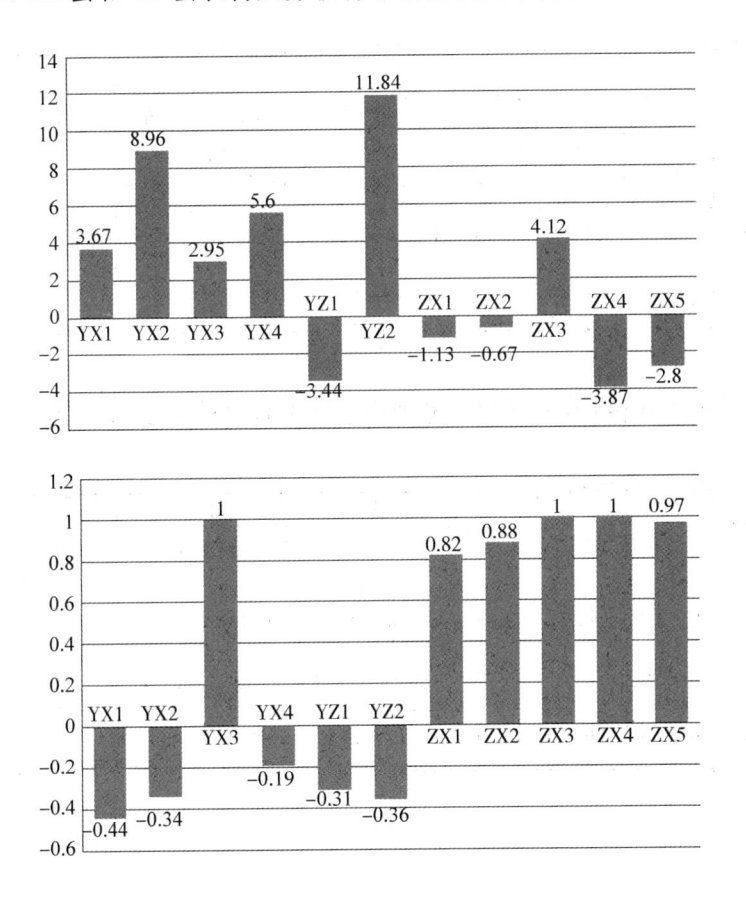

7. CA 县和 CB 县农村义务教育学校生均图书册数校际差异状况

学校类别	最大值	最小值	标准差	均值	标准误	差异系数	前 20%均值	后 20%均值	倍率
AZ	48.00	40.00	5.66	44.00	4.00	0.129	—	—	—
AX	43.00	24.00	5.84	32.10	1.85	0.182	40.50	25.00	1.62
BX	37.00	30.00	3.32	33.00	1.48	0.101	—	—	—

8. CA 县和 CB 县农村义务教育学校报纸杂志种类校际差异状况

学校类别	最大值	最小值	标准差	均值	标准误	差异系数	前 20%均值	后 20%均值	倍率
AZ	80.00	80.00	0.00	80.00	0.00	0.000	—	—	—
AX	89.00	60.00	10.61	66.10	3.81	0.161	84.50	60.00	1.41
BX	127.00	80.00	23.36	105.40	10.45	0.222	—	—	—

9. CA 县和 CB 县农村义务教育学校工具书种类校际差异状况

学校类别	最大值	最小值	标准差	均值	标准误	差异系数	前 20%均值	后 20%均值	倍率
AZ	180.00	180.00	0.00	180.00	0.00	0.000	—	—	—
AX	160.00	120.00	19.32	148.00	6.11	0.131	160.00	120.00	1.30
BX	444.00	160.00	122.04	227.00	54.58	0.538	—	—	—

附录9 C市CA、CB县农村义务教育均衡发展状况

（二）义务教育均衡发展的城乡差异状况

1. CA县和CB县义务教育学校生均固定资产值、生均校舍建筑面积和生均图书册数的城乡差异状况

指标	学校类别	城乡	标准差	均值	组内差异	中位数
生均固定资产值	YX	镇区	14887.000	1604.000	9.281	9089.000
		村屯	1927.000	8726.000	0.221	844.000
	YZ	镇区	342.000	10298.000	0.033	10298.000
		村屯	2072.000	15213.000	0.136	15213.000
	ZX	城区	2859.000	7812.000	0.366	8074.000
		镇区	1164.000	4193.000	0.278	4147.000
		村屯	6296.000	8632.000	0.729	5933.000
	ZZ	城区	1712.000	9657.000	0.177	9657.000
生均校舍建筑面积	YX	镇区	10.492	12.957	0.810	8.487
		村屯	4.301	9.155	0.470	8.247
	YZ	镇区	2.451	6.624	0.370	6.624
		村屯	3.018	13.633	0.221	13.633
	ZX	城区	5.945	11.549	0.515	9.768
		镇区	1.143	5.199	0.220	5.013
		村屯	3.171	7.726	0.410	6.709
	ZZ	城区	1.825	6.106	0.299	6.106
生均图书册数	YX	镇区	15.000	38.170	0.393	33.500
		村屯	6.164	34.000	0.181	31.500
	YZ	镇区	0.707	40.500	0.018	40.500
		村屯	0.000	40.000	0.000	40.000
	ZX	城区	6.238	36.750	0.197	36.000
		镇区	1.528	32.670	0.047	33.000
		村屯	3.647	33.400	0.109	33.000
	ZZ	城区	9.192	38.500	0.239	38.500

2. CA 县和 CB 县义务教育学校生机比和师机比的城乡差异状况

指标	学校类别	城乡	标准差	均值	组内差异	中位数
生机比	YX	镇区	0.126	0.188	0.671	0.126
		村屯	0.100	0.225	0.445	0.226
	YZ	镇区	0.012	0.109	0.106	0.109
		村屯	0.012	0.109	0.106	0.109
	ZX	城区	0.154	0.162	0.951	0.099
		镇区	0.270	1.219	0.222	1.342
		村屯	0.077	0.106	0.728	0.076
	ZZ	城区	0.028	0.114	0.241	0.114
师机比	YX	镇区	0.943	1.298	0.726	1.053
		村屯	1.355	1.728	0.784	1.592
	YZ	镇区	0.626	1.810	0.346	1.810
		村屯	0.626	1.810	0.346	1.811
	ZX	城区	0.626	1.902	0.329	1.826
		镇区	0.318	1.761	0.181	1.684
		村屯	0.499	2.215	0.225	2.340
	ZZ	城区	1.647	2.810	0.586	2.811

附录10 D市DA、DB县农村义务教育均衡发展状况

一 县域内农村义务教育学校教育资源配置的均衡状况

(一) 县域内农村义务教育学校教师资源的校际差异状况

1. DA县和DB县农村义务教育学校师生比的校际差异状况

学校类别	最大值	最小值	标准差	均值	标准误	差异系数	前20%均值	后20%均值	倍率
GX	0.19	0.07	0.05	0.12	0.03	2.297	0.16	0.08	1.90
LX	0.15	0.07	0.03	0.11	0.01	0.230	0.14	0.87	0.16
LZ	0.13	0.10	0.03	0.11	0.02	0.223	—	—	—

2. DA县和DB县农村义务教育学校女教师比例的校际差异状况

学校类别	最大值	最小值	标准差	均值	标准误	差异系数	前20%均值	后20%均值	倍率
GX	0.26	0.13	0.05	0.18	0.03	0.269	0.22	0.15	1.45
LX	0.53	0.18	0.15	0.33	0.06	0.467	0.51	0.19	2.65
LZ	0.36	0.32	0.02	0.34	0.02	0.072	—	—	—

3. DA县和DB县农村义务教育学校高级职称教师的校际差异状况

学校类别	最大值	最小值	标准差	均值	标准误	差异系数	前20%均值	后20%均值	倍率
GX	0.83	0.42	0.17	0.60	0.09	0.289	0.72	0.48	1.51
LX	0.73	0.00	0.23	0.35	0.10	0.664	0.57	0.15	3.71
LZ	0.08	0.05	0.02	0.07	0.01	0.319	—	—	—

4. DA县和DB县义务教育学校教师年龄结构校际差异状况

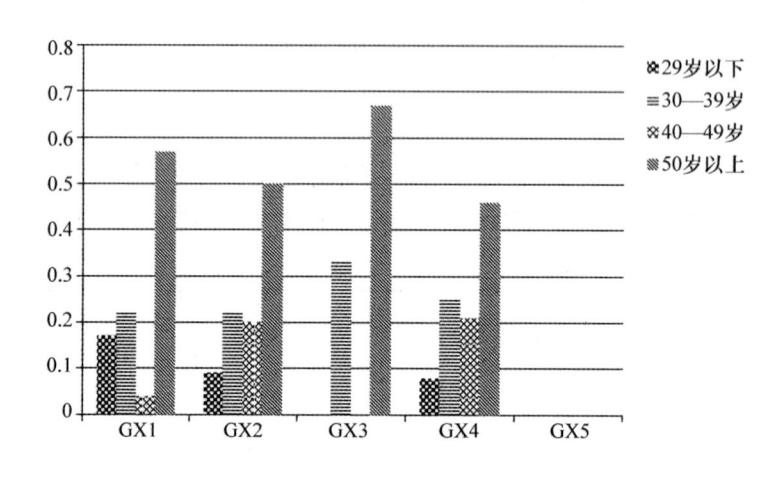

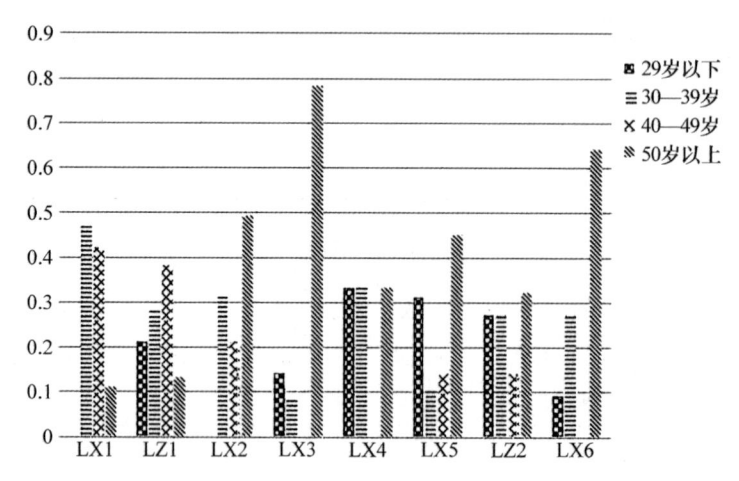

附录10　D市DA、DB县农村义务教育均衡发展状况

5. DA县和DB县农村义务教育小学教师学历结构的校际差异状况

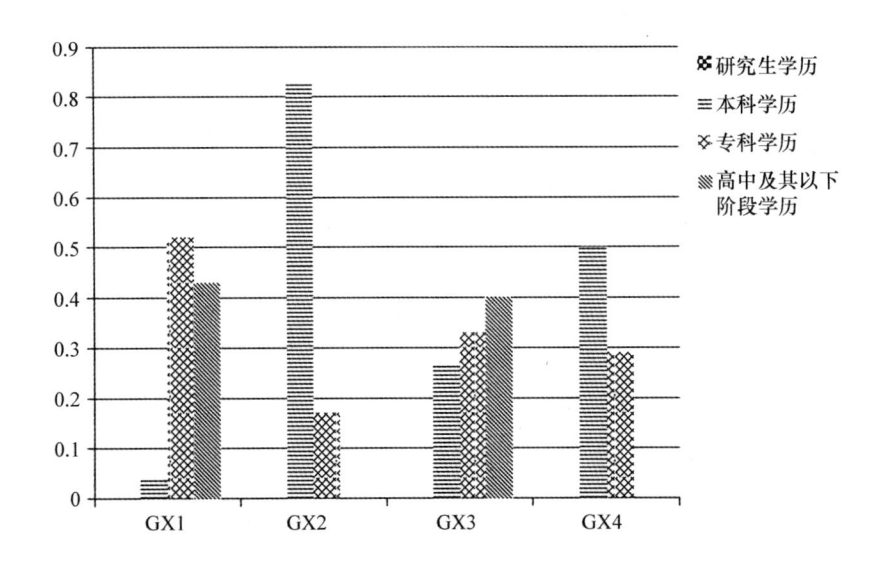

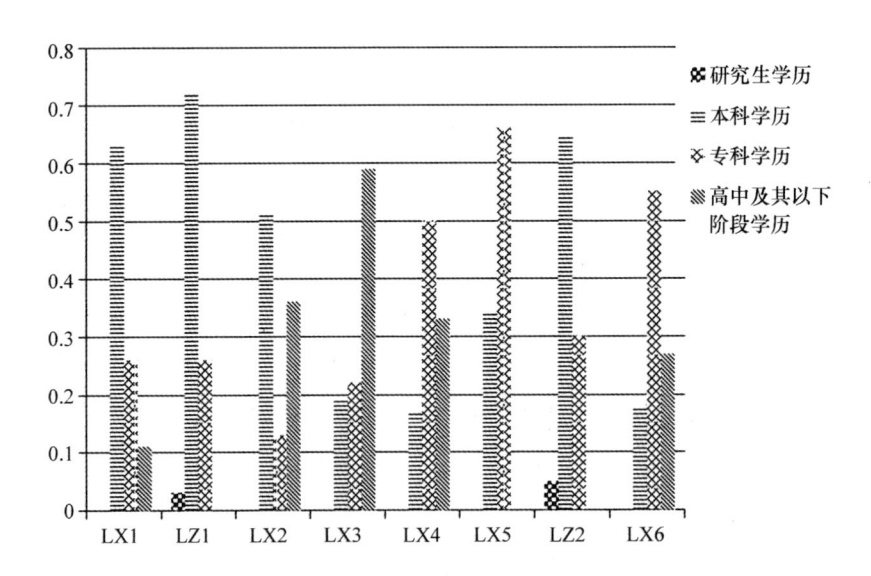

（二）县域内义务教育均衡发展的城乡差异状况

1. DA 县和 DB 县义务教育学校师生比、女教师比例和高级职称教师比例的城乡差异状况

指标	学校类别	城乡	标准差	均值	组内差异	中位数
师生比	GX	城区	0.022	0.069	0.324	0.069
		镇区	0.030	0.124	0.239	0.124
		村屯	0.053	0.121	0.435	0.109
	LX	城区	0.044	0.083	0.526	0.059
		镇区	0.018	0.087	0.210	0.092
		村屯	0.026	0.113	0.230	0.118
	LZ	城区	0.015	0.071	0.207	0.071
		镇区	0.041	0.101	0.407	0.101
		村屯	0.026	0.115	0.223	0.115
女教师比	GX	城区	0.266	0.641	0.415	0.641
		镇区	0.123	0.587	0.209	0.533
		村屯	0.054	0.184	0.296	0.170
	LX	城区	0.116	0.658	0.177	0.662
		镇区	0.168	0.441	0.381	0.500
		村屯	0.154	0.329	0.467	0.281
	LZ	城区	0.041	0.484	0.084	0.484
		镇区	0.150	0.456	0.329	0.456
		村屯	0.025	0.342	0.072	0.342
高级教师比	GX	城区	0.057	0.512	0.131	0.512
		镇区	0.179	0.526	0.340	0.467
		村屯	0.168	0.613	0.273	0.604
	LX	城区	0.172	0.507	0.339	0.529
		镇区	0.132	0.402	0.329	0.417
		村屯	0.234	0.327	0.717	0.329
	LZ	城区	0.079	0.123	0.641	0.123
		镇区	0.404	0.377	1.070	0.377
		村屯	0.021	0.066	0.319	0.066

附录10 D市DA、DB县农村义务教育均衡发展状况

2. DA县和DB县义务教育学校教师年龄结构的城乡差异状况

指标	学校类别	城乡	标准差	均值	组内差异	中位数
29岁及以下	GX	城区	0.004	0.116	0.032	0.116
		镇区	0.058	0.061	0.954	0.067
		村屯	0.071	0.086	0.825	0.085
	LX	城区	0.121	0.127	0.953	0.063
		镇区	0.072	0.078	0.922	0.044
		村屯	0.147	0.145	1.013	0.113
	LZ	城区	0.017	0.015	1.113	0.015
		镇区	0.006	0.096	0.062	0.096
		村屯	0.046	0.238	0.194	0.238
30—39岁	GX	城区	0.079	0.339	0.233	0.339
		镇区	0.075	0.031	2.373	0.273
		村屯	0.055	0.255	0.215	0.234
	LX	城区	0.197	0.311	0.632	0.321
		镇区	0.148	0.322	0.461	0.325
		村屯	0.148	0.262	0.566	0.290
	LZ	城区	0.081	0.362	0.225	0.362
		镇区	0.083	0.417	0.198	0.417
		村屯	0.008	0.276	0.030	0.276
40—49岁	GX	城区	0.117	0.233	0.500	0.233
		镇区	0.213	0.391	0.544	0.269
		村屯	0.106	0.112	0.945	0.120
	LX	城区	0.117	0.284	0.412	0.285
		镇区	0.089	0.212	0.417	0.216
		村屯	0.094	0.084	1.126	0.070
	LZ	城区	0.087	0.445	0.195	0.445
		镇区	0.027	0.319	0.083	0.319
		村屯	0.176	0.260	0.679	0.260
50岁及以上	GX	城区	0.199	0.312	0.639	0.312
		镇区	0.131	0.235	0.557	0.267
		村屯	0.091	0.548	0.166	0.533
	LX	城区	0.133	0.276	0.482	0.250
		镇区	0.149	0.388	0.384	0.377
		村屯	0.236	0.466	0.507	0.468
	LZ	城区	0.012	0.178	0.065	0.178
		镇区	0.115	0.169	0.682	0.169
		村屯	0.184	0.226	0.812	0.226

3. DA 县和 DB 县义务教育学校教师学历结构的城乡差异状况

指标	学校类别	城乡	标准差	均值	组内差异	中位数
研究生毕业	GX	城区	0.009	0.007	1.409	0.007
	LZ	城区	0.006	0.005	1.400	0.005
		镇区	0.018	0.013	1.416	0.125
		村屯	0.020	0.040	0.505	0.040
本科毕业	GX	城区	0.160	0.585	0.273	0.585
		镇区	0.027	0.574	0.048	0.577
		村屯	0.335	0.409	0.818	0.383
	LX	城区	0.153	0.627	0.244	0.679
		镇区	0.179	0.513	0.349	0.547
		村屯	0.196	0.338	0.581	0.267
	LZ	城区	0.027	0.850	0.032	0.850
		镇区	0.280	0.740	0.378	0.740
		村屯	0.049	0.683	0.072	0.683
专科毕业	GX	城区	0.225	0.369	0.608	0.369
		镇区	0.177	0.257	0.688	0.200
		村屯	0.145	0.330	0.438	0.313
	LX	城区	0.094	0.261	0.360	0.214
		镇区	0.079	0.235	0.336	0.226
		村屯	0.210	0.385	0.547	0.382
	LZ	城区	0.021	0.146	0.142	0.146
		镇区	0.298	0.248	1.201	0.248
		村屯	0.029	0.277	0.104	0.277
高中及其以下阶段毕业	GX	城区	0.056	0.040	1.413	0.040
		镇区	0.156	0.169	0.923	0.200
		村屯	0.241	0.209	1.157	0.200
	LX	城区	0.118	0.107	1.102	0.071
		镇区	0.176	0.252	0.700	0.226
		村屯	0.208	0.278	0.751	0.303

二 县域内农村义务教育保障机制均衡状况

(一) 县域内农村义务教育校际均衡状况

1. DA县和DB县农村义务教育学校生均固定资产总值的校际差异状况

学校类别	最大值	最小值	标准差	均值	标准误	差异系数	前20%均值	后20%均值	倍率
GX	33682.00	11153.00	1.04	20325.00	0.52	0.513	28077.00	12074.00	2.33
LX	40426.00	3492.00	1.37	13440.00	0.56	1.017	26385.00	4323.00	6.10
LZ	8163.00	6321.00	0.13	7242.00	0.09	0.180	—	—	—

2. DA县和DB县农村义务教育学校生均教学仪器设备值的校际差异状况

学校类别	最大值	最小值	标准差	均值	标准误	差异系数	前20%均值	后20%均值	倍率
GX	3556.00	187.00	0.14	2148.00	0.07	0.670	3160.00	1136.00	2.78
LX	4894.00	341.00	0.17	1621.00	0.07	1.044	3431.00	540.00	6.35
LZ	2200.00	1000.00	0.08	1645.00	0.06	0.516	—	—	—

3. DA县和DB县农村义务教育学校生均校舍建筑面积的校际差异状况

学校类别	最大值	最小值	标准差	均值	标准误	差异系数	前20%均值	后20%均值	倍率
GX	11.28	7.81	1.44	9.36	0.72	0.154	10.31	8.42	1.23
LX	17.02	5.21	4.56	11.39	1.86	0.400	16.50	6.56	2.52
LZ	11.20	9.14	1.46	10.17	1.03	0.143	—	—	—

4. DA 县和 DB 县农村义务教育学校生均绿化面积和生均绿地面积的校际差异状况

学校类别	最大值	最小值	标准差	均值	标准误	差异系数	前20%均值	后20%均值	倍率
GX	31.30	3.80	12.73	12.40	6.37	1.027	19.80	5.00	3.96
LX	25.20	0.40	9.75	9.03	3.98	1.080	20.80	0.85	24.47
LZ	16.70	6.10	7.50	11.40	5.30	0.658	—	—	—

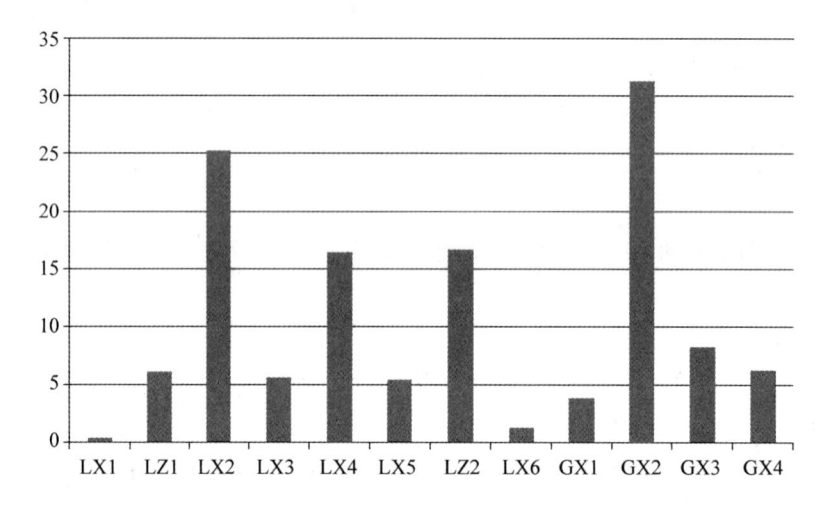

5. DA 县和 DB 县农村义务教育小学阅览室面积的校际差异状况

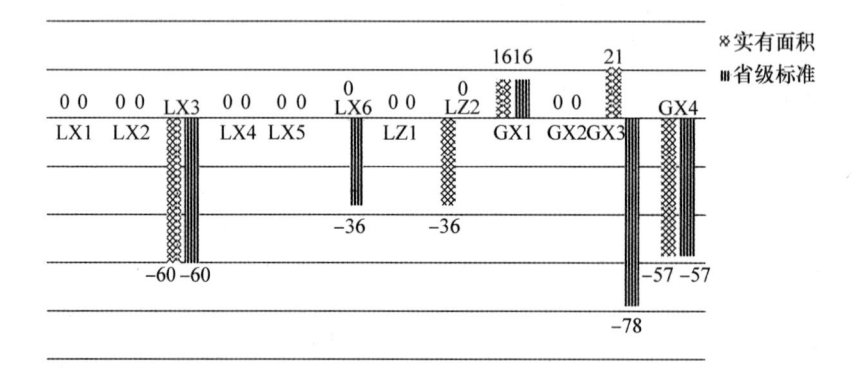

附录10 D市DA、DB县农村义务教育均衡发展状况

6. DA县和DB县农村义务教育学校生机比和师机比的校际差异状况

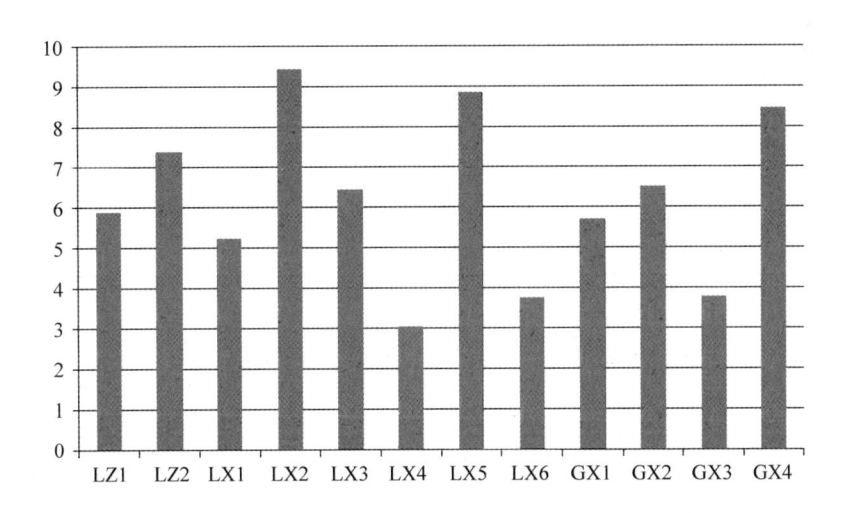

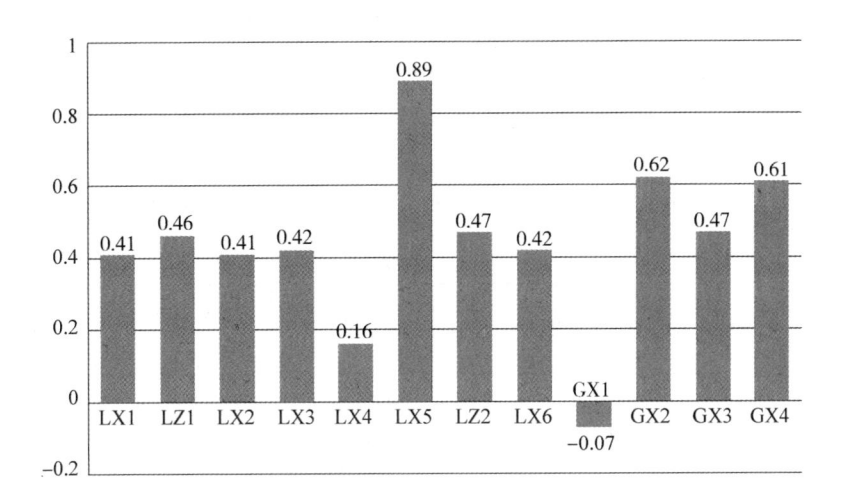

7. DA县和DB县农村义务教育学校生均图书册数的校际差异状况

学校类别	最大值	最小值	标准差	均值	标准误	差异系数	前20%均值	后20%均值	倍率
LX	51.00	30.00	8.14	39.50	3.32	0.206	46.50	30.00	1.55
LZ	41.00	40.00	0.71	40.50	0.50	0.108	—	—	—
GX	55.00	36.00	7.85	44.50	3.93	0.177	49.50	39.50	1.25

8. DA县和DB县农村义务教育学校报刊种类的校际差异状况

学校类别	最大值	最小值	标准差	均值	标准误	差异系数	前20%均值	后20%均值	倍率
LX	80.00	60.00	8.17	76.67	3.33	0.107	80.00	70.00	1.14
LZ	100.00	80.00	14.14	90.00	10.00	0.157	—	—	—
GX	80.00	60.00	10.00	75.00	5.00	0.133	80.00	70.00	1.14

9. DA县和DB县农村义务教育学校工具书种类的校际差异状况

学校类别	最大值	最小值	标准差	均值	标准误	差异系数	前20%均值	后20%均值	倍率
LX	160.00	120.00	16.33	153.33	6.67	0.107	160.00	140.00	1.14
LZ	200.00	180.00	14.14	190.00	10.00	0.074	—	—	—
GX	160.00	60.00	50.00	135.00	25.00	0.370	160.00	110.00	1.45

附录10 D市DA、DB县农村义务教育均衡发展状况

（二）义务教育均衡发展的城乡差异状况

1. DA县和DB县义务教育学校生均固定资产值、生均校舍建筑面积和生均图书册数的城乡差异状况

指标	学校类别	城乡	标准差	均值	组内差异	中位数
生均固定资产值	GX	城区	5979.000	7320.000	0.817	7320.000
		镇区	193.000	9062.000	0.021	9028.000
		村屯	10427.000	20325.000	0.513	18233.000
	LX	城区	3723.000	12598.000	0.296	11736.000
		镇区	16380.000	11779.000	1.391	6623.000
		村屯	13662.000	13440.000	1.017	9613.000
	LZ	城区	3034.000	8489.000	0.357	6984.000
		镇区	3946.000	10211.000	0.386	10211.000
		村屯	1303.000	7242.000	0.180	7242.000
生均校舍建筑面积	GX	城区	0.630	4.272	0.148	4.272
		镇区	11.312	14.572	0.776	8.706
		村屯	1.438	9.363	0.154	9.180
	LX	城区	2.885	9.765	0.295	10.460
		镇区	3.334	9.434	0.353	7.551
		村屯	4.562	11.394	0.400	11.122
	LZ	城区	3.575	8.310	0.430	7.604
		镇区	3.207	10.989	0.292	10.989
		村屯	1.459	10.173	0.143	10.173
生均图书册数	GX	城区	3.536	35.500	0.100	35.500
		镇区	14.978	48.330	0.310	44.000
		村屯	7.853	44.500	0.177	43.500
	LX	城区	7.910	37.290	0.212	38.000
		镇区	3.588	33.550	0.107	32.000
		村屯	8.142	39.500	0.206	42.000
	LZ	城区	1.155	38.670	0.030	38.000
		镇区	0.000	40.000	0.000	40.000
		村屯	0.707	40.500	0.018	40.500

2. DA 县和 DB 县义务教育生机比和师机比的城乡差异状况

指标	学校类别	城乡	标准差	均值	组内差异	中位数
生机比	GX	城区	0.003	0.079	0.041	0.079
		镇区	0.122	0.265	0.461	0.219
		村屯	0.062	0.178	0.350	0.165
	YX	城区	0.098	0.130	0.759	0.094
		镇区	0.081	0.119	0.678	0.091
		村屯	0.077	0.183	0.422	0.163
	LZ	城区	0.004	0.085	0.052	0.085
		镇区	0.016	0.099	0.160	0.099
		村屯	0.024	0.153	0.159	0.153
师机比	GX	城区	0.239	1.358	0.176	1.358
		镇区	0.618	2.088	0.296	2.333
		村屯	0.493	1.586	0.311	1.639
	LX	城区	0.522	2.255	0.232	2.438
		镇区	0.777	2.435	0.319	2.245
		村屯	1.432	2.854	0.502	2.413
	ZX	城区	0.055	2.327	0.024	2.327
		镇区	1.102	2.071	0.532	2.071
		村屯	0.410	2.521	0.163	2.521

附录11 E市EA、EB县农村义务教育均衡发展状况

一 县域内农村义务教育学校教育资源配置的均衡状况

（一）县域内农村义务教育学校教师资源的校际差异状况

1. EA县和EB县农村义务教育学校师生比校际差异状况

学校类别	最大值	最小值	标准差	均值	标准误	差异系数	前20%均值	后20%均值	倍率
AZ	0.08	0.07	0.01	0.08	0.01	0.178	—	—	—
AX	0.07	0.02	0.02	0.05	0.01	0.352	0.07	0.03	2.60
BX	0.32	0.07	0.09	0.18	0.03	0.478	12.75	0.71	17.96

2. EA县和EB县农村义务教育学校女教师比例的校际差异状况

学校类别	最大值	最小值	标准差	均值	标准误	差异系数	前20%均值	后20%均值	倍率
AZ	0.66	0.50	0.11	0.58	0.08	0.192	—	—	—
AX	0.92	0.25	0.25	0.61	0.09	0.412	0.84	0.29	2.95
BX	0.57	0.00	0.17	0.35	0.05	0.481	0.56	0.12	4.83

3. EA 县和 EB 县农村义务教育学校高级职称教师的校际差异状况

学校类别	最大值	最小值	标准差	均值	标准误	差异系数	前20%均值	后20%均值	倍率
AZ	0.20	0.14	0.04	0.17	0.03	0.259	—	—	—
AX	1.00	0.52	0.16	0.67	0.06	0.238	0.85	0.54	1.58
BX	5.00	0.00	0.27	0.39	0.09	0.678	0.74	0.00	—

4. EA 县和 EB 县农村义务教育小学教师年龄结构的校际差异状况

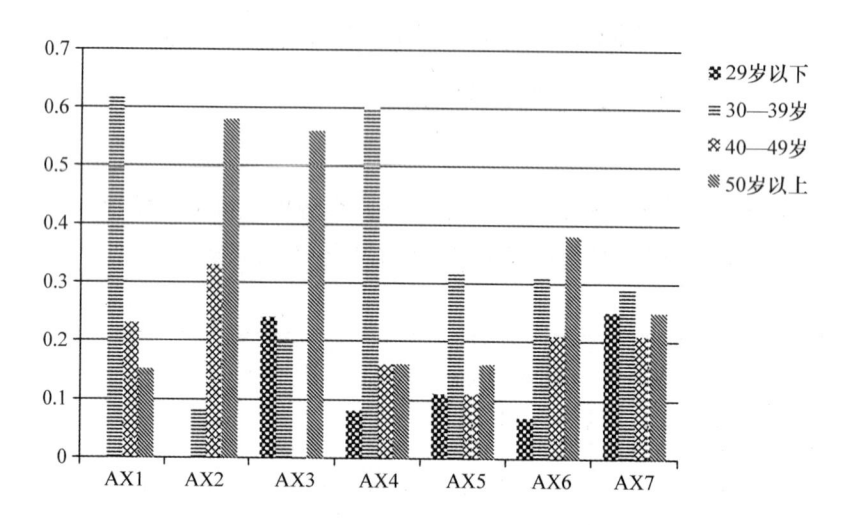

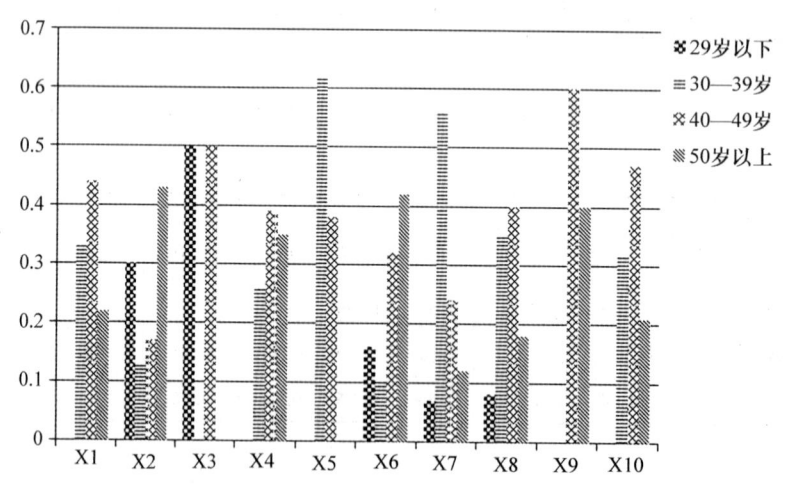

附录11 E市EA、EB县农村义务教育均衡发展状况

5. EA县和EB县农村义务教育小学教师学历结构校际差异状况

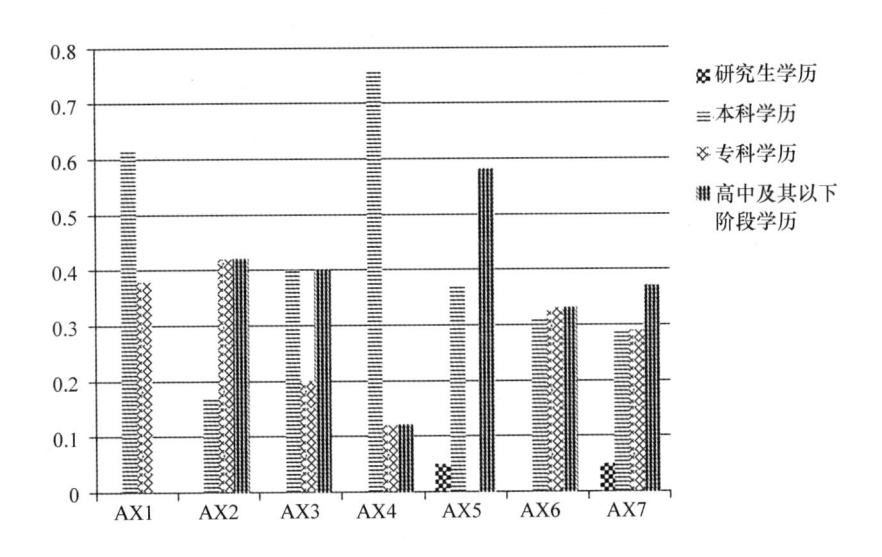

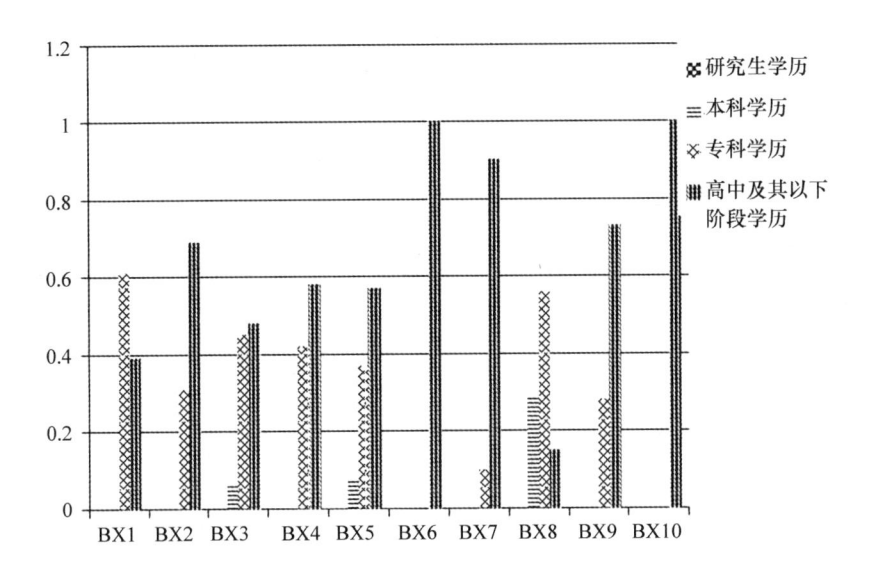

（二）县域内义务教育均衡发展的城乡差异状况

1. EA 县和 EB 县义务教育学校师生比、女教师比例和高级教师比例的城乡差异状况

指标	学校类别	城乡	标准差	均值	组内差异	中位数
师生比	AX	城区	0.011	0.040	0.270	0.037
		镇区	0.010	0.059	0.165	0.058
		村屯	0.017	0.047	0.352	0.050
	BZ	镇区	0.028	0.099	0.280	0.088
	BX	镇区	0.025	0.068	0.362	0.073
		村屯	0.087	0.183	0.497	0.151
女教师比	AX	城区	0.091	0.776	0.118	0.797
		镇区	0.098	0.668	0.147	0.659
		村屯	0.250	0.609	0.412	0.737
	BZ	镇区	0.090	0.452	0.199	0.088
	BX	镇区	0.179	0.594	0.302	0.625
		村屯	0.170	0.353	0.481	0.333
高级教师比	AX	城区	0.275	0.490	0.562	0.543
		镇区	0.028	0.519	0.054	0.508
		村屯	0.160	0.674	0.238	0.680
	BZ	镇区	0.446	0.407	1.097	0.250
	BX	镇区	0.116	0.538	0.216	0.531
		村屯	0.267	0.394	0.678	0.400

2. EA 县和 EB 县义务教育学校教师年龄结构的城乡差异状况

指标	学校类别	城乡	标准差	均值	组内差异	中位数
29岁及以下	AX	城区	0.225	0.239	0.939	0.188
		镇区	0.033	0.385	0.084	0.382
		村屯	0.105	0.107	0.981	0.080
	BZ	镇区	0.034	0.160	0.216	0.167
	BX	镇区	0.053	0.059	0.089	0.080
		村屯	0.155	0.084	1.842	0.017

附录11　E市EA、EB县农村义务教育均衡发展状况

续表

指标	学校类别	城乡	标准差	均值	组内差异	中位数
30—39岁	AX	城区	0.093	0.291	0.318	0.262
		镇区	0.079	0.255	0.311	0.232
		村屯	0.197	0.345	0.571	0.3105
	BZ	镇区	0.013	0.621	0.020	0.620
	BX	镇区	0.071	0.370	0.193	0.370
		村屯	0.214	0.267	0.802	0.288
40—49岁	AX	城区	0.150	0.255	0.588	0.258
		镇区	0.055	0.118	0.469	0.109
		村屯	0.105	0.179	0.588	0.211
	BZ	镇区	0.049	0.176	0.277	0.200
	BX	镇区	0.081	0.362	0.223	0.346
		村屯	0.126	0.393	0.320	0.396
50岁及以上	AX	城区	0.250	0.215	1.166	0.073
		镇区	0.087	0.198	0.439	0.202
		村屯	0.190	0.320	0.592	0.246
	BZ	镇区	0.000	0.044	0.007	0.005
	BX	镇区	0.008	0.209	0.037	0.190
		村屯	0.012	0.256	0.048	0.123

3. EA县和EB县义务教育学校教师学历结构的城乡差异状况

指标	学校类别	城乡	标准差	均值	组内差异	中位数
研究生毕业	AX	城区	0.044	0.044	0.989	0.040
		镇区	0.043	0.040	1.065	0.030
		村屯	0.026	0.015	1.713	0.000
	BZ	镇区	0.000	0.000	0.000	0.000
	BX	镇区	0.000	0.000	0.000	0.000
		村屯	0.000	0.000	0.000	0.000
本科毕业	AX	城区	0.205	0.499	0.412	0.534
		镇区	0.095	0.402	0.235	0.417
		村屯	0.204	0.416	0.491	0.368
	BZ	镇区	0.175	0.304	0.575	0.360
	BX	镇区	0.123	0.118	1.044	0.111
		村屯	0.092	0.042	2.172	0.000

续表

指标	学校类别	城乡	标准差	均值	组内差异	中位数
专科毕业	AX	城区	0.089	0.331	0.269	0.294
		镇区	0.029	0.393	0.074	0.397
		村屯	0.151	0.249	0.605	0.290
	BZ	镇区	0.001	0.007	0.105	0.006
	BX	镇区	0.006	0.012	0.479	0.014
		村屯	0.009	0.013	0.707	0.013
高中及其以下阶段毕业	AX	城区	0.239	0.126	1.892	0.035
		镇区	0.127	0.166	0.764	0.180
		村屯	0.195	0.317	0.615	0.368
	BZ	镇区	0.000	0.000	0.000	0.000
	BX	镇区	0.279	0.203	1.375	0.000
		村屯	0.274	0.648	0.422	0.636

二 县域内农村义务教育保障机制均衡状况

（一）县域内农村义务教育校际均衡状况

1. EA 县和 EB 县农村义务教育学校生均固定资产总值校际差异

学校类别	最大值	最小值	标准差	均值	标准误	差异系数	前20%均值	后20%均值	倍率
AZ	54666.67	4956.46	35150.42	29811.56	1534.77	1.179	—	—	—
AX	55729.54	1607.48	21865.93	18274.98	8264.54	1.196	49434.80	1852.23	26.69
BX	29777.78	2114.04	8164.70	9821.23	2581.90	0.831	22142.41	2507.02	8.83

2. EA 县和 EB 县农村义务教育学校生均教学仪器设备值校际差异状况

学校类别	最大值	最小值	标准差	均值	标准误	差异系数	前20%均值	后20%均值	倍率
AZ	1454.09	424.24	728.21	939.17	514.92	0.765	—	—	—
AX	1582.28	392.16	431.09	1099.19	162.94	0.392	1582.14	539.20	2.93
BX	6154.93	439.02	2074.99	2246.70	656.17	0.924	5415.70	494.66	10.95

附录11 E市EA、EB县农村义务教育均衡发展状况

3. EA县和EB县农村义务教育学校生均校舍建筑面积的校际差异状况

学校类别	最大值	最小值	标准差	均值	标准误	差异系数	前20%均值	后20%均值	倍率
AZ	5.76	1.49	1.49	6.82	1.05	0.219	—	—	—
AX	30.96	1.04	10.40	9.73	3.93	1.070	20.83	1.24	16.79
BX	94.67	5.40	27.03	19.10	8.55	1.416	56.83	5.50	10.33

4. EA县和EB县农村义务教育学校生均绿地面积和生均绿化面积的校际差异状况

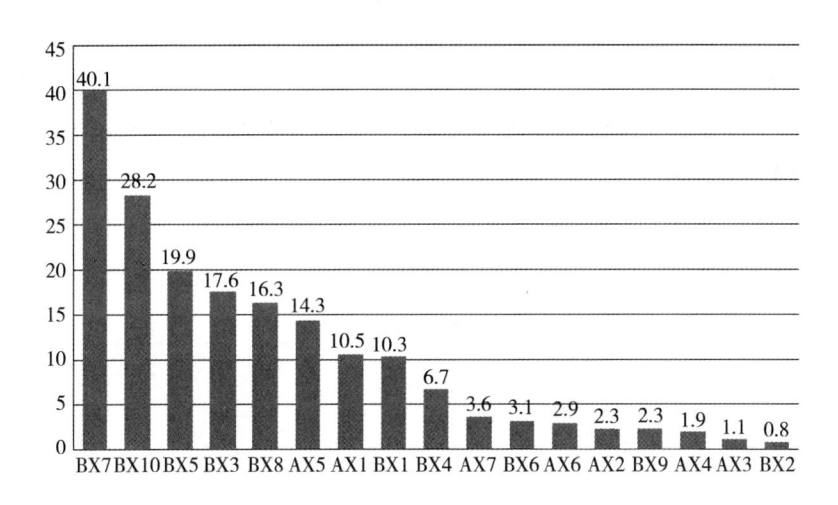

学校类别	最大值	最小值	标准差	均值	标准误	差异系数	前20%均值	后20%均值	倍率
AZ	20.40	3.40	12.02	11.90	8.50	1.010	—	—	—
AX	14.30	1.10	5.08	5.23	1.92	0.972	12.40	1.50	8.27
BX	40.10	0.80	12.61	14.53	3.99	0.868	34.15	1.55	22.03

5. EA 县和 EB 县农村义务教育小学阅览室面积达标的校际差异状况

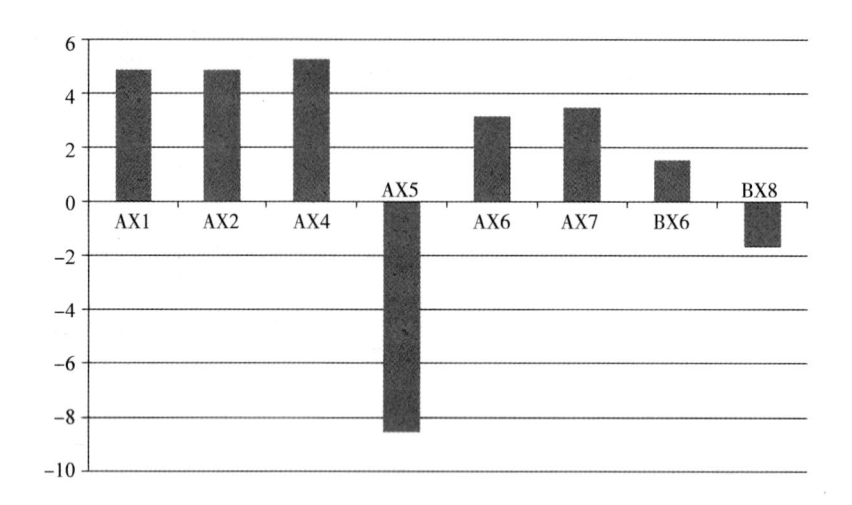

6. EA 县和 EB 县农村义务教育小学生机比和师机比达标的校际差异状况

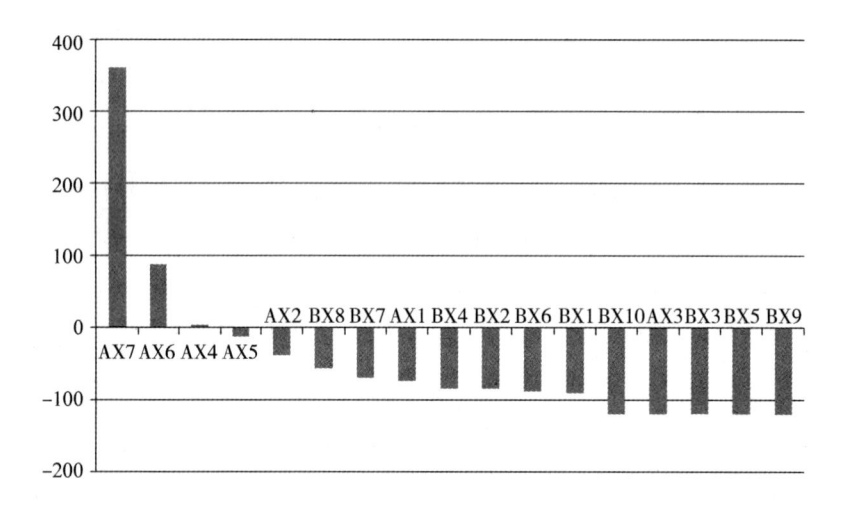

附录11　E市EA、EB县农村义务教育均衡发展状况

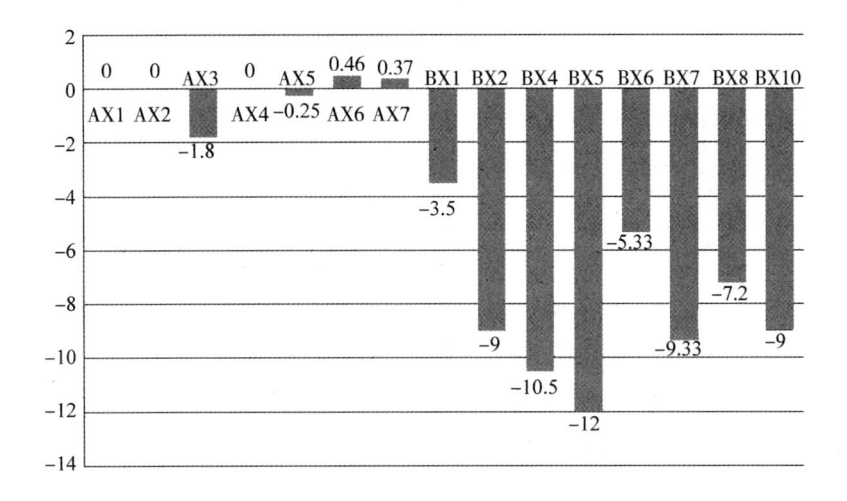

（柱状图：AX1=0, AX2=0, AX3=-1.8, AX4=0, AX5=-0.25, AX6=0.46, AX7=0.37, BX1=-3.5, BX2=-9, BX4=-10.5, BX5=-12, BX6=-5.33, BX7=-9.33, BX8=-7.2, BX10=-9）

7. EA县和EB县农村义务教育学校生均图书册数达标的校际差异状况

学校类别	最大值	最小值	标准差	均值	标准误	差异系数	前20%均值	后20%均值	倍率
AZ	41.04	32.00	7.73	32.00	2.92	0.242	—	—	—
AX	132.86	10.74	46.20	56.13	17.46	0.823	113.01	12.05	9.38
BX	72.22	24.10	16.17	40.10	5.11	0.403	61.44	28.32	2.17

8. EA县和EB县农村义务教育学校报刊种类的校际差异状况

学校类别	最大值	最小值	标准差	均值	标准误	差异系数	前20%均值	后20%均值	倍率
AZ	81.00	80.00	0.71	80.50	0.50	0.009	—	—	—
AX	120.00	60.00	22.39	72.00	8.46	0.311	100.00	60.00	1.68
BX	60.00	0.00	17.68	10.50	5.59	1.684	24.00	1.50	16.00

9. EA 县和 EB 县农村义务教育学校工具书种类的校际差异状况

学校类别	最大值	最小值	标准差	均值	标准误	差异系数	前20%均值	后20%均值	倍率
AZ	180.00	82.00	69.30	131.00	49.00	0.529	—	—	—
AX	200.00	90.00	32.59	155.71	12.32	0.209	180.00	125.00	1.44
BX	120.00	0.00	41.42	24.10	13.10	1.719	100.50	2.50	40.20

（二）县域内义务教育均衡发展的城乡差异状况

1. EA 县和 EB 县义务教育学校生均固定资产值、生均校舍建筑面积和生均图书册数的城乡差异

指标	学校类别	城乡	标准差	均值	组内差异	中位数
生均固定资产值	AZ	村屯	35150.421	29811.560	1.179	29811.566
	BZ	镇区	2464.721	6539.976	0.377	5865.435
	AX	城区	16648.632	12185.668	0.056	5933.849
		镇区	1999.818	3489.049	0.573	2990.176
		村屯	4060.607	8002.129	0.507	5844.937
	BX	镇区	2709.416	4744.690	0.571	5673.286
		村屯	8164.702	9821.227	0.831	8252.988
生均校舍建筑面积	AZ	村屯	1.490	6.816	0.219	6.816
	BZ	镇区	10.671	17.695	0.588	15.846
	AX	城区	2.781	4.658	0.598	3.982
		镇区	3.309	8.018	0.413	6.760
		村屯	10.405	9.727	1.070	4.418
	BX	镇区	7.788	6.686	1.165	4.192
		村屯	27.033	19.095	1.416	12.059
生均图书册数	AZ	村屯	0.734	32.000	0.242	32.860
	BZ	镇区	9.247	38.273	0.242	33.729
	AX	城区	4.087	29.500	0.139	28.000
		镇区	5.416	28.000	0.193	30.000
		村屯	46.199	56.131	0.823	41.500
	BX	镇区	5.657	27.477	0.206	24.486
		村屯	16.172	40.098	0.403	36.212

2. EA县和EB县义务教育学校生机比和师机比的城乡差异状况

指标	学校类别	城乡	标准差	均值	组内差异	中位数
生机比	AZ	村屯	0.006	0.077	0.072	0.077
	BZ	镇区	0.023	0.026	0.882	0.035
	AX	城区	0.057	0.098	0.582	0.080
		镇区	0.025	0.013	2.008	0.000
		村屯	0.080	0.120	0.671	0.120
	BX	镇区	0.032	0.041	0.798	0.037
		村屯	0.036	0.017	2.130	0.000
师机比	AZ	村屯	0.013	0.075	0.178	0.075
	BZ	镇区	0.028	0.073	0.379	0.070
	AX	城区	0.010	0.047	0.223	0.046
		镇区	0.033	0.044	0.734	0.053
		村屯	0.017	0.047	0.361	0.049
	BX	镇区	0.017	0.025	0.699	0.022
		村屯	0.017	0.017	1.000	0.014

附录12　F市FA、FB县农村义务教育均衡发展状况

一　县域内农村义务教育学校教育资源配置的均衡状况

（一）县域内农村义务教育学校教师资源的校际差异状况

1. FA县和FB县农村义务教育学校师生比的校际差异状况

学校类别	最大值	最小值	标准差	均值	标准误	差异系数	前20%均值	后20%均值	倍率
AZ	0.08	0.06	0.01	0.07	0.01	0.152	0.08	0.07	1.08
AX	0.19	0.03	0.04	0.06	0.01	0.567	0.10	0.04	2.89
BZ	0.09	0.07	0.01	0.08	0.00	0.121	0.09	0.07	1.28
BX	0.09	0.03	0.02	0.05	0.00	0.295	0.08	0.04	2.09

2. FA县和FB县农村义务教育学校女教师比例的校际差异状况

学校类别	最大值	最小值	标准差	均值	标准误	差异系数	前20%均值	后20%均值	倍率
AZ	0.47	0.28	0.08	0.39	0.04	0.202	0.44	0.34	1.28
AX	0.73	0.08	0.17	0.47	0.04	0.367	0.67	0.25	2.65
BZ	0.49	0.35	0.05	0.45	0.02	0.122	0.49	0.40	1.21
BX	0.75	0.24	0.17	0.49	0.05	0.352	0.70	0.26	2.61

附录12 F市FA、FB县农村义务教育均衡发展状况

3. FA县和FB县农村义务教育学校高级职称教师的校际差异状况

学校类别	最大值	最小值	标准差	均值	标准误	差异系数	前20%均值	后20%均值	倍率
AZ	0.16	0.12	0.11	0.10	0.01	1.172	0.15	0.12	1.22
AX	0.60	0.05	0.14	0.42	0.03	0.339	0.57	0.21	2.67
BZ	0.14	0.07	0.03	0.10	0.01	0.256	0.12	0.08	1.58
BX	0.71	0.13	0.18	0.39	0.05	0.451	0.63	0.19	3.38

4. FA县和FB县农村义务教育小学教师年龄结构的校际差异状况

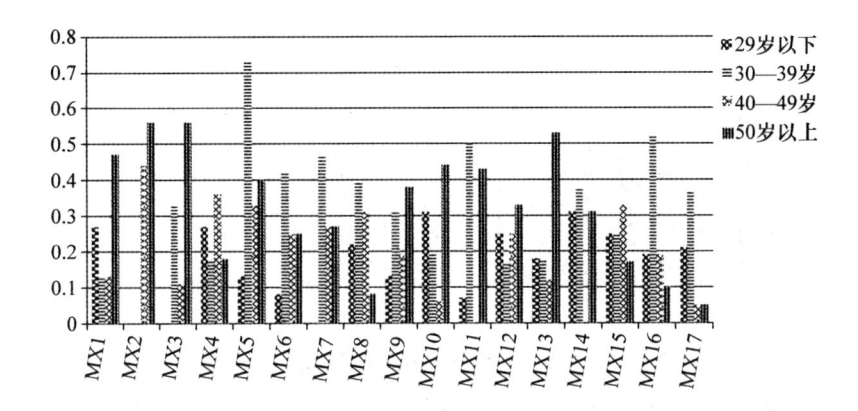

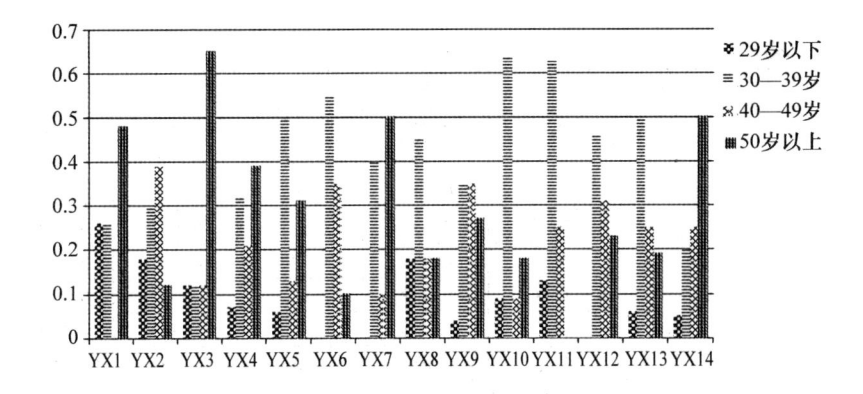

5. FA县和FB县农村义务教育小学教师学历结构的校际差异状况

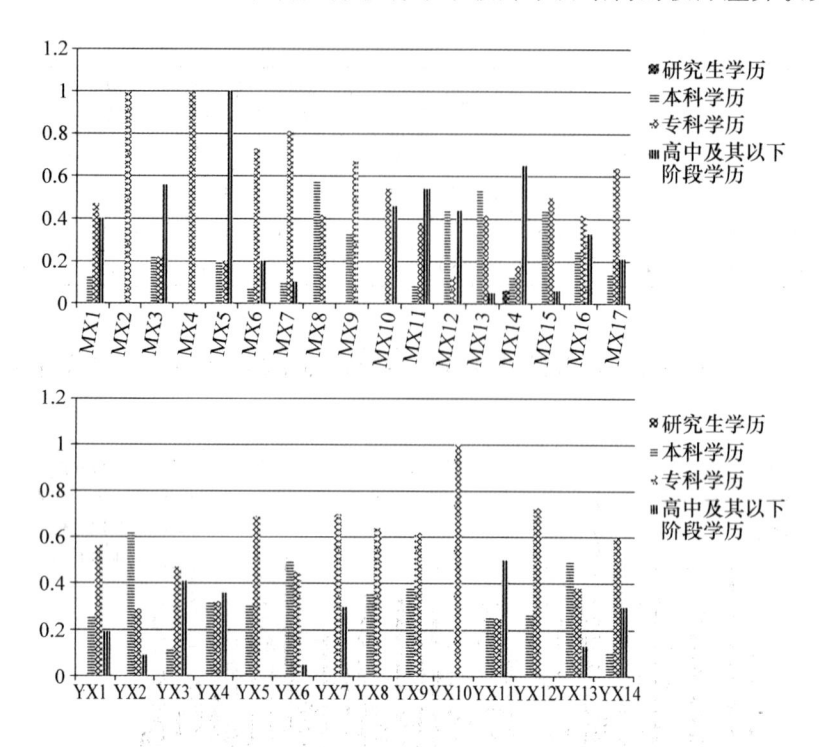

（二）县域内义务教育均衡发展的城乡差异状况

1. FA县和FB县义务教育学校师生比、女教师比例和高级教师比例的城乡差异状况

指标	学校类别	城乡	标准差	均值	组内差异	中位数
师生比	AZ	城区	0.052	0.171	0.303	0.170
		镇区	0.102	0.187	0.539	0.145
		村屯	0.011	0.071	0.152	0.069
	BZ	镇区	0.055	0.100	0.547	0.088
		村屯	0.010	0.084	0.121	0.089
	AX	城区	0.079	0.141	0.562	0.114
		镇区	0.038	0.122	0.309	0.115
		村屯	0.036	0.064	0.567	0.054
	BX	镇区	0.050	0.074	0.680	0.062
		村屯	0.015	0.052	0.295	0.056

附录12 F市FA、FB县农村义务教育均衡发展状况

续表

指标	学校类别	城乡	标准差	均值	组内差异	中位数
女教师比	AZ	城区	0.120	0.668	0.179	0.681
		镇区	0.073	0.331	0.221	0.340
		村屯	0.079	0.388	0.202	0.403
	BZ	镇区	0.105	0.483	0.217	0.535
		村屯	0.054	0.445	0.122	0.456
	AX	城区	0.164	0.705	0.232	0.739
		镇区	0.138	0.549	0.252	0.563
		村屯	0.171	0.466	0.367	0.406
	BX	镇区	0.179	0.651	0.275	0.636
		村屯	0.172	0.489	0.352	0.482
高级教师比	AZ	城区	0.052	0.171	0.303	0.170
		镇区	0.102	0.187	0.539	0.145
		村屯	0.011	0.071	0.152	0.069
	BZ	镇区	0.055	0.100	0.547	0.088
		村屯	0.010	0.084	0.121	0.089
	AX	城区	0.079	0.141	0.562	0.114
		镇区	0.038	0.122	0.309	0.115
		村屯	0.036	0.064	0.567	0.054
	BX	镇区	0.050	0.074	0.680	0.062
		村屯	0.015	0.052	0.295	0.056
女教师比	AZ	城区	0.057	0.082	0.687	0.085
		镇区	0.031	0.138	0.226	0.147
		村屯	0.112	0.096	1.172	0.062
	BZ	镇区	0.047	0.118	0.400	0.119
		村屯	0.026	0.102	0.256	0.106
	AX	城区	0.135	0.397	0.340	0.424
		镇区	0.131	0.258	0.505	0.286
		村屯	0.142	0.419	0.339	0.425
	BX	镇区	0.153	0.423	0.361	0.439
		村屯	0.176	0.389	0.451	0.419

· 255 ·

2. FA 县和 FB 县义务教育学校教师年龄结构的城乡差异状况

指标	学校类别	城乡	标准差	均值	组内差异	中位数
29岁及以下	AZ	城区	0.063	0.063	0.995	0.064
		镇区	0.095	0.112	0.851	0.092
		村屯	0.112	0.096	1.172	0.062
	BZ	镇区	0.032	0.068	0.475	0.054
		村屯	0.063	0.085	0.744	0.068
	AX	城区	0.118	0.119	0.992	0.106
		镇区	0.130	0.240	0.541	0.237
		村屯	0.107	0.170	0.629	0.190
	BX	镇区	0.084	0.098	0.865	0.082
		村屯	0.080	0.094	0.856	0.077
30—39岁	AZ	城区	0.218	0.413	0.529	0.339
		镇区	0.080	0.432	0.185	0.461
		村屯	0.135	0.546	0.247	0.583
	BZ	镇区	0.112	0.445	0.251	0.402
		村屯	0.030	0.450	0.066	0.441
	AX	城区	0.170	0.280	0.607	0.298
		镇区	0.124	0.375	0.329	0.412
		村屯	0.178	0.320	0.556	0.330
	BX	镇区	0.126	0.364	0.345	0.364
		村屯	0.138	0.381	0.362	0.366
40—49岁	AZ	城区	0.130	0.463	0.281	0.503
		镇区	0.052	0.315	0.166	0.328
		村屯	0.083	0.220	0.379	0.253
	BZ	镇区	0.075	0.348	0.216	0.359
		村屯	0.050	0.345	0.144	0.353
	AX	城区	0.150	0.452	0.331	0.417
		镇区	0.100	0.195	0.502	0.177
		村屯	0.132	0.200	0.660	0.190
	BX	镇区	0.133	0.358	0.372	0.364
		村屯	0.144	0.297	0.486	0.275

附录12 F市FA、FB县农村义务教育均衡发展状况

续表

指标	学校类别	城乡	标准差	均值	组内差异	中位数
50岁及以上	AZ	城区	0.575	0.149	3.867	0.132
		镇区	0.040	0.140	0.283	0.151
		村屯	0.049	0.138	0.352	0.107
	BZ	镇区	0.107	0.139	0.771	0.164
		村屯	0.039	0.120	0.320	0.135
	AX	城区	0.110	0.149	0.736	0.128
		镇区	0.117	0.195	0.600	0.177
		村屯	0.167	0.320	0.522	0.330
	BX	镇区	0.129	0.180	0.717	0.174
		村屯	0.163	0.228	0.715	0.182

3. FA县和FB县义务教育学校教师学历结构的城乡差异状况

指标	学校类别	城乡	标准差	均值	组内差异	中位数
研究生毕业	AZ	城区	0.025	0.022	1.155	0.016
		镇区	0.003	0.001	2.833	0.000
		村屯	0.007	0.003	2.061	0.000
	BZ	镇区	—	—	—	—
		村屯	—	—	—	—
	AX	城区	0.021	0.009	2.356	0.000
		镇区	0.000	0.000	0.000	0.000
		村屯	0.014	0.003	4.273	0.000
	BX	镇区	0.002	0.000	4.750	0.000
		村屯	0.002	0.000	5.000	0.000
本科毕业	AZ	城区	0.098	0.817	0.119	0.829
		镇区	0.189	0.643	0.294	0.633
		村屯	0.087	0.609	0.143	0.597
	BZ	镇区	0.176	0.673	0.261	0.716
		村屯	0.178	0.710	0.250	0.684
	AX	城区	0.224	0.349	0.642	0.375
		镇区	0.182	0.280	0.650	0.250
		村屯	0.189	0.202	0.935	0.135
	BX	镇区	0.148	0.385	0.386	0.400
		村屯	0.170	0.343	0.496	0.364

续表

指标	学校类别	城乡	标准差	均值	组内差异	中位数
专科毕业	AZ	城区	0.114	0.215	0.530	0.171
		镇区	0.192	0.356	0.539	0.367
		村屯	0.082	0.381	0.216	0.403
	BZ	镇区	0.176	0.327	0.538	0.284
		村屯	0.178	0.290	0.613	0.317
	AX	城区	0.282	0.526	0.537	0.485
		镇区	0.191	0.660	0.290	0.714
		村屯	0.286	0.485	0.589	0.445
	BX	镇区	0.134	0.535	0.250	0.550
		村屯	0.165	0.541	0.306	0.556
高中及其以下阶段毕业	AZ	城区	0.000	0.000	0.000	0.000
		镇区	0.000	0.000	0.000	0.000
		村屯	0.013	0.007	1.985	0.000
	BZ	镇区	—	—	—	—
		村屯	—	—	—	—
	AX	城区	0.097	0.117	0.826	0.052
		镇区	0.117	0.060	1.945	0.000
		村屯	0.288	0.310	0.930	0.205
	BX	镇区	0.083	0.080	1.051	0.055
		村屯	0.135	0.119	1.136	0.063

二 县域内农村义务教育保障机制的均衡状况

（一）县域内农村义务教育的校际均衡状况

1. FA 县和 FB 县农村义务教育学校生均固定资产总值的校际差异状况

学校类别	最大值	最小值	标准差	均值	标准误	差异系数	前20%均值	后20%均值	倍率
AZ	7449.86	5903.61	707.05	6424.03	353.53	0.110	6888.77	5959.29	1.16
AX	14102.56	836.82	3410.28	4832.60	827.12	0.706	9537.97	1533.66	6.22
BZ	10651.69	4738.15	2512.25	6496.24	1123.96	0.387	7809.39	6062.15	1.29
BX	5084.18	502.39	1329.92	3040.02	355.44	0.438	4655.65	1204.10	3.87

附录12　F市FA、FB县农村义务教育均衡发展状况

2. FA县和FB县农村义务教育学校生均教学仪器设备值的校际差异状况

学校类别	最大值	最小值	标准差	均值	标准误	差异系数	前20%均值	后20%均值	倍率
AZ	926.55	601.72	135.75	740.11	67.87	0.183	826.53	653.70	1.26
AX	641.03	55.35	213.12	341.55	51.69	0.624	623.99	91.17	6.84
BZ	651.66	229.36	173.07	486.20	77.40	0.356	513.15	440.51	1.16
BX	673.40	62.92	164.52	217.70	43.97	0.756	476.93	75.09	6.35

3. FA县和FB县农村义务教育学校生均校舍建筑面积的校际差异状况

学校类别	最大值	最小值	标准差	均值	标准误	差异系数	前20%均值	后20%均值	倍率
AZ	11.57	7.06	1.97	8.92	0.98	0.220	10.37	7.48	1.39
AX	15.44	1.83	3.16	5.24	0.77	0.603	9.60	2.69	3.56
BZ	10.96	5.24	2.24	7.49	1.02	0.299	9.74	5.78	1.69
BX	11.01	2.02	2.24	4.28	0.60	0.523	7.50	2.29	3.27

4. FA县和FB县农村义务教育学校生均绿地面积的校际差异状况

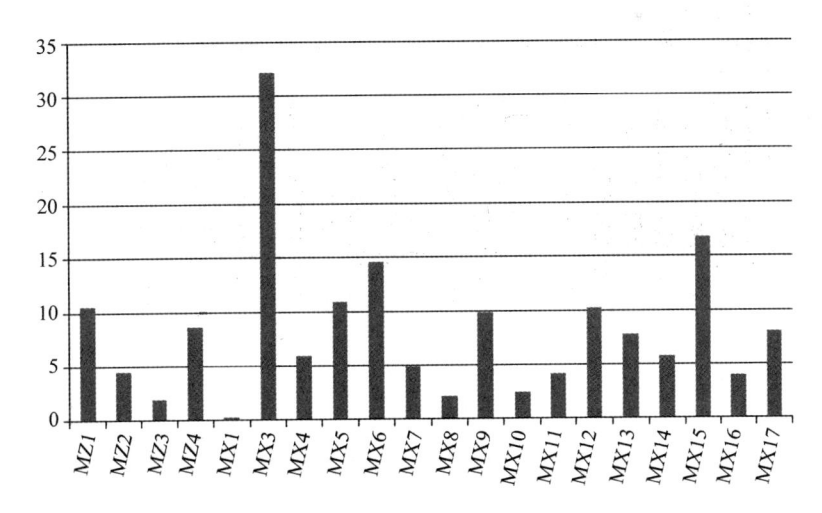

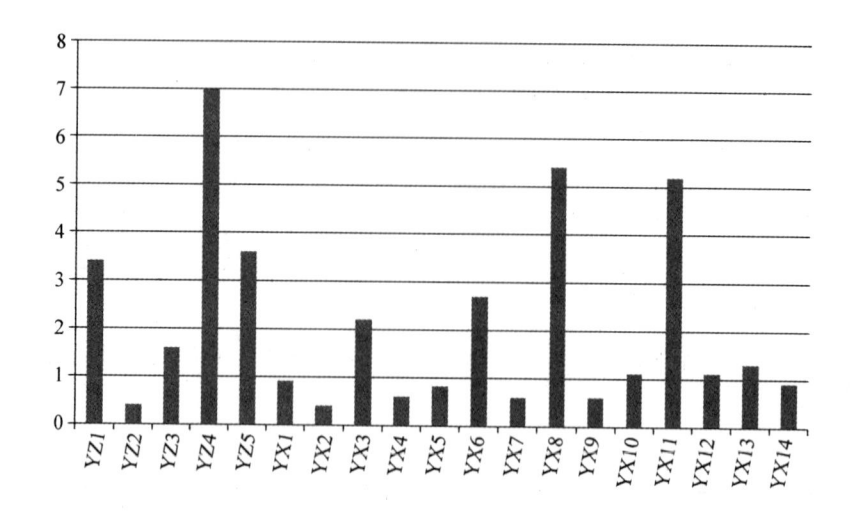

县域内农村义务教育校际均衡发展战略研究

5. FA县和FB县农村义务教育学校阅览室面积的校际差异状况

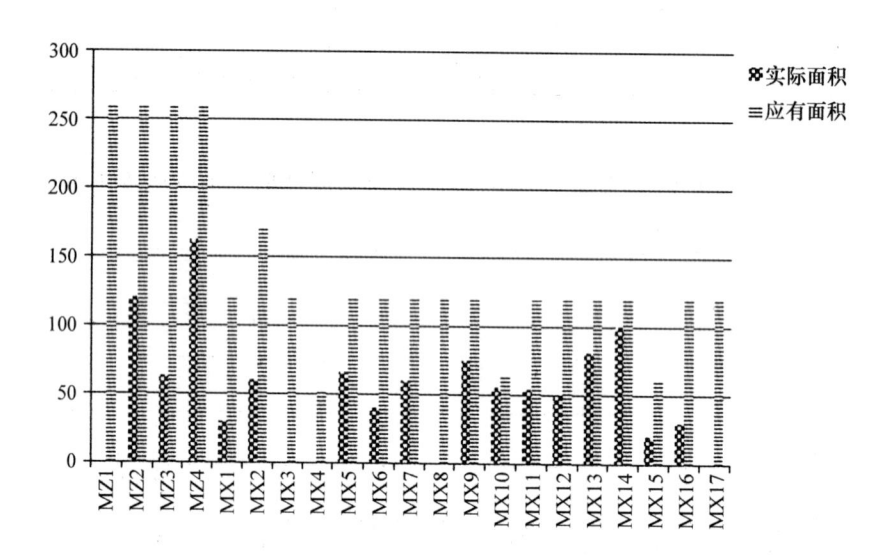

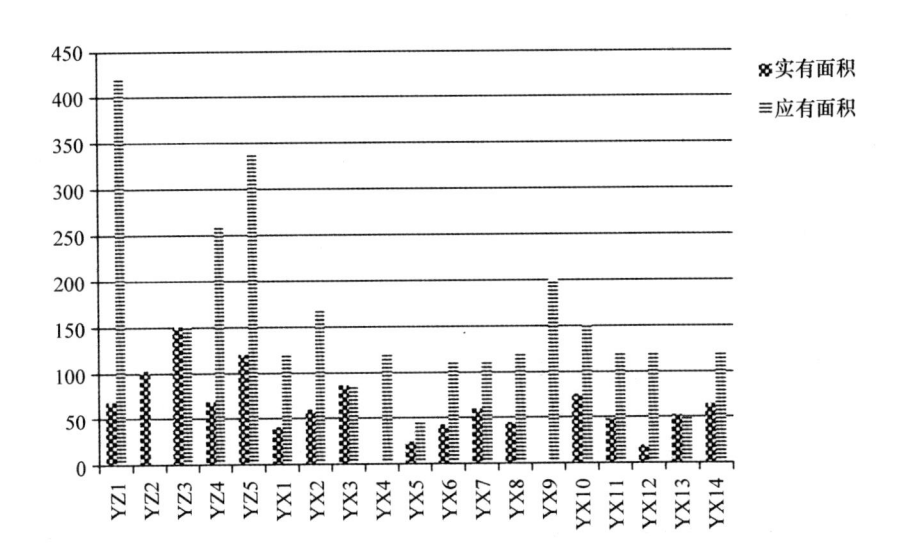

附录12　F市FA、FB县农村义务教育均衡发展状况

6. FA县和FB县农村义务教育小学生机比和师机比的校际差异状况

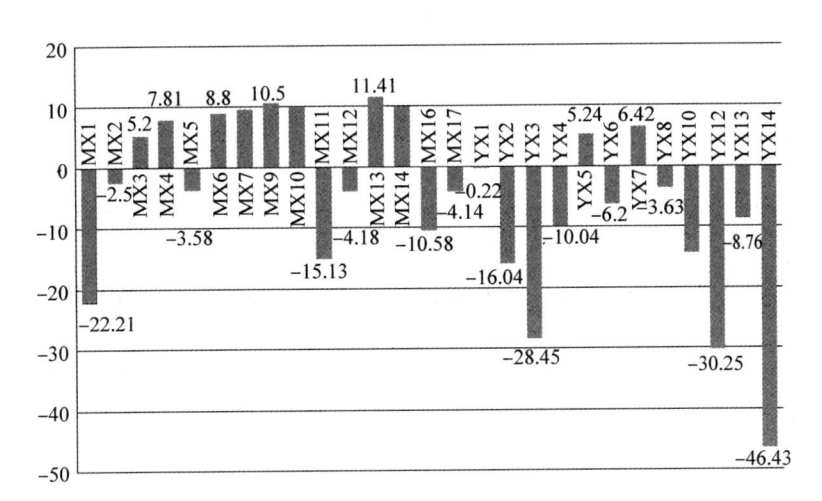

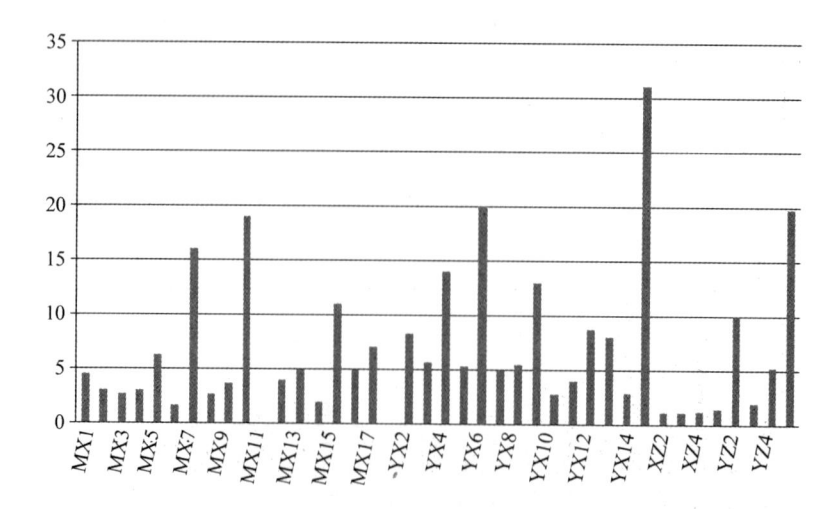

县域内农村义务教育校际均衡发展战略研究

7. FA 县和 FB 县农村义务教育学校生均图书册数的校际差异状况

学校类别	最大值	最小值	标准差	均值	标准误	差异系数	前20%均值	后20%均值	倍率
AZ	32.00	18.00	6.39	36.52	4.52	0.823	31.00	17.20	1.80
AX	49.00	3.70	10.81	15.65	2.62	0.691	29.25	5.68	5.15
BZ	30.00	9.00	8.80	18.30	3.94	0.481	27.50	11.50	2.39
BX	25.00	5.00	6.43	15.04	1.72	0.448	24.00	6.00	4.00

8. FA 县和 FB 县农村义务教育学校报刊种类数的校际差异状况

学校类别	最大值	最小值	标准差	均值	标准误	差异系数	前20%均值	后20%均值	倍率
AZ	102.00	14.00	35.94	59.00	17.97	0.609	81.00	37.00	2.19
AX	40.00	3.00	10.37	13.12	2.51	0.790	28.75	4.00	7.19
BZ	50.00	2.00	19.14	17.80	8.56	1.075	35.00	5.00	7.00
BX	70.00	3.00	21.36	15.93	5.71	1.341	50.00	3.33	15.00

附录12　F市FA、FB县农村义务教育均衡发展状况

9. FA县和FB县农村义务教育学校工具书种类的校际差异状况

学校类别	最大值	最小值	标准差	均值	标准误	差异系数	前20%均值	后20%均值	倍率
AZ	120.00	6.00	49.44	77.00	24.72	0.642	108.00	92.00	1.17
AX	80.00	3.00	24.34	27.18	2.51	0.895	61.00	5.50	11.09
BZ	110.00	8.00	16.17	40.10	5.11	0.403	95.00	11.50	8.26
BX	150.00	2.00	43.52	55.80	19.46	0.780	106.67	5.00	21.33

（二）县域内义务教育均衡发展的城乡差异状况

1. FA、FB县义务教育学校生均固定资产值、生均校舍建筑面积和生均图书册数的城乡差异状况

指标	学校类别	城乡	标准差	均值	组内差异	中位数
生均固定资产值	AZ	城区	1938.828	4389.528	0.442	3280.674
		镇区	5592.244	8699.533	0.643	6116.905
		村屯	707.054	6424.028	0.110	6171.320
	BZ	镇区	2836.952	5377.850	0.528	5038.039
		村屯	2512.245	6496.243	0.387	5015.291
	AX	城区	4264.855	7492.415	0.569	6797.432
		镇区	4330.079	5566.945	0.778	4688.525
		村屯	3410.283	4832.560	0.706	4182.195
	BX	镇区	2286.793	3392.773	0.674	3113.208
		村屯	1329.920	3040.018	0.438	3262.619
生均校舍建筑面积	AZ	城区	2.011	5.480	0.367	6.377
		镇区	4.539	10.407	0.436	8.903
		村屯	1.967	8.923	0.220	8.534
	BZ	镇区	7.849	9.773	0.803	7.107
		村屯	2.245	7.486	0.299	6.402
	AX	城区	3.649	4.695	0.777	3.575
		镇区	1.753	4.133	0.424	3.847
		村屯	3.158	5.241	0.603	4.452
	BX	镇区	2.320	3.633	0.638	3.315
		村屯	2.238	4.276	0.523	3.846

续表

指标	学校类别	城乡	标准差	均值	组内差异	中位数
生均图书册数	AZ	城区	9.189	13.763	0.667	10.618
		镇区	15.150	23.342	0.649	18.901
		村屯	6.393	36.521	0.823	24.932
	BZ	镇区	6.312	12.505	0.505	12.028
		村屯	8.801	18.300	0.481	14.000
	AX	城区	6.807	10.587	0.643	10.184
		镇区	5.971	13.121	0.455	13.502
		村屯	10.812	15.647	0.691	12.971
	BX	镇区	9.416	13.945	0.675	13.402
		村屯	6.434	15.040	0.448	15.000

2. FA 县和 FB 县义务教育学校生机比和师机比的城乡差异状况

指标	学校类别	城乡	标准差	均值	组内差异	中位数
生机比	AZ	城区	0.044	0.067	0.658	0.054
		镇区	0.031	0.068	0.457	0.064
		村屯	0.015	0.057	0.269	0.057
	BZ	镇区	0.067	0.074	0.905	0.046
		村屯	0.009	0.041	0.217	0.042
	AX	城区	0.040	0.062	0.644	0.048
		镇区	0.046	0.068	0.674	0.056
		村屯	0.048	0.076	0.634	0.069
	BX	镇区	0.040	0.054	0.742	0.052
		村屯	0.055	0.056	0.991	0.042
师机比	AZ	城区	0.146	0.636	0.230	0.641
		镇区	0.256	0.580	0.442	0.537
		村屯	0.415	0.653	0.636	0.839
	BZ	镇区	0.233	0.694	0.335	0.716
		村屯	0.097	0.580	0.166	0.608
	AX	城区	0.476	0.600	0.792	0.490
		镇区	0.403	0.480	0.839	0.371
		村屯	0.165	0.249	0.663	0.222
	BX	镇区	0.314	0.891	0.353	0.917
		村屯	0.877	1.077	0.814	0.894

参考文献

一 著作类

郭荣学等：《区域内义务教育均衡发展模式研究》，教育科学出版社2014年版。

蒋冠宇：《义务教育均衡发展指标体系研究》，杭州师范大学出版社2012年版。

毛亚庆等：《促进义务教育均衡发展的校长教师流动机制研究》，北京师范大学出版社2016年版。

潘玉君等：《义务教育均衡发展监测、评价与预警》，北京大学出版社2014年版。

宋永忠等：《城乡统筹背景下义务教育均衡发展研究》，南京师范大学出版社2016年版。

苏娜：《区域义务教育均衡发展保障机制研究》，广东高等教育出版社2015年版。

汪辉等：《日本教育战略研究》，浙江教育出版社2014年版。

王璐：《均衡与优质：教育公平与质量比较研究》，山东教育出版社2015年版。

魏雪峰：《问题解决与认知模拟——以数学问题为例》，中国社会科学出版社2017年版。

邬志辉等：《中国农村教育发展报告》，北京师范大学出版社2015年版。

吴建涛：《义务教育均衡发展路在何方：社会正义的视角》，世界图书出版公司 2015 年版。

杨明等：《北仑机制：区域基础教育质量评价研究》，浙江大学出版社 2013 年版。

姚永强：《新时期下我国义务教育均衡发展方式的转变》，中国社会科学出版社 2016 年版。

翟博：《基础教育均衡发展理论与实践——中国基础教育均衡发展研究报告》，教育科学出版社 2013 年版。

二 期刊论文类

白贝迩：《民族地区县域义务教育均衡发展的制约因素与现实路径》，《青海民族研究》2016 年第 2 期。

曹能秀等：《西部地区义务教育均衡发展：历程、特色与趋势》，《学术探索》2015 年第 1 期。

常宝宁：《法国义务教育扶持政策与我国教育均衡发展的政策选择》，《比较教育研究》2015 年第 4 期。

范先佐：《义务教育均衡发展改革的若干反思》，《教育研究与实验》2016 年第 3 期。

范先佐等：《义务教育均衡发展与省级统筹》，《教育研究》2015 年第 2 期。

方征等：《"县管校聘"教师流动政策的实施困境与改进》，《教育发展研究》2016 年第 8 期。

高庆蓬等：《义务教育均衡发展备忘录的政策分析》，《中国教育学刊》2015 年第 12 期。

桂勇等：《我国县域义务教育均衡发展模式探析——以江西省分宜县为例》，《湖南科技大学学报》（社会科学版）2014 年第 3 期。

胡娇：《义务教育均衡发展关键在于教师发展——基于教育供给侧改革的研究》，《中国教育学刊》2016 年第 10 期。

李桂荣等：《县域义务教育均衡发展指标的优先性鉴别——基于对不同类型利益相关者的调查》，《教育发展研究》2015 年第 18 期。

李宏君等：《县域内义务教育校际均衡发展监测评估指标体系构建》，《教育探索》2015年第6期。

李军超：《财政分权视阈下城乡义务教育均衡发展的动力缺失问题研究》，《浙江社会科学》2015年第5期。

李恺等：《义务教育均衡发展的收敛性分析——基于我国31个省（市）面板数据的实证研究》，《教育发展研究》2015年第10期。

李鹏等：《义务教育学校标准化建设：进程、问题与反思——基于2010年—2014年全国义务教育办学条件数据的测度分析》，《清华大学教育研究》2016年第1期。

刘玮：《县域义务教育均衡发展的不同向度与路径选择》，《中国教育学刊》2015年第1期。

刘雍潜：《信息技术对义务教育区域均衡发展影响的研究》，《中国电化教育》2014年第4期。

刘雍潜等：《大数据时代区域教育均衡发展新思路》，《电化教育研究》2014年第5期。

刘忠民等：《"互联网+教育"精准扶贫 助推城乡教育均衡发展——以吉林省武龙中学为例》，《中国电化教育》2016年第8期。

柳欣源等：《中国基础教育发展的时代理念与实践遵循》，《教育科学》2016年第5期。

钱立青等：《省域统筹教育资源均衡发展研究》，《中国教育学刊》2015年第9期。

桑木旦等：《国内基础教育均衡发展问题研究对西藏基础教育研究的启示》，《西藏大学学报》（社会科学版）2014年第4期。

申国昌等：《县域义务教育均衡发展的现状调查与政策建议——以湖北恩施教育调查为例》，《教育研究与实验》2015年第4期。

司晓宏等：《义务教育均衡发展进程中"政府悖论"现象透视》，《陕西师范大学学报》（哲学社会科学版）2015年第4期。

宋金洪等：《义务教育均衡发展：政策保障与专业引领》，《教育理论与实践》2014年第11期。

宋乃庆:《我国义务教育均衡发展任重道远》,《中国教育学刊》2015年第9期。

苏德等:《教育均衡发展背景下民族地区"小微学校"建设》,《教育研究》2016年第11期。

檀慧玲等:《国家义务教育质量监测:实现有质量的教育公平的有效途径》,《中国教育学刊》2016年第1期。

田汉族等:《政府在义务教育均衡发展中的责任及其限度》,《湖南师范大学教育科学学报》2016年第5期。

田养邑:《县域教育主体功能区规划与教育均衡发展——以宁夏南部山区X县为例》,《教育理论与实践》2015年第14期。

王定华:《我国义务教育均衡发展之进展》,《课程·教材·教法》2015年第11期。

王欢:《区域推进教育均衡发展的探索之路》,《中国教育学刊》2014年第10期。

王善迈等:《义务教育县域内校际均衡发展评价指标体系》,《教育研究》2013年第2期。

温应才:《教育信息化助推农村义务教育均衡发展之探索》,《教育信息技术》2014年第12期。

吴昊等:《完善义务教育均衡发展机制探讨》,《东北师大学报》(哲学社会科学版)2014年第4期。

吴宏超等:《县域义务教育校际均衡测评指标的改进》,《教育发展研究》2014年第24期。

夏仕武等:《试点区县义务教育学校教师流动政策实施的实证研究》,《教师教育研究》2016年第3期。

薛二勇:《区域内义务教育均衡发展指标体系的构建——当前我国深入推进义务教育均衡发展的政策评估指标》,《北京师范大学学报》(社会科学版)2013年第4期。

杨晓霞:《义务教育均衡发展:利益冲突及整合》,《教育研究》2016年第4期。

叶忠:《教育均衡发展中的政府财政角色冲突与协调》,《教育研究与实验》2014年第6期。

尤莉:《义务教育均衡发展指数设计的国际经验与借鉴》,《中国教育学刊》2016年第10期。

于发友等:《县域义务教育均衡发展的指标体系和标准建构》,《教育研究》2011年第4期。

袁梅等:《新形势下推进民族地区义务教育均衡发展研究——基于青海省海南、海北、海西三州的实地调查》,《北方民族大学学报》(哲学社会科学版)2016年第3期。

张茂聪等:《县域义务教育均衡发展研究的回顾与展望——基于CNKI文献数据的分析》,《教育科学研究》2016年第8期。

张茂聪等:《县域义务教育优质均衡发展:基于内发发展理论的构想》,《教育研究》2015年第12期。

赵丹:《教育均衡视角下农村教师资源配置的现实困境及改革对策——小规模和大规模学校的对比研究》,《华中师范大学学报》(人文社会科学版)2016年第5期。

赵丹:《县域义务教育均衡发展:公众满意度评价及问题透视——基于西北五县的实证调查》,《华中师范大学学报》(人文社会科学版)2014年第4期。

赵丹等:《义务教育均衡发展背景下农村学校规模对教育质量的影响》,《现代教育管理》2015年第3期。

赵海利:《强县扩权改革对地区义务教育投入差距的影响——基于河南省的改革实践》,《教育发展研究》2016年第4期。

赵红霞等:《义务教育均衡发展中的精准扶贫研究》,《湖南师范大学教育科学学报》2016年第5期。

赵新亮等:《我国义务教育均衡发展研究的回顾与展望——基于2003—2013年CNKI期刊数据的分析》,《现代教育管理》2016年第4期。

钟秉林:《特大城市义务教育均衡发展的成功探索》,《人民教育》

2016年第16期。

三 学位论文类

都业辉：《中国义务教育均衡发展的财政政策研究》，硕士学位论文，东北师范大学，2015年。

高宁波：《山东省义务教育均衡发展问题及对策研究》，硕士学位论文，山东师范大学，2015年。

胡玥：《义务教育均衡发展背景下教师资源配置研究——以A省H市为例》，硕士学位论文，淮北师范大学，2014年。

鞠闯：《县域义务教育均衡发展研究——以辽宁省凌源市为例》，硕士学位论文，云南财经大学，2014年。

李陈荣：《教育均衡视角下义务教育教师流动现状、问题及对策研究——以张家港市为例》，宁波大学，2015年。

刘婷婷：《义务教育均衡发展视阈下农村特色学校建构研究》，硕士学位论文，延安大学，2014年。

栾晓：《义务教育阶段学校师资力量均衡化研究——以青岛市C区为例》，硕士学位论文，山东师范大学，2015年。

马鹏娜：《县域义务教师资源均衡配置制度研究——以H县为例》，硕士学位论文，河南师范大学，2015年。

彭培：《菏泽市教师队伍建设与义务教育均衡发展研究》，硕士学位论文，山东大学，2014年。

邱佳佳：《县域义务教育均衡发展公众评估指标体系的构建》，硕士学位论文，海南师范大学，2014年。

王爱丽：《县域农村义务教育教师资源配置研究——以山东省桓台县为例》，硕士学位论文，山东师范大学，2015年。

王晓晨：《中国基础教育均衡发展问题研究》，硕士学位论文，吉林大学，2015年。

谢齐云：《城乡基础教育均衡发展研究——以益阳市赫山区为例》，硕士学位论文，湖南师范大学，2014年。

姚永强：《我国义务教育均衡发展方式转变研究》，博士学位论文，华中师范大学，2014年。

张琴琴：《县域义务教育均衡发展的现状与对策研究——以陕西省神木县为例》，陕西师范大学，2013年。

四 外文类

Dan K. Kiely, Alden L. Gross, Dae H. Kim, Lewis A. Lipsitz, "The Association of Educational Attainment and SBP Among Older Community-living Adults: The Maintenance of Balance, Independent Living, Intellect and Zest in the Elderly (MOBILIZE) Boston Study", *Journal of Hypertension*, 2012, 30 (8).

Floyd D. Beachum, Chance W. Lewis, "Educational Quagmires: Balancing Excellence and Equity for African American Students in the 21st Century", *Multicultural Learning and Teaching*, 2008, 3 (2).

I. V. Ackeren, K. Klemm, *Entstehung, Struktur und Steuerung des deutschen Schulsystems*, Wiesbaden: VS Verlag für Sozialwissenschaften, 2011.

Jennifer C. Kesselheim, Pengling Sun, Alan D. Woolf, Wendy B. London, Debra Boyer, "Balancing Education and Service in Graduate Medical Education: Data From Pediatric Trainees and Program Directors", *Academic Medicine*, 2014, 89 (4).

Jessica Sickler, Tammy Messick Cherry, Leslie Allee, Rebecca Rice Smyth, John Losey, "Scientific Value and Educational Goals: Balancing Priorities and Increasing Adult Engagement in a Citizen Science Project", *Applied Environmental Education & amp; Communication*, 2014, 13 (2).

Reidun Tangen, "Balancing Ethics and Quality in Educational Research—the Ethical Matrix Method", *Scandinavian Journal of Educational Research*, 2014, 58 (6).

Tim Martin, Michael O'Brien, "Local Needs, External Requirements: Balancing the Needs of a Country's Educational System with the Requirements of International Recognition", *Education, Business and Society: Contemporary Middle Eastern Issues*, 2011, 4 (2).

Triin Lauri, Kaire Péder, "School Choice Policy: Seeking to Balance Educational Efficiency and Equity. A Comparative Analysis of 20 European Countries", *European Educational Research Journal*, 2013, 12 (4).

Voos Mariana Callil, Custódio Elaine Bazilio, Malaquias Joel, "Relationship of Executive Function and Educational Status with Functional Balance in Older Adults", *Journal of Geriatric Physical Therapy*, 2011, 34 (1).

后　　记

多年以来，本人一直有一种研究农村教育问题的冲动，但囿于自身的知识积累的贫乏，也缘于缺少一个好的研究视角，所以始终没有过多地涉足该领域的研究。2013年，我申报的国家社会科学基金教育学一般课题"县域内推进农村义务教育校际均衡发展的战略研究"获批立项，为我潜心于该领域的研究提供了一个机遇，同时，在与东北师范大学邬志辉教授的多年交往过程中，我逐步打开了研究农村教育的思路。邬教授不仅给予我进行该领域研究的勇气，而且在研究的技术思路方面提供了大量无私的支持。

本研究从选题立项、开始实施，到形成书稿历时五年有余。书稿完成，终于要交付评审专家和读者评判，心中惴惴不安。

如果说完成本课题的收获是什么，本人认为，除了获得了有关我国农村义务教育均衡发展的知识积累，再就是使我对农村教育产生了敬畏之心。作为一位出生于农村并从事教育研究的知识人，之前本人却始终不敢触碰农村教育的研究领域，万分感谢全国教育科学规划办公室给了我这样一个机遇，让我有机会了解中国农村教育的现实，让我鼓足勇气开始关于农村义务教育的研究历程。研究过程中，我慢慢体会、细细品味农村教育的方方面面，终于归结为一个认识：研究中国的农村教育，必须怀着一颗敬畏之心，用知识分子的良知，踏踏实实，不能浮躁。

研究过程中的三点体会如下：

呼唤研究者的学术理性和良知。在我国如火如荼的教育改革中，

县域内农村义务教育校际均衡发展战略研究

人们更热衷于城市教育的研究，或者把城市教育人为地看作中国教育的全部，或者把西方发达国家教育改革的经验简单引介过来，提出的建议或结论则是倾向于城市教育，而忽略了农村教育的现实。殊不知，在城市教育追求更高、更强的时候，农村的学子们还在为选择未来的出路而挣扎，或者因为看不到希望而放弃了求学的机会，出现了新的读书无用的想法。不可否认，国家各方面的政策试图为农村的孩子们提供更多的选择、更多的机会，但农村家长的既有观念很难短时间内实现转变，这也是农村教育改革的阻力之一，更不要说农村的经济发展水平、农民的整体文化素质的局限了。所以，呼唤理性、呼唤良知，是目前研究农村教育必须正视的问题之一，也是教育研究者的担当。

呼吁研究者走进农村研究农村教育。农村教育有其独特性，需要研究者踏踏实实地走进农村，去体验、去观察、去思考、去交流。与农民、家长、农村教师和学生深度接触，确实了解农村教育的实际，看看农村的"校车"、谈谈农村教师的职业现状和生活状态、听听农村校长的心声、走进留守学生的内心世界、看看孩子们放学后的生活实际、和"家长"（隔代家长）促膝交流，等等。走进农村研究农村教育，了解中国农村教育的现实，在理性的基础上研究农村教育，为中国农村教育把脉，为中国农村教育改革献计献策，是每一个农村教育研究者的历史使命。

呼吁农村义务教育均衡发展研究的顶层设计。农村义务教育均衡发展的研究涉及农村方方面面的问题，这需要各领域专家的团队协作意识，需要强大的研究者共同体的通力合作。不仅要构建包括哲学、人类学、社会学、政策学、教育学等领域的研究专家共同体，更应该包括采用人类学的田野研究方法，只有这样才能了解真实的农村和农村教育，为实现新时期中国乡村建设的宏伟目标，为中国农村教育的研究和实践提供真正的帮助和支持。

感谢课题组全体成员，感谢我的研究生们。由于我在课题研究过程之中的身体原因，一年多的时间没有和他们一起深入实际的教育调

后 记

研，是他们的努力和坚持，才为课题研究提供了较为充分的素材，才使课题得以按时完成，感谢你们；感谢中国社会科学出版社的王琪编辑，王老师的热情和耐心，为本书的修改和出版提供了很大的帮助，感谢王老师。

本书借鉴、参考了众多专家、学者的研究成果、观点，这些成果和观点为本课题的研究提供了丰富的智力资源。特别感谢中国教育科学研究院于发友博士，他的博士论文《县域义务教育均衡发展研究》和专著《通向教育理想之路——县域义务教育均衡发展研究》为本书研究思路的设计和某些观点的提升提供了不可多得的启发。尽管我力图完整地在书中注明文献出处，但肯定会有不全面的地方，在此表示抱歉。

由于本人的能力有限，书中肯定会存在许多缺点和不足，恳请读者和同行专家不吝赐教。

娄立志

2019 年 5 月于鲁东大学